CARTA A MIGUEL DE LA MADRID
con copia a los mexicanos

Mauricio González de la Garza

CARTA A MIGUEL DE LA MADRID
con copia a los mexicanos

EDITORIAL POSADA

Primera edición: mayo de 1987, 10 000 ejemplares.
Segunda edición: mayo de 1987, 10 000 ejemplares.
Tercera edición: mayo de 1987, 10 000 ejemplares.
Cuarta edición: mayo de 1987, 10 000 ejemplares.
Quinta edición: junio de 1987, 10 000 ejemplares.
Sexta edición: julio de 1987, 10 000 ejemplares.
Séptima edición: agosto de 1987, 10 000 ejemplares.
Octava edición: diciembre de 1987, 2 000 ejemplares.
Novena edición, marzo de 1988, 3 000 ejemplares

Indice

Miércoles 18

Don Miguel:

Es alguna hora indebida. El viento, caracol de cristal, ahora tornasolado por los vicios de la contaminación, gira como corno de Wagner sobre una marimba muerta. En lo impredecible de la noche, a lo lejos, ladra un perro con desesperación. La luna, por ausente, lo asusta. De cuando en cuando, como cicatriz del silencio, un murciélago equivoca el vidrio de mi ventana. Si son ciegos, ¿qué error les arrebata la brújula? ¿O es acaso siempre el mismo murciélago, terco, obstinado, que busca eterno un camino que así no encontrará jamás? ¿Qué error lo empuja a persistir como pájaro que pretendiera volar en el fondo del mar?

Otra vez el silencio oblicuo, circunflejo, cóncavo. El silencio sombra, pariente del infinito que entra por los poros y trastorna la conciencia y la estremece con una urdimbre de inquietudes. Hace más de un año que los mexicanos vivimos con un aguijón en la carne, con una de esas torturas que si no son sublimes no es porque no sean trágicas, sino porque no está el Esquilo o el Shakespeare para que las convierta en palabras que arranquen llantos o para que mediante lo purificador de la catarsis, nos liberten de esa pena que nos agita y nos asusta y para la que no encontramos ni descanso ni solución.

11

Con el caminar de los meses se acendra nuestro malestar porque nuestro daño no es un pasado o un presente que pronto será pretérito sino un presente preñado de males aún más grandes, de pesares aún más espantables.

Lo peor de ciertas angustias es que uno se siente acorralado, víctima de fuerzas a las que por el temor mismo no se acierta a vislumbrarles solución.

Hace más de un año que la Ciudad de México padeció un temblor de monstruosas y espantables dimensiones. Pero con todo su horror y su bárbara secuela de muerte, de destrucción, de soledad y de abandono, no fue eso lo peor que nos ocurrió. El temblor desnudó al sistema. Fue como una radiografía ineludible en la que todos pudimos asomarnos a un cáncer que negábamos, a una enfermedad en la que todos tácitamente estábamos de acuerdo en no mirar.

Los mexicanos hace mucho tiempo que sabíamos que los que ocupan el poder no suelen ser nuestros representantes legítimos. Sabíamos que están allí no por el poder emanado del pueblo, sino por el poder arrebatado al pueblo, como los generales invasores que toman una plaza y allí, por la fuerza, imponen su presencia. Sabíamos que el gobierno se sostiene por el poder de la inercia a la que ha sucumbido un pueblo, despojado de la posibilidad de elegir a sus gobernantes, debilitado por el hambre, distorsionado por la educación y temeroso siempre por la represión y la sangre que convoca todo intento de insistir en la representación popular. Sabíamos que el Presidente está allí por el poder del ejército que siempre está de pie no para defender a los mexicanos, como lo hará un día, sino a las instituciones, lo que ahora quiere decir sostener a los hombres que mantiene el poder.

Pero aquella mañana del 19 de septiembre, pensamos que usted, como le correspondía por Pontífice Supremo, se convertiría en el líder de la nación, en el jefe auténtico, real, verdadero del pueblo mexicano. Es decir, que ese día sería "el Presidente de los mexicanos".

Pero no, durante cuarenta horas estuvo usted encerrado en Los Pinos, acorralado por la angustia, sitiado por el miedo de perder el poder. Perdió, don Miguel, el momento de ganarse el poder con sus actos, con su presencia, con su acercamiento, con sus palabras. Una pala en las manos, como lo hizo Plácido Domingo, lo hubiera convertido en héroe popular. Pero lo envolvieron tecnócratas ajenos a la política y a los sentimientos humanos; salió rodeado de tenedores de libros, de hombres tal vez muy hábiles para fabricar o alterar estadísticas, pero torpes para entender la dimensión de la catástrofe no lo empujaron a la gloria, como era su deber, sino que lo guardaron en el sótano, como si el pueblo lo persiguiera, como si el temblor lo hubiese provocado usted, como si la cólera de Dios se fuera a hacer manos para estrangularlo.

Lo aislaron por infantiles, por temerosos, por mediocres. Lo apresaron para conservar ellos sus puestos, que no corrían riesgo alguno, y a usted lo dejaron defendiendo el poder por el poder, no el poder para servir que era el que el momento exigía y la ciudadanía esperaba. Mientras los gritos, los alaridos, el polvo y la muerte asolaban la ciudad, usted y sus torpes consejeros no pudieron concebir una sola idea redentora. Era el momento de convertirlo en sol pero ellos lo quieren grande en sus adulaciones no en los hechos. Si en lugar de salir con Ramón Aguirre y con una absurda corte, usted se sube a una camioneta solo con doña Paloma y se lanza a los escombros a rescatar víctimas, hoy podría caminar por las calles entre abrazos y aplausos. El pueblo lo sentiría suyo y usted se sentiría entre su pueblo.

Lo pensé entonces y lo pienso ahora. Si el 19 de septiembre la señora de Los Pinos hubiera sido doña María Esther Zuno de Echeverría, la casa presidencial se hubiera abierto de par en par para los damnificados. Hubiera sido hogar, asilo, hospital, capilla, regazo para las lágrimas y fortaleza para el dolor. Para mí ella tiene un sentido poético, solidario, patriótico de la vida. Ella tampoco tuvo tiempo para cumplir todas las bellezas que lleva dentro. Falla del sistema, no suya...

Pero el pueblo tomó el poder, y aunque fuera por unos momentos, que todavía no llegan a la luz de la conciencia colectiva, el pueblo supo que la fuerza estaba en él y no en Los Pinos y no en el Palacio Nacional.

Por eso digo que el temblor desnudó al sistema. El pueblo supo que no sólo no tenía un gobierno eficaz sino una burocracia sólo interesada en sostenerse en sus guaridas, en sus andamiajes presupuestales.

Y lo vimos con los soldados. A la hora del desfile fueron 50,000. A la hora del desastre apenas 3,500. Hace mucho tiempo que el ejército mexicano no gana ninguna guerra. También perdió la del 19 de septiembre. Ese día nos enteramos de que las instituciones somos nosotros y que ustedes eran mucho más ajenos a nosotros que los príncipes medievales que a la hora de las catástrofes eran los primeros en dejar sus castillos para salir a defender a los suyos...

Pero usted, don Miguel, todavía no ha perdido la oportunidad de la grandeza. Se dice que lo que hace a un líder es un gran país, una gran causa y un gran hombre. Sea usted, por México, ese gran hombre. Usted todavía puede ser el reformador de un sistema que se deshace por decrepitud, por corrupción, por ajeno al pueblo... A los grandes líderes se les ama o se les odia pero jamás le son indiferentes al pueblo, jamás. A usted lo rodea una nebulosa que lo oprime y lo asfixia. Su falta de experiencia en las cosas del gobierno de la República lo hizo rodearse de amigos y no de hombres competentes. Pero todavía está a tiempo. Asómese a usted. Tome al toro por los cuernos. Al fin de cuentas, don Miguel, el poder lo va a perder de todas maneras. La diferencia es que puede usted dejar la Presidencia en el parto de un glorioso renacimiento del PRI o en perpetuar el partido en la agonía de una decrepitud senil.

14

La naturaleza ciega, ajena a nuestro bien o a nuestro daño no obedece a los sabios ni se somete a los gobiernos, por peores que sean. Lo que ocurrió fue que al abrirse las grietas de la tierra, al derribarse los edificios, al llenarse de sangre y de luto los hogares, tuvimos que despertar a una conciencia que no queríamos. Porque la conciencia, como dice Hamlet, nos hace cobardes a todos. Nos hace cobardes porque nos elimina el cinismo, el disimulo, el libertinaje de la mentira y nos impide ser cómplices de nosotros mismos del miedo a la verdad.

Hay cosas que sabemos siempre y que no alteran ni el sueño ni la vigilia. El ocaso del sol no nos llena de recelos ni el saber que las estrellas mueren nos apuñala el alma. Dios o no Dios sabemos que el oxígeno no está en la atmósfera para que respiremos ni la muerte nos mata por discordia. Morimos nosotros y mueren las constelaciones, las cucarachas y hasta las máquinas de coser. La luz no es un basilisco ni la noche el vientre del mal. El sol sale ajeno a nuestras necesidades y la lluvia cae igual en la tierra sedienta que en medio del mar.

Los seres humanos sabemos que somos insignificantes, apenas conciencias capaces de entender lo obvio, lo patente. La soberbia nos ha llevado a volar, a navegar bajo el mar, a fabricar telégrafos, teléfonos y telescopios que se asoman a tiempos que murieron muchos siglos antes de nuestro nacer. Todo esto lo sabemos aunque todavía no sepamos por qué somos, para qué somos, por qué dejamos de ser.

Hemos inventado dioses y con muchísima moderación hemos logrado practicar ciertas virtudes. Sabemos muchas cosas, entre ellas, que tenemos que morir. Pero la muerte colectiva nos asusta, nos aterra porque la muerte la entendemos siempre como un acto de íntima humildad, de humildad suprema, de apoteósica soledad.

El temblor del 19 de septiembre nos recordó a todos que la vida no tiene agarraderas, que la vida se pierde en un instante, que si el temblor que fue a las 7:19 hubiera sido a las diez de la mañana, hubiera habido diez veces más muertos. Sabemos también que si el temblor en lugar de durar unos segundos se prolonga media hora, la Ciudad de México se hubiera convertido en escombros como lo fue una vez la Gran Tenochtitlan. Todo eso sabemos, como sabemos también que puede volver a temblar con igual o con mayor intensidad en cualquier momento, en cualquier día y a cualquier hora.

Hace más de un año que la tierra se convulsionó. Son más de cuatrocientos días de polvo sobre nuestra memoria. El polvo no es sólo olvido sino también alegrías, penas, ilusiones y esperanzas. La vida camina hacia adelante, por eso dice por allí un famoso pasaje evangélico: "Dejad que los muertos entierren a sus muertos", lo que en México se dice "el muerto al pozo y el vivo al gozo". Todos somos más viejos de lo que éramos aquel siniestro día. Ahora, además, somos más pobres. No más pobres por el temblor sino por los desaciertos de un mal gobierno, de un mal gobierno que no es ineludible como las tempestades ni azaroso como los sismos. Somos más pobres porque nuestro país está mal administrado, porque vivimos castigados por gobernantes impuestos, ineptos y, como lo demostraron, culpables de muchas muertes y de muchos daños porque a la hora de la verdad no se ocuparon de hacer frente a la catástrofe sino de buscar, ansiosos, la manera de conservar el poder. No fue incuria sino avaricia del poder. Eso, a los de esta generación, ya no se nos va a olvidar. La demagogia no puede disolver a los muertos ni aterciopelar el dolor.

Todos sabemos lo que se hizo y lo que por irresponsabilidad se dejó de hacer. El 19 de septiembre fue un momento de conciencia nacional. Fue un instante pero fue de conciencia nacional. El temblor fue un machetazo en el corazón de la patria. Cada uno de nosotros por lo menos perdió a alguien que quería, pero todos, aun sin darnos cuenta, dimos un paso hacia la madurez. Ya no nos podrán engañar sin indignarnos. Ya supimos —para siempre— que ya no somos los mismos. Aunque fuera por un momento vimos al rey desnudo, desnuda su corte, desnuda su demagogia y desnudo su engaño y su mentira. Vimos el esplendor del egoísmo, de la egolatría, de su delirante amor por el poder.

Ya no nos podrán imponer gobernantes con el mismo descaro. Ya no podrán hipotecar el país en la impunidad. El temblor fue una sacudida a nuestro letargo, a nuestra lasitud, a nuestra comodidad.

La conciencia de tener un mal gobierno es similar al saber de súbito que nos engañan. Hay maridos que aunque a veces no pueden pasar por las puertas porque se les atoran las astas no lo advierten, creen que es hechicería. Si encuentran en la cama su lugar calientito, piensan que su mujer abnegada y dulce se los calentó para que no padecieran frío. Viven agradecidos a Dios por haberles dado una mujercita, tan fiel, tan cariñosa y tan abnegada. Esos, por lo general, provocan lástima y cuando se mueren los entierran, eso sí, en cajita blanca. Son cornudos merecedores del reino de los cielos...

Hay otros —con mentalidad de negociantes— que nunca se dan por aludidos o por ofendidos por el engaño. La palabra adulterio les parecería excesiva, desproporcionada y calumniosa. No puede ser el adulterio cosa mala si se manifiesta en puras cosas buenas. ¿Qué afrenta o qué injuria puede haber en las flores que son los ojos de Dios hechos perfume y color, en los centenarios que brillan con luz tan propia como el sol del Creador, en una tarjetita American Express que es como varita mágica de hada madrina? Si alguien pretende insinuar contubernios, se recuerda aquello de "A palabras necias, oídos sordos". ¿No se puede vivir en la holgura y en la dicha sin las voces de la envidia o las garras del rencor? ¿Qué se puede esperar de los que no tienen esposas bonitas como él o que no son tan elegidos de Dios como él? Esos maridos llegan a viejos... Son cornudos empresarios.

Hay un tercer grupo. A éste pertenece el hombre que

de pronto se entera que la mujer lo engaña con su administrador general de bienes. Y eso, tal vez, pudiera pasarse si sólo fuese un asunto conyugal. Si Dios perdonó a la Magdalena y dijo: Aquel que esté libre de culpa que tire la primera piedra, ¿por qué él, mísero mortal, se va a lanzar a condenarla? Pero, además, ineludiblemente se entera de que el amante, a escondidas, abusando de una carta poder —medio falsa, por cierto—, lo ha dejado en la calle, hipotecándolo a él, a sus hijos y a los hijos de sus hijos. Tiene conocimiento, por otra parte, de que el administrador, en parte por torpe y en parte por sinvergüenza, ha acabado con el ganado, ha destrozado las cosechas, ha corrompido a los trabajadores, ha derrochado mucho dinero para subvencionar los pleitos de un vecino compadre suyo; que tiene, además, de ayudantes a puros parientes y amigos que no sirven más que para zanganear y hundir más el negocio. Y, para colmo, hay un incendio, y el administrador no se presenta porque es muy sensible a las llamas y se le puede poner colorado el cutis...

Un hombre que de pronto se da cuenta de semejante realidad queda en estado de shock. Es su culpa, sabe, porque su deber es vigilar, porque, en última instancia, el administrador es su empleado y él, y nadie más, es el responsable y pagano de cuanto el otro haga. Si ese hombre, inmediatamente, no reacciona será comprensible, pero si ante la brutalidad nociva de los hechos prefiere las palabras dulces, enredadas, engañosas del administrador, tal vez, el cornudo se merezca no sólo eso sino que lo entierren vivo.

Si en lugar de abrirse a la conciencia de su mal y de su malestar se adormece razonando que: "Bueno, al administrador no lo escogí yo, me lo impusieron mis papás. Al fin de cuentas ya se va a ir y él me prometió que me va a dejar en su lugar a uno muy, pero muy bueno. ¿Para qué lo busco? El dice que no es culpa de él, que todos los ranchos andan igual de mal, que se endeudó para salir de la deuda... Pero mi rancho estaba muy bien cuando lo recibió. No sólo no había deudas sino que tenía capital. Bueno... pero si él dice que fue para el bien del rancho, debe ser para el bien del rancho. En todo caso, me dijo, pues perderemos un pedacito del rancho de su abuelo, del California. Siempre lo han querido sus primos. Y, ¿cómo a ellos les debe usted el dinero? No son tierras muy buenas, ésas. Y están muy lejos. ¿No son los bienes para remediar los males?

Si el marido en lugar de hacer frente a la realidad pretende convertir al león en liebre, y quiere consolarse porque no es el único en estar en malas condiciones, es como un enfermo con pulmonía que, al saberlo, dice que se torció y, en lugar de buscar buenos médicos o por lo menos antibióticos, toma calmantes. Si el marido, ante la evidente mala administración y la ineludible desgracia, acepta que el administrador que se va le deje de sucesor a un amigo, el cornudo está perdido. ¿En qué puede fincar su ilusión, su optimismo o su esperanza, si los hechos son siempre tan tercos? Inútil será que razone: "Es que él sabe mejor que yo quién es quién", puesto que el que recomienda no es recomendable en sí mismo... Si el marido no se hace responsable ante sí mismo del daño de lo que por su desidia, por su incuria, por su irresponsabilidad o por su debilidad, le han hecho, entonces, no es sólo un marido cornudo sino un cornudo cómplice, un cornudo criminal. Está comprometiendo su patrimonio, el de sus padres, el de sus abuelos, pero también el de sus hijos hasta la séptima generación... Con esos razonamientos no sólo perderá a la mujer, al California y a la Sonora Matancera sino hasta a la huerta Tehuantepec... Esos maridos generalmente no son hijos de su mamá sino de otra señora...

¿Haremos nosotros lo mismo con el gobierno? ¿Jugaremos con los silogismos para disfrazar lo cornudo? ¿Preferiremos vivir en el desprecio que hacernos responsables? ¿Podremos vivir con el peso de la conciencia como si el relámpago de la realidad, de nuestra realidad política, no nos hubiera tocado el ser? Diremos, como el monstruoso Ricardo III: "No turben nuestro ánimo charlatanes sueños. La conciencia es sólo una palabra de cobardes inventada para infundir temor entre los fuertes". ¿Aprenderemos a vivir en la inconsciencia de nuestra conciencia? ¿Nos volveremos cómplices de quienes nos aniquilan y nos envilecen? Esa es la pregunta.

Por eso en la noche muchos mexicanos despertamos incitados por zozobras. Muchos nos preguntamos: ¿Qué va a ser de México? Y ahora que la sucesión presidencial se acerca, más se nos perturban el sueño y el pensar. E inevitablemente pensamos en usted. Sabemos que hay muchas soluciones que están en su poder. Sabemos que de usted depende el porvenir de México. De una decisión suya depende el rumbo que México tome los próximos seis años. Por eso pensamos en usted. Por eso le escribo esta carta.

La carta tal vez no es para usted sino para mí, para calmar mi angustia, para los compatriotas que como yo a veces padecemos taquicardias no por miedo personal sino por México, por un México al que amamos y que nos duele... Por eso le escribo.

Y tal vez porque es de noche, por vericuetos infantiles me viene a la memoria un cuento que todos conocemos: el de aquella niña que por ser tan blanca como la nieve y por tener la boca tan roja como la sangre, provocaba la ira de su madrastra. Y aprendimos todos que era una mujer malvada, criminal. Una vieja bruja, hechicera, horripilante y podrida por la envidia. Y es hoy, esta noche, cuando reparo en que Macrina, que así se llamaba la madrastra de Blanca Nieves, tenía una enorme virtud: era una mujer socrática. Jamás olvidó el "conócete a ti mismo". Tenía un espejo que le decía la verdad y, aunque le doliera la voz del espejo, día a día iba a consultarlo, día a día iba a que le dijera la verdad. Era perversa pero no se engañaba a sí misma ni permitía que la engañaran. Por eso no rompía el espejo.

Su padecer no era más que una deformación profesional. Dio en considerar que por ser suyo el cetro, suyas eran por antonomasia todas las excelsitudes y perfecciones del reino. Si divino era su derecho a gobernar, divina debería ser ella. De otra manera, habría una petición de principio, una violencia a la lógica, que es el equilibrio y la armonía de las cosas.

El ser de naturaleza perfecta le parecía a doña Macrina tan connatural a su dignidad como a Zeus, a María Antonieta o a cualquier Presidente de México. Ser reina y no ser Dios, era tan teológicamente imposible, como ser Jesús y no ser a la vez Espíritu Santo. No era una locura, no, era una tradición igual a la de que no se puede ser Papa sin ser vicario de Cristo. Doña Macrina no era una malvada sino una ortodoxa. Como los presidentes de México, estaba convencida de que la divinidad de Dios y la de los gobernantes es intercambiable. La única diferencia que percibía es que Dios tiene obligaciones para con sus criaturas y los que gobiernan por la gracia de Dios no tienen ninguna, por lo menos ninguna en cuanto a la sucesión del trono. Dios, para fincar su autoridad, aunque dicen que fue por amor, envió a su hijo al Calvario, y los presidentes de México no sólo no crucifican a sus hijos sino que los enriquecen y algunos, como José López Portillo, no sólo pueden hacer subsecretario a un hijo, sino dejarlo arruinar la economía del país e intervenir en la herencia del trono. Viéndolo así, los gobernantes divinos tenían más privilegios que Dios y, tal vez, hasta más poder que Dios. Y doña Macrina hubiera vivido en esa gran locura si no hubiera sido por aquel espejo terco e implacable que insistía en someterla a la realidad...

En México hace tiempo que en la Presidencia se han ido rompiendo los espejos. Ya sólo hay carteles, pancartas, discursos y toda suerte de halagos, lisonjas, adulaciones y lambisconerías. Nadie se atreve a decirle al Presidente en turno que no es perfecto, que se equivoca, que su voz no es la voz de Dios.

¿Ha pensado usted, por ejemplo, que Luis Echeverría podría haber sido el más grande Presidente de este siglo? Luis Echeverría, contrario a lo que sus enemigos pregonan, ahora es un gran político y siempre fue un hombre de penetrante inteligencia. Lo acusaban de loco porque para las mentes tranquilas igual de loco es un genio que un perturbado mental. No entendíamos su evangelio porque era tanta su ansia que quería tocarnos la Novena Sinfonía de Beethoven en tres minutos, pero era Beethoven y era la Novena. Luis Echeverría llegó al poder recurriendo al único medio posible en este país, al silencio, al sometimiento, al ocultamiento de su personalidad. Yo creo que tal vez él hubiera llegado a la Presidencia de la República por sus propios méritos. Los tenía y los tiene. Su perdición fue el sistema. Un sistema que se ha ido degradando.

Si Luis Echeverría hubiera sido diputado y gobernador o presidente municipal de una ciudad importante, antes de ser Presidente de la República, otra fuera nuestra historia. No hubiera habido en su régimen un Atila como Augusto Gómez Villanueva, ni hubiese dejado jamás a un frívolo como José López Portillo de sucesor. Los actuales males de México —cuyo origen aparente es él, porque viejos eran los orígenes— no provienen de sus reformas sino de su inexperiencia, de su desesperación. Dos males en él se conjuntaron: su falta de experiencia en el gobierno y la locura a la que empuja el sistema a los presidentes. Son dos males, don Miguel, que podríamos remediar.

Cuando don Luis escogió a López Portillo como sucesor, ya no estaba capacitado para distinguir el bien del mal. Casi ningún Presidente lo está a esas alturas. Creyó, por demencia sexenal, que López Portillo, por la sola gracia de ser su amigo, sería un buen Presidente. Creyó que bastaba su afecto para darle capacidad. Por la ceguera misma del poder no cayó en la cuenta de que él tenía muchas fallas cuyo origen era la falta de experiencia. Y esa ceguera de sí mismo, el no tener conciencia de sus fracasos y de sus fallas, lo llevó a escoger a un hombre cuya principal deficiencia, entre otras muchas, era justamente la falta de experiencia.

Ebrio de poder, sin más cortapisa ni consejo que su propio juicio, escogió a un hombre para que dirigiera el país con el mismo desenfado con el que lo hubiera nombrado cartero, agregado cultural en Uganda o jefe del Departamento de Literatura de Bellas Artes. Ya no era el Luis Echeverría inteligente, calculador y prudente para dar pasos; era un Luis Echeverría Dios que jugaba con su poder como un niño multimillonario en un casino de Las Vegas. No jugó ni perdió para ganar. Jugó para demostrarse que era todopoderoso. Igual podía haber puesto en el tapete a José López Portillo, a Pedro Ojeda Paullada, a Augusto Gómez Villanueva que a Porfirio Muñoz Ledo. Ya en ese momento las razones no eran razones. Los dioses no son lógicos porque son infinitos. La lógica es para sobrevivir, para entender. Los dioses son el entendimiento mismo y, por ende, cuanto hacen, según su juicio, se convierte en lógica, en lógica para los humanos, digo. El poder sin freno es alucinación. Si por ley, el Presidente de México tuviera que explicar al pueblo por qué escoge como sucesor a un ciudadano y no a otro, entonces tendría que dejar de ser Dios y se vería forzado a ver cualidades y defectos, virtudes y fallas, conocimientos y deficiencias. Tal vez, entonces, en teniendo que explicarlo se vería forzado a explicárselo a él. . .

Pero don Luis no estaba sujeto a requisito alguno. Escogió a don Pepe, aprovechó la oportunidad de jugarle una mala broma a Reyes Heroles y le entregó la Presidencia a un amigo de la infancia como si México fuera una bicicleta, unos patines o un suéter que ya no quería usar. . . La suerte de un país manejada con el generoso y frívolo gesto de un regalo.

El daño fue terrible pero no por maldad sino por inexperiencia. Don Luis se desbocó porque su caballo no tenía ni riendas ni bozal. Era un caballo magnífico pero no lo había domado por simple capricho de rey. Yo pienso que don Luis era un hombre bien intencionado pero que quiso obrar como si tuviera mil manos, olvidándose de que sólo tenía dos. Lo engañaban no por tonto sino por su necesidad de creer, por su necesidad de hacer. Pensó que era Argos y sus ojos apenas le alcanzaban para ver la velocidad de sus pasos y de sus carreras. Fue un patriota desesperado que actuaba como si el día pudiera tener ochenta horas y como si pudiera ser ubicuo. Creyó que podía componer el mundo con el solo deseo de su voluntad. Era como un niño travieso con una bomba atómica en sus manos.

La gente pensaba —porque tal vez así consideró él que convenía para atraerse a la gente de izquierda— que él era una especie de Cárdenas computarizado. No logró hacernos ver que él era superior a Cárdenas porque él no se sentía parricida, y Cárdenas sí. Nos arrebató la paz no para enloquecernos sino porque buscaba una verdad que nos salvara a todos, pero no supo, por la falta de experiencia, obrar con la cordura, la paciencia, la prudencia que requieren, por lo menos al principio, todas las grandes innovaciones.

El mal de Echeverría fue su desesperación. Fueron muchos sus errores, muchos sus derroches pero ninguno de mala fe. No era su afán convertirse en Creso ni era la meta de doña María Esther emular a Evita Perón. El quería sacudir al país, quería retarlo para empujarlo a la libertad y a la grandeza, tenía la posibilidad, tenía ímpetus de líder, tenía magnetismo personal, pudo pulir hasta eso que ahora se llama carisma, pero arrojó al perol todos los ingredientes y con frecuencia sólo produjo incendios y explosiones. El quería un México independiente, fuerte, poderoso. No nos endeudó para empobrecernos sino para hacernos ricos, lo que pasa es que la química no es ciencia para aficionados.

Don Luis era un patriota heroico que no podíamos comprender porque nos angustiaba hasta la urticaria, porque no logró hacernos entender —hablaba demasiado— que era un reformador. No apoyaba a Allende para anexarnos a Chile ni apoyaba a Cuba para ser él como Castro, sino para desprender, a su manera, a México de la influencia de los Estados Unidos. No quería acabar con los empresarios pero se los echó de enemigos; quería acabar con las importaciones de alimentos pero casi acabó con lo poco que producíamos. Y si duda de mí que se asome a Montelargo, en Sinaloa, que era un emporio y que Augusto Gómez Villanueva dejó convertido en un erial... No alcanzó a destruir para construir, se quedó en la debacle.

Echeverría fue un vendaval. Tumbó los árboles para sembrar trigo y nos quedamos sin madera y sin qué comer. Recurrió a los intelectuales para que lo apoyaran en la para él grandiosa tarea de edificar el México nuevo, olvidándose de que los intelectuales son aristócratas de café y mucho más dados al vedetismo que a la verdad. Los intelectuales lo que quieren son medallas, premios, embajadas, la secretaría de Educación Pública y, si es posible, que les construyan para cada uno de ellos una rotonda de hombres ilustres. Los intelectuales no saben política, lo que saben son palabras. Los intelectuales, hasta Voltaire que era tan luminoso, se vuelven fácilmente aduladores porque en el fondo ninguno es guerrillero ni quieren incomodidad alguna sino fama, cojines, vinos rojos y casa con jardín. Los intelectuales, si lo son de verdad, lo que quieren es reducir la realidad a fórmulas, no llevar fórmulas a la realidad.

También en eso se equivocó don Luis. Los intelectuales sirven de adorno en la mesa, pueden producir tal vez alguna acertada frase que adornará un discurso pero jamás harán producir la tierra ni mejorarán las cosechas ni lograrán que las vacas den más leche. La función de los intelectuales —valiosísima no lo niego— no es la de iluminar sino la de investigar. Don Luis creyó en ellos, sobre todo, si eran de izquierda, que eran los nuevos soldados del pensamiento progresista, los líderes de la nueva causa. Y no, los intelectuales son burguesitos de pequeñas o grandes ambiciones, de muchas intrigas, de mezquinas envidias y de angostos horizontes. Y no me refiero sólo a los mexicanos. Cualquier universidad del mundo es una pequeña corte de insidias, de intrigas y de chismorreo de aldea. Los intelectuales no quieren reformas quieren estatuas, academias y, sobre todo, la oportunidad de leer para el mundo el producto de sus sesudos pensamientos.

Don Luis los apapachó, los premió, los viajó, y al fin, todo quedó en carcajada general en aquel viaje del avión de redilas. Los intelectuales —intelectuales sin griego y sin latín—, algunos mexicanos y otros extranjeros, vivían tan agitados como los cortesanos que acompañaban a Pedro el Grande en sus construcciones y en sus ataques de epilepsia. Y ya sabemos que lo declararon "la única opción"... De allí a la demencia de la ONU, al cultivo del Premio Nobel de la Paz, al imperio del Tercer Mundo, a la fundación de una universidad personal, todo era fácil. Y es que en México la demencia sexenal es tan colectiva, que igual a intelectuales que a tenderos, a todos parece natural...

Pero el intento de don Luis, estoy convencido, era una labor de mexicanización, de verdadero nacionalismo. De allí sus gritos contra el sionismo o contra cuanto le pareciera obstáculo a un camino de hacer un México mexicano, libre no sólo de imposiciones de productos, sino de ideas desnacionalizantes, corruptoras.

Don Luis se rodeó de jóvenes, la efebocracia como le decían, no para negar la sabiduría de la vejez sino porque para sus afanes renovadores necesitaba el vigor, el entusiasmo, la temeridad de la que sólo los jóvenes son dueños. Si el sistema no lo hubiera enloquecido, haciéndolo creer que debería convertirse en Mao, en redentor de los despojados o en un Premio Nobel, tal vez hubiera tenido la paz y la calma para entregarse a realizar los cambios que México requería. No olvidemos que empezó aumentando el precio del azúcar para instalarnos en una economía de verdad y no en la de cuento de hadas en la que cómodamente vivíamos.

Tuvo don Luis muchos defectos, ejerció el nepotismo —endémico en nuestra política—, le permitió a algunos enriquecerse hasta ser capaces de comprar, igual cadenas de periódicos —asunto oscuro todavía—, que hospitales costosos, que la UPI por millones y millones de dólares. Como mero dato consigno el hecho de que uno de sus cuñados Zuno, que tenía afición por los pájaros, mandaba aviones especiales a cualquier parte del mundo sólo para que le trajeran algún pajarito que le faltaba para completar su colección. Y gastaba el dinero en viajes tumultuarios y empezó la costosísima y absurda costumbre de andar siempre rodeado de secretarios, de subsecretarios, de directores, de empresarios, es decir, de moverse, aunque fuera al baño, acompañado de una corte mayor que la que jamás rodeó a Luis XIV.

Yo, tal vez iluso, pienso que todo lo hubiera corregido si hubiera tenido seis años más para gobernar. Dejó de ser Presidente justo cuando estaba aprendiendo a gobernar, cuando estaba a punto de convertirse en un gran estadista. Porque creo, no sé en qué finque mi confianza, que don Luis, por inteligente hubiera logrado despertar y se hubiera entregado a gobernar, a gobernar en serio.

Vivimos, en aquel sexenio, muchos momentos de terror. Amanecíamos con la boca amarga porque no sabíamos qué desastre se le iba a ocurrir. Temíamos constantemente que nos convirtiera en un país socialista totalitario. ¿Quién puede asegurar que no hubiera sido el suyo un socialismo mexicano, que a la larga le hubiera dado trabajo a los desocupados, libertad de sufragio a los ciudadanos, honestidad a los funcionarios y paz y prosperidad a la República? Desgraciadamente, sus memorias, o lo que apareció como tales, fueron en colaboración con don Luis Suárez, que será un hombre bueno, pero que es absolutamente imposible de leer. Si él hubiera escrito la Biblia no se hubiera vendido un solo ejemplar...

Nadie puede negar que en el sexenio de don Luis muchos trabajadores pudieron adquirir automóvil, que muchos pudieron vivir en casas mejores, que miles de mexicanos pudieron viajar por el extranjero, que despertó al país a la posibilidad de convertirlo en un país de gente libre, pensante, politizada, libre para vivir y libre para mejorar sus condiciones de vida.

Echeverría despertó la ilusión —y eso ya es mucho— de que podríamos llegar a ser un país donde todos los ciudadanos pudieran comer tres veces al día, tener acceso a la educación, a la limpieza, a la grandeza de la mexicanidad. Hablaba mucho del Tercer Mundo y también nos confundimos. Yo creo ahora que no era para mantenernos a nosotros inmersos en el hambre, los piojos y la miseria sino para convertirnos en cabeza, en líderes, en el imperio del Tercer Mundo. Creo que nos quería quitar la mentalidad de colonizados y darnos la de ciudadanos imperiales.

Pero todo se confundió y mucho se echó a perder. La precipitación, su falta de experiencia anterior en asuntos de gobierno y la lambisconería le cegaron la lucidez. Por eso el presidencialismo mexicano es tan peligroso. Mata igualmente a los buenos que a los malos: los nulifica. Echeverría no era un delirante demagogo sino un patriota desesperado. Tal vez él vio con toda claridad los males a los que el sistema nos empujaba pero enloqueció antes de poder remediarlos. Ya no supo cómo. Y eso que en su régimen había bastante más libertad de expresión que en el actual, en el de usted, don Miguel.

El endeudamiento en sí no era malo. No era en sí mala la devaluación. El mal, el peor mal que nos hizo, y al que el temblor le dio la puntilla, fue que nos hizo perder

28

la fe y la confianza en el gobierno. Algo, como la honra, tan fácil de perder y tan difícil de recuperar. Perdimos la fe en el Presidente, en el peso, en la propiedad. ¿Qué hubiera hecho ese hombre si llega al poder con la debida preparación, con el verdadero apoyo del pueblo? Tal vez ahora tendríamos un parlamento. Tal vez no tendríamos tantos diputados, pero sí representantes auténticos del pueblo. Pero don Luis perdió el juicio, porque tal vez, aun con todas las fallas del sistema, con un hombre lúcido en el poder se pueden hacer muchas cosas. Pero él perdió la brújula y nosotros la posibilidad de volverlo al camino y hasta la serenidad para juzgarlo con ecuanimidad.

Todos los males, a fin de cuentas, fueron por su inexperiencia. No había gobernado antes ni siquiera un rancho. Ese fue el mal. No tuvo tiempo de conocer a fondo a la gente. No tuvo jamás un espejo limpio dónde asomarse. Se llenó de audiencias, de viajes, de lirismo. Inundó el país de palabras pero no tuvo tiempo de escuchar a nadie ni de escucharse a sí mismo.

Tal vez debió haber sido Presidente seis años después. Seis años en los que hubiera podido, después de haber sido secretario de Gobernación, después de Tlatelolco, después de ser gobernador de un estado, ya con madurez, gobernar a México sin exaltaciones, sin premura, con pasión sí, pero con la habilidad y prudencia que se requiere para que los buenos deseos no se queden en demagogia, en angustia o en desesperación.

Ayer, don Miguel, desperté en la madrugada con la garganta amarga, los ojos con ribetes de sifilítico, la nariz a punto de sangrarme, la respiración difícil y un dolor convexo en la cabeza. Desde el onceavo piso me asomé a la ventana y vi, más con asco que con temor, que la ciudad estaba inmersa en una especie de niebla viscosa, sulfúrea, lagrimosa. No se veían con claridad ni siquiera los edificios del conjunto. En ese instante decidí huir hacia algún sitio donde pudiera respirar. Por añoranzas y nostalgias y porque aquí hay un buen hotel barato, inmediatamente me vine a Celaya. Fue un día perdido para mis escribimientos pero ese tipo de decisiones no pueden posponerse.

Hoy, es viernes 20. Buenos días...

México, don Miguel, nunca ha sido país de espejos refulgentes. Cuando los españoles llegaron, los indígenas se llenaron de maravilla y de contento ante el milagro de los espejos. Dieron oro por ellos, que el doble hubieran valido, si los espejos hubieran sido para asomarse a ellos, y no para adornarse con ellos. Porque los espejos en nuestro país sólo han servido como lujo, no como fuente de indagación y de posible verdad. Los espejos mexicanos adornan las casas y tal vez sirvan para lavarse los dientes pero nunca para verse, para asomarse al fondo de los ojos, para preguntarse quién soy, qué soy o cómo soy. Los espejos sólo sirven para la vanidad de la corbata o del bigote, jamás para intentar ver en él lo que los otros miran. Un espejo que pretende ir más allá del ma-

...a ilusión produce zozobra, miedo, intran-

...exicanos, por el miedo a mirarnos, no hemos
...dido a reírnos de nosotros mismos. Por eso pare-
...os cobardes. Le tenemos miedo al ser. No es, como
gritan las canciones, que la vida no valga nada, es que,
con frecuencia, se prefiere la muerte a la verdad. La
muerte propia o la ajena, pero la muerte. Y es que a los
disfrazados nada irrita con más violencia que la verdad.
Y todo por un equívoco ontológico. Todo por no asomarse, como doña Macrina, a un espejo y averiguar la
verdad. La verdad no mata nunca, la verdad da vida.

México ha vivido en el terror de la verdad. Y no porque México sea un país nacido del crimen —como el PRI—
o de la ignominia, sino porque se acostumbró al espejo
negro de Tezcatlipoca y no a la luz de Quetzalcóatl. Los
griegos se enmascaraban para representar tragedias y
nosotros vivimos en la tragicomedia por temor a quitar-
nos las máscaras. Vivimos en una representación pero ya
no sabemos de qué. Es una escenografía interior que to-
mamos por real pero que a veces nos desconcierta, nos
inunda de extrañas perplejidades que, por instantes, nos
empujan a las candilejas. A las candilejas que nos hacen
temer que todo sea ilusión teatral. A veces tenemos relámpagos interiores en los que alcanzamos a percibir el
teatro vacío, el telón a punto de caer. Somos como unos
viejos actores que han repetido tanto una obra que la
confunden con la realidad. Ya no sabemos distinguir
entre nuestras personas y nuestra fantasmagoría. Vivimos temerosos de disolvernos en la nada como los vampiros a la luz del sol.

Por eso, en México nunca pasa nada. Todo queda como parte de una función histriónica —mezcla de limbo y
de mambo— que suple a la realidad. No es grandeza ante las desgracias ni resignación ante los daños, ni siquiera castración ante los atropellos, es el no acabar de
aceptar la realidad como realidad. Lo que nos pasa, igual

con nuestras vidas que con el país, lo vivimos como catarsis de una realidad que está fuera de nosotros, fuera del espectáculo circunstancial que nos puede empobrecer, hipotecar o hasta matar. Diluvios, temblores, malos gobiernos, desempleo, inflación o inversiones térmicas, todo es sólo parte de la función, no de la función de vivir sino de ese espectáculo del que todos formamos parte y del cual, según nuestra oculta fantasía, podemos salir...

Los mexicanos tenemos el anquilosado terror de ser muy feos, muy débiles, muy inferiores, muy cobardes. No nos hemos podido redimir de las conquistas. Pensamos que por prietos, por mestizos nada valemos, que somos muy insignificantes. Hijos de padres que nos niegan, de madres amorosas que para mantenernos nos tienen que descuidar, nos sentimos inseguros, rechazados, devaluados, anodinos, algo que se deja por falta de valor. En busca siempre de un padre que internamente, por ajeno, por abandonador se niega. Aferrados a la madre, el único modelo del hogar, hay que negarla por femenina y venerarla porque es el cordón umbilical con el sentimiento y con la vida. De allí el machismo —caricatura del padre ausente—; de allí la Virgen de Guadalupe, madre de Dios y de los mexicanos. Tal vez ésa sea la razón del éxito de los extranjeros en México... Llegan sin la guerra interior entre el padre y la madre. De allí el éxito y la caída de don Porfirio. De allí, en México, el aferrarse al poder que, además de masculino, es apoderarse del padre fugitivo, del padre que nos negó. De allí el éxito del PRI que juega a la ambivalencia: a veces es papá y a veces es mamá. Don Porfirio cayó porque no dejaba a los hijos, los mexicanos, ser hombres como él, quería, como Dios, reservarse la masculinidad sin compartirla. Por eso el PRI se ha vuelto inseguro. No tiene figura de padre fuerte y los hijos, sus propios hijos, lo quieren destronar. Y curiosamente no son los abandonados, los despojados, los negados sino los consentidos, es decir, a los que les dio fuerza y posibilidad de ser adultos...

A México le gusta la magia y el misterio, la prestidigitación y la hechicería, los ritos y las pompas, los trajes de gala y los hábitos monacales. México en las entretelas del corazón no quiere el esfuerzo que exige la democracia, ni quiere verdades que los despierten a una vida de adulto, ni quiere libertades que lo comprometan, ni quiere tierra para esclavizarse con la agricultura, ni una religión que se traduzca en partidos políticos honestos o en predicadores de teorías políticas y sociales. El ser adulto, como predican los calvinistas, niega a la Virgen de Guadalupe que es madre y regazo, remedio para los males y rosas espontáneas como la nieve de los volcanes.

México lo que quiere es que lo dejen en paz. La Independencia, la Reforma y la Revolución fueron pesadillas que intentaron despertarlo. Don Porfirio no cayó, como nos dicen, simplemente se hizo PRI. México, contrario a lo que predican los socializantes perfumados y hasta los socialistas de buena fe, lo que quisiera es ser un país como Estados Unidos pero sin dejar de ser México. Ese ha sido el problema. Y, claro, lo quiere ser sin que se perturbe la siesta, sin que el gobierno deje de ser papá, sin que los mexicanos tengan que despertar a las molestias de la responsabilidad de los adultos.

El modelo de México no es la Unión Soviética ni Cuba, ni Polonia sino Estados Unidos. Pero un Estados Unidos gratuito, sin sacrificios y sin esfuerzos; desde luego un Estados Unidos sin gringos, sin negros, sin predicadores protestantes, sin refugiados orientales y sin tanta y agobiante disciplina. Un Estados Unidos muy ordenado pero pachangoso; un Estados Unidos donde la mordida funcione, donde el compadrazgo sea productivo y donde las leyes se apliquen según el delincuente; un Estados Unidos rico y apegado a la ley pero donde se puedan eludir los impuestos, el servicio militar obligatorio y hasta las molestias de tener que cumplir con todos los deberes ciudadanos; un Estados Unidos con magníficas universidades pero gratuitas y sin exámenes; un Estados Unidos donde uno sea muy respetado pero donde uno no tenga que respetar a nadie; un Estados Unidos con todos los avances de la ciencia pero con tortillas hechas a mano, taquitos de nana y de buche y magníficas corridas de toros; un Estados Unidos donde el peso no se devalúe pero que no haya que trabajar el campo ni maltratarse en las minas ni pasarse la vida en las fábricas; un Estados Unidos donde haya igualdad de derechos pero no de obligaciones...

En fin, un Estados Unidos México muy rico pero sin el evangelio del trabajo, muy poderoso pero sin tener que matarse en guerras; un Estados Unidos lleno de toda suerte de artefactos modernos para facilitar el trabajo pero con criadas, con jardineros, con choferes. Un Estados Unidos con todos los privilegios de los ciudadanos americanos y toda la irresponsabilidad del Tercer Mundo... Queremos la misa y la procesión, las computadoras y las guitarras, a Dios y al diablo.

México es un país de medio tono que se viste de colores en las fiestas, y se pone máscaras para cantar. México se inventó símbolos de exportación que ahora piensa que siempre han sido suyos. Las tradiciones mexicanas de hecho son fruto de Jalisco no del país: jarabe tapatío, mariachis, canciones rancheras, tequila, charros... México es un país de luz pero usa los colores para ocultar las sombras, como la música en los entierros. Por eso nuestra historia es tan confusa, tan demagógica, tan turbia.

La política en México no es un ejercicio de razón sino un rito de pasión. La gente no está dispuesta a defender derechos colectivos sino sus pequeñas comodidades personales. Cada quien lucha por la suya. El sentido político y religioso de los países calvinistas —ahora los del Primer Mundo— es un sentido de comunidad, un sentido comunitario. En México todo se convierte en personal, cada quien para su santo, como se dice, y sólo una conmoción telúrica como la del 19 de septiembre del 85, convocó la solidaridad popular. Pero no fue una solidaridad nacional ni política sino hermandad tribal, la de colectividad, la primitiva de los grupos humanos frente a los desastres naturales o las amenazas de otras tribus o de jaurías imposibles de vencer con puro valor individual.

Y fue en ese instante cuando el gobierno mexicano presidido por usted, don Miguel, entró en estado de terror. En el momento supremo no supieron encontrar los caminos hacia el pueblo porque hace mucho tiempo que ustedes los han roto. Es fácil sostenerse con demagogia cuando el sol brilla y la gente se aguanta hasta el hambre para no perturbar su tranquilidad. Pero en el instante de los gritos, de la muerte, del dolor, el gobierno que en nombre de la Constitución se llama legítimo mostró su ajeneidad, su lejanía. Todo se redujo a conservar el poder por el poder. Pero ya poder sin magia, poder sin sacerdocio, poder sin la majestad que sólo el pueblo puede otorgar o inventar...

No pretendo, don Miguel, culparlo a usted, no, ni es el caso ni es mi intención. De hecho no se trata de culpar a nadie sino de intentar ver por qué somos, cómo somos y cómo podríamos mejorar.

Si en este país, don Miguel, usted no hubiese matado los espejos, yo no tendría que escribir esta carta. Todos los días, en los editoriales de los periódicos, encontraría voces que le dijeran aunque fuera verdades pequeñas. Si usted no le tuviera miedo a la verdad, *Excélsior* sería, como le corresponde, el diario de la Vida Nacional y no el Diario Oficial de su jefe de prensa. Y los espejos que sí quedan, como *El Norte* y *El Porvenir* de Monterrey, o *El Dictamen* de Veracruz, o *El Mercurio* de Ciudad Victoria o *El Mañana* de Nuevo Laredo, o el de Reynosa, y varios otros que su gobierno no ha amortajado todavía, ésos no llegan nunca a sus manos, son voces que usted no escucha... Por eso le escribo esta carta.

Doña Macrina, don Miguel, era soberana de un reino

de cuento; sus envidias, sus rencores, sus defectos afectaban sólo a una niña. Sin embargo, doña Macrina no renunció a la libertad del pensamiento, a su libertad de discernir, a su capacidad para que desde fuera se le señalaran sus defectos, sus fallas, sus errores. Es posible que no consultara el espejo para corregirse pero sí para no enloquecer. Bien pudo haberse comprado mil espejos —aunque fuera con dinero fresco de préstamos suntuosos que hipotecaran el reino— para que noche y día le cantaran loas, para que sus palabras —por lo menos mientras estuviera en el trono— fueran más valiosas que las del oráculo de Delfos y más repetidas que las de los hombres más sabios que el mundo ha conocido.

Doña Macrina era cruel, era envidiosa, era mala pero creía en la libertad de expresión. Doña Macrina no le tenía miedo a las palabras, es decir, a las ideas. Frívola, pensaba en su belleza, pero ni por la belleza intentó matar la libertad. El medio era condenable pero el fin era la verdad. Prefería el crimen a la mentira. Prefería el crimen a la demencia.

En última instancia su crimen fue intentar asesinar a Blanca Nieves, no el engañarse a sí misma y a todo un pueblo con falsedades, con mentiras, con burlas.

Esta es una carta, don Miguel, que tal vez no llegue a sus manos hasta que usted, fuera de la prisión del sexenio, se haya convertido en un hombre tan olvidado como lo fue Ruiz Cortines o tan detestado como lo es López Portillo. No lo sé. Debo reconocer que usted, aunque también le ha hecho daño al país, por su misma ajeneidad al pueblo, no ha recogido ni siquiera una fuerte animadversión o un odio lacerante. Para usted, a pesar de tantos errores, de tanto nepotismo, de tanta mediocridad en su gabinete, de no estar exento de murmuraciones de negocios en las playas de Oaxaca, de que se disimula ante corrupciones de algunos de sus colaboradores, lo que hay en el pueblo para usted, es una mezcla de indiferencia y de desdén. No conozco a una sola persona que lo admire. Jamás, lo reconozco, he escuchado a nadie que lo maldiga. Es más, a veces hasta dicen que usted es un buen hombre, aunque sería preferible que dijeran que es usted un hombre bueno.

México, desde luego, necesita algo más que un hombre bueno en la Presidencia. México necesita a un hombre patriota, inteligente, político, sobre todo, gran político, honesto

No piense usted, don Miguel, se lo suplico, que yo me creo el espejo de la verdad, no. Soy, sí, un hombre que ama a México y que mientras se le permitió, utilizó su voz para decir su verdad. Verdad que representa, por lo menos, honestidad y buena fe. Nunca he pretendido que lo que digo sean verdades universales y necesarias; no, pero sí verdades de la comunidad.

Mientras escribí en *Excélsior*, según estadísticas de distintas fuentes, era yo el periodista más leído. En mi lugar ahora escriben en *Excélsior* una muchedumbre de gobernícolas, cuyos nombres ignoran los lectores. Editorialistas que nadie lee y que poco a poco van hundiendo a tan excelso periódico cuanto debería ser *Excélsior*. Y podría jurar que a quienes más les duele es a don Regino Díaz Redondo y a don Raúl Vieyra, no por amigos míos, sino porque los dos deben padecer con aflicción y pesadumbre de hombres y de periodistas ver su periódico crecer en edificio y reducirse en calidad. ¿Cómo puede la cooperativa de *Excélsior*, compuesta por tantos honrados y magníficos trabajadores que han dado su vida entera por ese periódico, no sentir indignación y furia al ver su diario convertido en nana, en la nana de usted, don Miguel? O, si le suena mejor, en ángel de su guarda. ¿Porque qué hace *Excélsior* sino cuidarlo, como si fuera su guardaespaldas verbal? ¿Y cree usted que la gente no lo nota? Los mexicanos lo saben y lo sienten. A la gente no se la engaña ni con los tacos ni con los periódicos. De allí el éxito de la revista *Proceso*. Cuando una taquería baja la calidad, pierde la clientela.

En el caso de los periódicos capitalinos, aun los barnizados de izquierda pero subsidiados, son sigilosamente veladores de su buen nombre. Muchos extranjeros, hasta de pequeños países centroamericanos, se preguntan: ¿Cómo le hace el gobierno mexicano para controlar así a la prensa? Algunos preguntan si es usted el accionista principal de los diarios de la Capital... Así de hábil o torpemente se ha manejado el asunto. Eso depende del cristal con que lo mire...

Yo quiero a *Excélsior* como mi casa, le tengo simpatía a don Regino y le tengo afecto a Raúl Vieyra. Pero no sé por qué tratos, por qué amenazas, por qué seducciones, han ido convirtiendo a *Excélsior* no sólo en vocero de usted sino en una especie de privilegiada paraestatal. Pero si no me cree, allí están las cabezas de *Excélsior*, tan parecidas a las frases con las que Jacobo Zabludovsky empezaba diariamente su noticiario que parecieran estar escritas por la misma mano. Y al paraestatal don Jacobo ya sabemos cómo le fue en Estados Unidos. Mientras que aquí, aunque el público lo repudie, recibe puras lisonjas y lambisconerías ("el que tiene la voz tiene el poder") y, a veces, en Televisa misma se le concede un lugar más importante que a don Miguel Alemán Velasco, allá, los periodistas libres lo despreciaron y lo ningunearon por considerarlo entregado al gobierno mexicano. De alguna manera, ya nuestras fábulas no se sostienen más allá de nuestras fronteras. Desde que Jack Anderson abrió fuego y no lo sometimos a tribunal alguno para que resplandeciera la verdad, ya nos zarandean por todo el mundo. Nos devuelven de Estados Unidos a don Jacobo como nos regresan los limones enfermos o las fresas enanas. Parece que don Miguel Alemán Velasco, hombre de mi simpatía, por apresurarse en las reformas tiene, por lo menos por el momento, que someterse a las hormas y a las anteriores normas. ¿O será que con el peso o como el peso nos hemos devaluado todos?

Además, hay que entender que si uno hace algo para el público queda uno exhibido para los elogios y en público expuesto para las críticas o los desmanes. Si uno no entiende eso, debe volverse cartujo. La felicidad es un estado de ánimo que debe depender de uno.

Desde que murió mi papá, cuando yo tenía diez años, aprendí que la vida es una serie de mecanismos muchos de los cuales, por fortuitos o por mil razones, escapan a la comprensión. Supe que el fluir de los acontecimientos no depende ni de nuestra voluntad ni de nuestros deseos. Supe que para vivir hay que aprender a nadar contra la corriente y que es imbécil amargarse porque existe la ley de la gravedad. Al morir mi papá tuve que enfrentarme a la perplejidad del vacío. Amén del dolor, me aterraba la posibilidad de tener que vivir en un mundo al parecer injusto y perverso. Supe que sin que yo me hubiera portado mal, sin que le hubiera hecho daño a nadie, sin merecer ningún castigo, quedé súbitamente privado de alguien a quien quería y que era mi seguridad. Aprendí que la vida le roba a uno a su padre, igual que un ladrón se roba una televisión. Supe que el tener era una forma de ilusión, que uno no es dueño de nada ni de nadie, ni siquiera de uno mismo... A veces me escapaba al cementerio. No podía entender que mi papá estuviera enterrado. Esas visitas me hacían pensar y pensar.

Mi padre, don Miguel, murió cuando yo tenía diez años. Era un hombre cuya bondad le brotaba hasta por el brillo de los ojos. Su voz era tan tersa como el rubio ondular de su pelo. Su dulzura era más grande que su cuerpo y medía, casi como mi angelical hermano Homero, más de 1.90. Era tan bueno que llegó un día a la casa sin saco porque se lo había dado a un viejito que tenía frío. El dinero para él no era sólo para adquirir objetos o para proporcionarnos hogar, comida y paseos sino para remediar males ajenos. Daba cuanto tenía. Y un día, sin que nosotros tuviésemos avisos o premoniciones, se murió.

A mí se me entristeció la vida pero no se me amargó. Supe, desde ese momento, como le contaba, que todo era transitorio, que uno no es dueño de nada, que las posesiones son ilusorias, que la vanidad es una nube que se disuelve con el viento, que la popularidad y las risas se desvanecen como los aplausos después de una función. Aprendí, don Miguel, que de un viernes a un domingo, la alegría se convierte en llanto y la prosperidad en metódicos ajustes. Vi, que aprovechándose del dolor que nos anonadaba, gentes extrañas y hasta algunos que habíamos considerado amigos, se dedicaban a saquear lo que podían. A mi papá, por ejemplo, cosa singular entonces en Nuevo Laredo, le gustaba tener buenos vinos europeos y armas magníficas. No quedó una sola botella de vino y las armas que se salvaron, y que yo heredé, escaparon a la rapiña porque estaban en un cuartito ajeno a las ávidas manos. Por compasivo, por generoso, papá le prestaba dinero a quien tenía necesidad. Muerto él, no hubo quién nos lo pagara, ni siquiera parientes cercanos que decían quererlo y que lo llamaban hermano. Mi madre, que jamás había trabajado, hubo de hacerse cargo del negocio de papá. Nos tuvimos que cambiar de una casa con jardín y con patio donde corríamos y nos trepábamos a los árboles, a una casa casi sin ventanas. La muerte nos exilió, pues.

Por ello, don Miguel, puedo extrañar no escribir en *Excélsior* pero no es una tragedia. La tragedia ya la padecí a los diez años. Cuando caminaba por la calle me preguntaba por qué se había muerto mi papá y no cualquier otro de los tantos hombres, para mí inútiles vital y socialmente, que transitaban por la calle. Supe que la vida era así, que la vida no era un cuento de hadas o una película de Hollywood con final feliz. Por eso, mi salida de *Excélsior*, también injusta desde mi punto de vista, la entendí sin amargura, sin desaliento. De hecho no es culpa de nadie, es la manera de sobrevivir de la vida periodística del país. En mi caso, expulsando a un mexicano de bien para poner en mi lugar artículos anónimos que se escribían y se mandaban desde la Presidencia.

Yo pensé, iluso, que cuando usted tomara posesión

como Presidente, me iba a invitar no sólo a la ceremonia, para demostrar que usted sí iba a cumplir la Constitución, sino que *Excélsior* inmediatamente me llamaría para que volviera a ocupar un lugar que había dejado por razones ajenas a *Excélsior* y a mí... Pero no ocurrió. Tal vez porque yo no soy importante. Tal vez porque no se les ocurrió. Tal vez porque usted pensó que sería darme alas. No lo sé. Tal vez usted me guardaba rencor... Y, además, ya no importa. Es que uno piensa que los presidentes podrían con toda facilidad, por la grandiosa altura a la que ascienden, volar sobre sí mismos, sobre sus pequeños resentimientos, sobre sus pequeñeces... sobre los mortales que, según Sancho, desde la altura se ven como avellanas.

Cuando salí de *Excélsior*, lo entendí. El gobierno mexicano tiene todos los medios para asfixiar a un periódico como *Excélsior*, todos. Igual puede destrozar la cooperativa, igual les puede introducir gángsteres de quinta columna, igual les puede hacer huelgas, igual puede inventar descontentos que rompan las maquinarias, igual puede decretar que don Regino Díaz Redondo ha perdido la razón o que don Raúl Vieyra es traficante de drogas o que la cooperativa es una mafia, que quitarles el papel. El gobierno puede, si quiere, imponerles gobernícolas para que llenen las páginas de adulaciones o puede ofrecer tanto dinero para *Excélsior* que resulte económicamente mucho más sensato recibir dinero para construir que retener a un Mauricio —o a otros Mauricios— que sólo puede acarrear problemas. Todo eso, don Miguel, lo sé. Por ello, repito, yo siento que *Excélsior* es mi casa. Por ello no me voy a amargar la vida. Si su régimen se ha logrado amancebar con una cierta prensa, eso a quien le ha hecho más daño es a usted y al país. Eso téngalo por seguro. El tiempo lo dirá.

Pero no tengo ninguna prisa. El tiempo camina a mi favor. Porque lo que importa es México, lo que importa somos los mexicanos, lo que importan son los muchísimos periodistas mexicanos que también están amordazados por el temor, por el miedo o por corrupción. Y, le confieso, me duelen más los que se callan por componendas, por sucumbir a la tentación, que los que callan por valientes, por honestos, por no doblegarse ni a las seducciones ni a las amenazas, veladas o no. Los que han sucumbido, si son inconscientes y cínicos, no valen la pena; pero como la decencia no es un trapo que se pueda fácilmente tirar a la calle, algunos deben vivir con vergüenza de sí mismos, otros con un desprecio vicioso que les circula por la sangre como una forma de cáncer doloroso, otros, llenos de bienes, de flores, de viajes, de oro en los bancos y vacíos del alma, despreciados por sí mismos y como prostitutas viejas buscando inútiles maneras de redención.

Vender el alma al diablo es un rango ontológico, vendérsela a un pobre diablo es una degradación de la que no salvan ni las lentejuelas, ni los premios, ni las sonrisas presidenciales, ni el aplauso de los que no se respetan ni a sí mismos. Además, no es la prostitución de una mujer que sólo daña a su cuerpo y a su alma, es la prostitución de una vocación, de una profesión, es una perversión que daña la vida de la democracia, la fe del pueblo, la esperanza de la juventud y la posibilidad de la grandeza...

Y los que se venden, además, cometen un fraude y un delito. No venden sólo sus voces, que deberían ser la voz del pueblo, sino que se quedan usurpando el lugar que en su periódico, en su estación de radio, en su emisora de televisión le corresponde al periodista honrado, al veraz, al honesto, al representante del pueblo. Grave daño, pues, a la libertad, al país, a la República. Vender el alma nunca fue un negocio productivo. Y no lo es porque el que la vende, cámbiela por lo que la cambie, ya no lo puede disfrutar porque los desalmados son muertos en vida, y los muertos están más allá del cielo, de las flores y de todo color. Sin alma no hay ni amor ni odio sino sólo un triste limbo perfumado de vanidades para ocultar el más horrendo de los vacíos, el vacío del alma...

Como ve usted, don Miguel, ustedes compran almas muertas, como muertas son las palabras que producen. Por eso lo que escriben son siempre discursos fiambres, exaltaciones que envilecen, ditirambos que avergüenzan, adulaciones pútridas; es decir, hablan como cadáveres. Ni es cierto lo que dicen, ni existe a quien se lo dicen. Ellos son muertos que hablan y hablan de fantasmagorías, sin más realidad que la de un momento para distraer a un soberano de su verdad, es decir, para decirle a alguien que no es lo que es. Es una necrofilia patológica y nada más... Trata de almas...

Mis artículos, por naturales, por espontáneos, por no estar adulterados, tenían frescura y aliento. Jamás tuvieron pretenciones de ser ensayos hegelianos o acuciosos estudios filológicos. Quise ser un participante familiar en las conversaciones matinales. Creo que lo logré. Mis artículos jamás intentaban ser ni homilías ni disertaciones eruditas. La diferencia entre mis artículos y los de los demás, estribaba, creo yo, en que yo escribía lo que los demás callaban o lo escribía con la soltura que da la libertad interior.

Mi ilusión era formar parte de la familia a la hora del desayuno. No escribía artículos amarillistas, diatribas o libelos. Los lectores no se equivocan nunca. Un lector distingue a un periodista pagado, con la misma facilidad con la que distingue un piano de un tololoche, o a una muchacha de dieciocho años de Tutankhamen. Los periodistas vendidos o los comprometidos se identifican como escolares con uniforme. No engañan a nadie, por lo menos nunca por mucho tiempo.

Eso sí, su imagen en televisión da por resultado un ahorro nacional de electricidad. El que sus cardenales lo puedan engañar a usted, no quiere decir que nos puedan engañar a nosotros. La prueba de la relación que el pueblo tiene con usted fue la rechifla estentórea que le endilgaron el día de la inauguración del Mundial de Fútbol. Yo la oí en París, pero inmediatamente me llamaron dos amigas, una de Amsterdam y la otra de Viena, para comentar conmigo tan internacional acontecimiento. Y supe que aquí habían dicho que no había sido el pueblo de México, sino los burgueses que habían llenado el estadio. De haber sido en la Plaza de Toros México hubieran dicho que eran taurófilos; de ser en Monterrey, que eran reaccionarios encapuchados; si hubiera sido en Chihuahua porque eran traidores del PAN y si en el Zócalo, porque eran comunistas pagados por el imperialismo. Todo, en lugar de indagar la razón de la rechifla, la razón del descontento popular.

Es de extrañar que no hicieran foros de consulta popular en la que todo está tan armado como la liturgia del Vaticano. ¡Ay de aquel que se salga del libreto! Y hubiera quedado feliz usted, convencido de que el pueblo lo ama con singular locura, de que el pueblo no tiene más ambición ni más anhelo que cambiar la Constitución para poder reelegirlo. Eso, seguramente, hubiera sido el resultado de esas farsas que han dado en llamar foros de consulta popular. Lo harían quienes las organizan cuando llevan a los foros las partituras tan revisadas y censuradas como los discursos que usted oye cada vez que líderes, obreros, campesinos, diputados y hasta gobernadores le endilgan. Pero todo queda en familia. El único que se lo cree es usted, que a veces hasta parece sonreír con tanto acertado elogio.

Los únicos que piensan que los mexicanos somos idiotas son ustedes. Ningún mexicano confunde las carretas con los ferrocarriles, los aguacates con las paguas o a las señoras con las pirujas. Sólo la perversión dictatorial lleva a los autócratas a creer que al pueblo se le pueden dar verdolagas por filete o palurdos por inteligentes. Si los perros no confunden el sol con la sombra, ¿qué les hace pensar a ustedes que los mexicanos vamos a tomar a los imbéciles por inteligentes, a los ineptos por hábiles, a los ladrones por honestos y a las suripantas por hermanas de la caridad? ¿Qué clase de país piensan que gobiernan? ¿Acaso no se les ha ocurrido pensar que antes del milagro del puesto público eran iguales a nosotros? Y estoy seguro que antes del mareo del poder, hombres como usted, sabían muy bien quiénes eran en México los hombres valiosos, quiénes los preparados, quiénes los leales a la República, quiénes los corruptos y quiénes los oportunistas.

Ustedes inventan un juego y luego caen en la trampa de pensar que ese juego es la realidad. Pero no, don Miguel, los mexicanos seguimos pensando, aun a pesar de la contaminación, del control de la información, de todas las cápsulas pagadas con nuestro dinero para hacernos saber que usted es el principio y fin de todo bien y de toda bienaventuranza. Y lo dicen con el más risible de los cinismos; porque contrario a las loas a sus aciertos, están los mercados, las tiendas, la carestía de todo y una inflación tan asfixiante como la inversión térmica.

Pero a usted, sus llamados amigos lo hacen creer que está vestido. Y usted, claro, prefiere sólo moverse entre sus cortesanos para no correr el riesgo de que lo lastime la realidad. Una realidad que, dentro de unos cuantos meses, cuando usted entregue la banda presidencial, le va a vomitar miasmas mefíticas o vaya usted a saber qué. Porque en México, a los expresidentes los que consideraban entrañables les han resultado peor que los enemigos. Y ya platicaré de esto. En este momento pienso en la nuera de don Luis Echeverría, convertida después en secretaria de Turismo. Es un precedente que podría ponerles de punta los pelos hasta a los calvos. Porque igual que se hizo con la nuera, se puede hacer con las hijas. Eso no hay que olvidarlo. Se sentó el inmoral precedente de que junto con la Presidencia se tomaba hasta la nuera. Y México calló. Y yo llamo a eso incesto político. Esas cosas se podían decir en México antes de que usted convirtiera a los periódicos de la Capital en hojas parroquiales a su servicio.

Una vez instaurado y aplaudido el nepotismo erótico y el incesto político ya todo pueden hacer los supuestos amigos. Y eso no ocurriría si los posibles candidatos a la

47

Presidencia estuvieran a la luz pública, si cada quien nos dijera quién es, qué planes tiene, qué haría si llegara a la Presidencia. Y, además, qué saludable que hubiera partidarios abiertos de unos y de otros para que unos cantaran sus virtudes y otros se encargaran de publicar sus fallas, sus deficiencias, sus defectos.

Pero eso no se puede hacer con periódicos cementerios. Los muertos no hablan más que a través de espiritistas y los espiritistas sólo dicen lo que mejor conviene a quien más les paga... Por eso la libertad de expresión es tan saludable, no sólo para la República, sino para los gobernantes mismos.

Si en México hubiera una prensa libre, usted tendría la oportunidad de saber muchas cosas de sus colaboradores y de otros ciudadanos valiosos que ahora están en la oscuridad porque así les conviene a los presuntos herederos de su trono.

¿Se le ha ocurrido pensar que en estos momentos de crisis económica los dos mejores negociadores de México podrían ser Carlos Hank González y Agustín Acosta Lagunes? Y, tal vez, sobre los dos, don Manuel Espinosa Iglesias. ¿Ha pensado usted, siquiera por un momento, que es un criminal desperdicio tener al doctor Guillermo Soberón de secretario de Salud, en lugar de tenerlo, como debería ser, por inteligencia, saber y experiencia, en la secretaría de Educación? ¿Por qué desperdiciar la brillante inteligencia, el profundo conocimiento político y el indiscutible patriotismo de Javier García Paniagua? ¿Por qué? Javier García Paniagua sería un gran secretario de Gobernación o un magnífico presidente del PRI. Javier García Paniagua, además de ser un gran mexicano y un hombre profundamente disciplinado a su partido, es un funcionario que le sería profundamente leal por hombre, por militar genético, por ser hijo de su padre y, sobre todo, porque es hombre que piensa claro y habla claro. Su único defecto es su mayor virtud en estos turbios tiempos: no es adulador. Por ello, usted podría confiar totalmente en él. Y si de lealtad se habla, ¿quién puede dudar de la de don Alfonso Martínez Domínguez? Y no sólo es eso sino que ha demostrado su disciplina, que sabe gobernar y que es político de verdad.

La gratitud es una virtud de arcángeles, pero no se debe llevar al terreno político. Usted debería estar rodeado de un gabinete compuesto por los hombres mejores de México y los domingos podría comer con sus amigos. Así, usted estaría contento y el país funcionaría mejor.

Si yo fuera usted, propondría de inmediato la modificación al artículo 82 para abrirle las puertas a todos los mexicanos que por unas palabras absurdas quedan, en cuanto a la Presidencia de la República se refiere, como mexicanos de segunda. Es una discriminación aberrante, injusta, arbitraria y más contra México que contra aquéllos contra quien está dirigida. México se priva de personas valiosas por un temor absolutamente sin base. O somos mexicanos todos los nacidos en México, o se declara que éste es un país de ciudadanos de primera y de segunda.

Ya es tiempo de que dejemos de pensar en términos de colonia. Un ciudadano mexicano, haya nacido donde haya nacido, debe tener la oportunidad de ocupar cualquier puesto excepto el de Presidente. Creo, don Miguel, que ya es tiempo de que mostremos madurez y seguridad en México y en nosotros mismos. Si alguien políticamente mide dos metros, hay que reconocerle los dos metros sin escamoteárselos porque su papá no nació en Jalapa o él no nació en Jajalpa. Si alguien tiene méritos, debemos reconocérselos aunque nunca nos haya sonreído y nunca haya visto en nosotros genialidad alguna. La meritocracia debe estar por encima de las simpatías, de los partidos, de las religiones y de los colores de la piel. Meritocracia le pido a usted. Piense, por favor, en quiénes son los mexicanos más capaces, no en los que sean más amigos suyos. Piense que de quien deben ser amigos es de México, no de usted.

En cualquier caso, si sólo usted no se hubiera taponeado los oídos y no se hubiera cubierto los ojos, yo creo que estaría más al tanto de lo que es México y de quiénes son los mexicanos. Acabo de mencionar apenas unos cuantos, pero éste es un gran país y debe estar lleno de gente valiosa que podría ayudarlo a usted a gobernar. El problema es de seguridad personal y de humildad. En la vida hay que saber que para los dolores de muelas los mejores son los dentistas, no los doctores en física, por más amigos que sean de uno...

Lo he distraído mucho pero vuelvo a mi tema, a la libertad de expresión que muchos hemos perdido, porque alguien lo convenció a usted de que quienes no somos jilgueros, los que no lo adulamos es o porque la envidia nos ciega o porque somos unos canallas que lo odiamos, lo queremos tumbar del poder y sólo escribimos para conspirar.

Al permitirme la dirección de *Excélsior* escribir todos los días sin más cortapisa que mis limitaciones, quienes me leían podían darse perfectamente cuenta de mi libertad, de mi viejo, persistente, heredado y reiterado amor por México. No pertenezco a ningún partido político, no soy miembro de ningún club, no pertenezco a la grey de religión alguna. No estoy al servicio de ningún grupo político ni de político alguno. Ningún artículo mío ha estado escrito por encargo, ni ningún artículo mío lo ha pagado más que el periódico que lo publica. Los pocos amigos políticos que yo tengo han sido respetuosísimos conmigo. Yo, por mi parte, alego que yo, como pueblo, tengo el derecho de criticarlos a ellos, pero que ellos como gobernantes no tienen el derecho de criticarme a mí como periodista. Eso es un viejo principio democrático. Puede ser que doña Margarita López Portillo ya no sea amiga mía, yo sí me siento su amigo, yo le tengo afecto, con ello quiero decir que en el momento en el que ella me necesitara, yo correría a su lado. Si yo fui su amigo cuando ella era poderosa lo sigo siendo ahora que ya no lo es. No soy malabarista de afectos. Nos tratamos con muchísimo respeto. Nunca fui su empleado. Nunca le recomendé a nadie. Nunca le solicité un favor. Ella, en cambio, siempre fue amable, afable, atenta y afectuosa. No es que quiera ser más amigo de Margarita que de la verdad, porque esto ni es juicio ni asunto filosófico, sino un sentimiento de amistad. Jamás, jamás, lo repito, intentó influir para que yo escribiera algo o para que no escribiera sobre alguien.

Mis errores eran míos, mías las equivocaciones, mías las distorsiones de perspectivas. Yo escribí en *Excélsior*, lo confieso, con toda libertad. Don Regino Díaz Redondo y yo hicimos un trato y lo cumplimos los dos. Nadie puede negarnos el éxito que ambos tuvimos. Y fue porque los lectores, de acuerdo o no conmigo, me leían y respetaban mi honestidad.

Ahora, le digo, *Excélsior* está lleno de editorialistas gobernícolas, algunos son hasta diputados y funcionarios públicos; hay muchos exfuncionarios que escriben evidentemente en busca de colocación. Hay otros que confunden *Excélsior* —cosa que yo jamás hice— con un cartel para hacerse propaganda o para difundir sus catecismos. Nunca he defendido más intereses que los de México y los de los mexicanos. Nunca he querido ser farol de la calle. Para mí primero es México, después México y siempre es México. El gobierno me ha concedido el honor de considerarme contestatario. Los izquierdistas decentes me respetan tanto como yo a ellos.

Me desvío mucho, don Miguel, de mi tema principal que es usted y no yo. Aunque en una carta suele hablar bastante quien la escribe. Por otra parte, escribir para publicar es una ineludible vanidad. Escribir es una ansia de no morir, afán absolutamente iluso porque usted, yo y todos los habitantes de este fin de siglo, vamos caminando, unos a un paso y otros a otro, al olvido. Los éxitos podrán exultarnos y los fracasos deprimirnos pero... todo es tan fugitivo, todo tan fugaz. Sólo los dioses no envejecen. Tal vez porque no existen...

Usted, don Miguel, debe ser un hombre instaurado en el Olimpo de la felicidad. Es un milagro que la aureola prodigiosa de virtudes tantas no le doblegue la soberana testa. Mientras en los demás países del mundo hay hambre, guerras, guerrillas, asaltos, descarrilamientos, terrorismo y malestares múltiples, usted, de los cortesanos medios de comunicación de México sólo recibe felicitaciones por sus aciertos, parabienes por su patriotismo y aplausos por sus incontenibles excelencias.

Sus turiferarios deben ya haberlo convencido de que lo que se publica contra usted fuera de las fronteras de nuestra patria son calumnias provocadas por la envidia que su grandeza provoca. Además, deben decirle que no tienen importancia alguna, porque amén de dolosas, no tienen más finalidad que la de querer ningunear a México y violarle la soberanía. A México, que por la gracia de Dios lo tiene a usted de Presidente, de guía, de luz, de inteligencia y de sendero. Y con plumas de avestruz le deben abanicar perfumes sedantes, mientras le organizan en el Zócalo mítines de siervos y tumultuarios aplausos de manos movidas por el hambre, por el terror, por las deudas con la tienda de raya. Así, usted, don Miguel, mecido en sus triunfos y esplendores puede reposar, sin inquietud alguna, en el mullido colchón de tan sin par magnificencia.

Cada secretario de Estado debe estar —como usted lo hizo alguna vez— buscando todos los medios para que usted sólo tenga ojos para él, para convencerlo —los medios justifican los fines— de que nadie le es más fiel, de que nadie le seguirá siendo tan sumiso como él, de que nadie, una vez convertido él en Presidente, lo colmará de tantos reconocimientos, de tantas estatuas, de tantas calles con su nombre de prócer. Calles, y hasta pueblos, que se llamarán: "Renovación Moral", "Nacionalismo Revolucionario", "Yo sé cómo". No faltará el ministro que ya con juegos de palabras, ya con bromas inconsútiles, ya con palabras cabalísticas, le haga entender que las constituciones no deben nunca ser paralíticas, que en la del 17 ya una vez se modificó un artículo para que la reelección no fuera inmediata pero sí después de un periodo, como lo hizo Calles para reelegir a Obregón. Tal vez, don Alfredo del Mazo, junior político, mecido en la hamaca de las pasiones y las intrigas de la corte priísta, pudiera, así como violinista en el tejado, abrir en el cielo de la esperanza, una esperanza en el cielo.

Usted, pues, está totalmente en las manos de sus ministros. Usted está como un rey al que le fabrican una muralla para protegerlo de posibles enemigos, pero que luego utilizan la muralla misma para aislarlo de sus amigos, de su reino, de su campo y hasta de su verdad. Usted, pues, no es "el solitario del palacio", frase que evoca a Segismundo y a Hamlet, entregados ambos a profundas cavilaciones sobre la vida y la muerte, sobre los sueños y las vigilias, sino, "el cautivo del castillo", como príncipe en las manos de genios del mal que no lo dejan ni asomarse al cielo ni mirar al suelo...

Uno de los problemas más difíciles para los dementes que recuperan la salud es su duda, su eterna duda, de cuándo están razonando bien y cuándo están, sin ellos percatarse, inmersos en los vaivenes de su locura. Mucho tiempo les toma librarse de tan desesperante incertidumbre. Y es que llegan a dudar de los parámetros de la realidad. La mejor manera, pues, de enloquecer a un hombre es confundiéndole el principio de realidad, despojándolo de las bases de su cordura, borrándole los linderos entre la imaginación y los hechos, entre los procesos lógicos y las alucinaciones que fabrican edificios de congruencia. Si la verdad se altera, si las cifras engañan, si las estadísticas mienten, si los discursos son tejidos de falacias, no hay manera de razonar con sensatez.

Una vez aislado, un hombre no puede distinguir las sombras de las quimeras, la verdad del sueño ni la sinceridad del engaño y la traición. Preso en los mismos vientos que le dieron alas, ya sólo puede esperar sucumbir, no en las manos del mejor, sino en las del más astuto para enmascarar sus ambiciones y para aprovechar mejor las debilidades del emperador. Y eso, don Miguel, produce desprecio. Tal vez, por eso los expresidentes de México yerran una y otra vez al escoger como Presidente al que se presenta como su mejor amigo y no al mejor hombre. Su mejor amigo, para llegar a la Presidencia, tiene que humillarse, tiene que disfrazarse, tiene que negar su yo para fingir aquel que más plazca a quien le puede regalar el trono. Si el aspirante falla en su intento, no perdonará jamás aquél por el que llegó al servilismo; pero si obtiene lo que se propuso, si triunfa con sus ardides y sus artificios, por ese mismo hecho se considera superior al que fuera su amo pero que sucumbió a sus inteligentes maquinaciones. El que recibe el trono desprecia, por inferior, a quien se lo cedió. Se siente como los leones jóvenes que por más hábiles y fuertes derrotan al viejo león que era el señor de la selva y de la manada. Pecado de soberbia, pues.

Cárdenas expulsó a Calles porque lo había engañado haciéndolo creer que lo amaba como a un padre. Lo arrojó del país no porque le temiera sino por desprecio, para comprobar que era superior. Avila Camacho negó a Cárdenas, haciendo exactamente lo opuesto a lo que Cárdenas quería. Miguel Alemán, con sólo su inteligencia y simpatía, borró a Avila Camacho. Don Adolfo Ruiz Cortines, que al parecer había llegado a la Presidencia por burócrata y senil, se vengó de Alemán con un sorprendente discurso de toma de posesión en el que casi sin artilugios acusó al régimen de su antecesor de graves descuidos y de corrupción. Adolfo López Mateos que trabajó con asiduidad a don Adolfo para obtener la banda presidencial, una vez con ella en el pecho, recluyó a su antecesor en Veracruz, como si fuera el Escorial. Díaz Ordaz vivió con amargura los aplausos del pueblo al paso del ataúd donde iban los restos de quien en vida se había vuelto resto, de López Mateos. Echeverría públicamente desdeñó a Díaz Ordaz. López Portillo consideró que ir a visitar a don Luis era besar al diablo... Y usted mismo, usted tan leal a sus amigos, una vez Presidente, se negó a firmar tres nombramientos que López Portillo le había dejado listos: tres embajadas. La de España para don Pepe, la de Italia para doña Margarita y la de Portugal para la perellosa Rosa Luz.

No funciona, pues, la amistad transexenal. No funciona la complicidad como supeditación. No funciona ni siquiera el intento de elegir al sucesor con buena fe, porque ya para el cuarto año de gobierno los presidentes de México han sido despojados, por el sistema mismo, de casi toda capacidad de juicio mesurado y sereno. Ya no viven en México sino en una Disneylandia de imagen y sonido.

Una de las tantas técnicas para mantenerlos sonámbulos es arrullándoles la vanidad, aislándolos de la verdad, convirtiéndolos en autómatas de fuerzas tan imprecisas que ni los más inteligentes logran discernir. ¿Y qué mejor manera para aislar a un gobernante puede haber que la de sumergirlo en un sueño de grandeza, en un delirio al que se sucumbe con tanta facilidad y al que todos somos tan proclives? Lo más inconcebible de nuestro sistema es que los presidentes mismos no cayeran en la cuenta de que al matar la libertad de expresión se mataban a ellos mismos la libertad de juicio, la libertad de ser. Los dañados somos todos, pero los demás conservamos la conciencia y ustedes no. Ustedes, pues, crearon un bumerang que a nadie ha golpeado con más violencia que a ustedes mismos. El crimen es de todas maneras contra México.

Una vez que el Presidente está convertido en Dios, cada quien tiene que luchar para ser el Noé que se salve del diluvio. Porque la divinidad siempre es peligrosa: igual puede crear que fulminar. Los presidentes dioses fingen ser mortales, pero son como los locos que, en sabiéndose napoleones, tratan a los guardianes como si fueran cualquier miserable mortal, para que les den de comer, para no compartir con ellos la grandeza y para no exponerse al regicidio. Cualquier amigo de un Presidente de México, por íntimo que sea, no sabe en qué momento es el compadre o en qué instante es Zeus con la banda presidencial.

Presidentes dioses, presidentes vesánicos son los dueños de México los últimos dos años de su gobierno. Justamente el periodo cuando más lúcidos debieran ser para poder escoger a su sucesor. Como los sistemas rituales se vuelven más y más barrocos, más y más locos tienen que ser los presidentes para poder cumplir con la liturgia. En ello va la furia de abandonar el poder, el dolor de dejarlo a alguien que, por una o por otra razón, siempre consideran inferior. Y, por más cínicos que sean, debiera herirles la vergüenza de traicionar a un pueblo indefenso, a la Constitución que juraron defender y debe rasguñarles una incierta culpa de volver a matar, uno por uno, a cada mexicano que ha dado su vida en México por la democracia, la justicia y el sufragio efectivo. La sombra siniestra de Victoriano Huerta debe rondar por el Palacio. No pueden estar tan locos como para no sentirse asesinos de una historia de sangre y heroísmo.

Del pueblo ya sólo recogerán desprecio. Por eso, todos se vuelven acumuladores de bienes. Saben que caminan a la guillotina, que tienen que abdicar como reina estéril, como rey impotente, o como príncipe idiota al que se tiene que eliminar. Y ni aun así intentan redimirse dándole al pueblo lo que del pueblo es: la soberanía.

Ya en ese confuso estado de Dios a punto del sacrificio, asfixiados por la culpa, estrujados por el miedo, no piensan en la República sino en su salvación. Cada ministro, cada monarca potencial tiene que entregarse a la tarea de mostrar que él es el mejor, que ninguno de los otros sirve, pero todo esto con sigilo tal que todo parezca tan inmóvil como el terso sueño de una noche de verano. El que se mueve no sale, sentenció don Fidel, pero al que se duerme se lo lleva la corriente. Todo el gabinete, pues, se convierte en una pesadilla de piruetas dodecafónicas, de intrigas asesinas, de terrores nocturnos, de sonrisas cristalizadas y diarreas intermitentes. Un manicomio en marcha.

Mientras tanto, ¿quién va a ser el insensato que se atreva a decirle al Presidente que no es Dios? ¿Qué patriota heroico se va a arriesgar a anunciarle que el petróleo ha bajado de valor y que hay que reducir el precio? ¿O a explicarle al Presidente que las deudas hay que pagarlas o declararse en moratoria? Los que tal hacen, los que piensan en la República, como Jorge Díaz Serrano, Jesús Silva Herzog o Hugo Margáin en su tiempo, se expulsan de la comunidad. No triunfa la razón ni importa el bien de la República, sino sólo la lisonja, las bajezas, las palaciegas intrigas. Jesús Silva Herzog era al parecer el más inteligente de su gabinete, el único que los mexicanos pensábamos —además de Soberón— que podría ser un buen Presidente... Pero al igual que los loqueros expulsaron por razones similares al ingeniero Díaz Serrano, así se deshicieron de Silva Herzog. En el sexenio pasado los Iagos se llamaban José Andrés de Oteyza, Miguel de la Madrid y David Ibarra... Ahora sus nombres deben ser Salinas de Gortari, Alfredo del Mazo, Paco Rojas... Cosas de Herodoto y la repetición de la historia.

Y usted, tal vez, se deshizo del mejor de su gabinete. Lo mismo hizo López Portillo. Ni el altísimo trono de la Presidencia, ni el poder grandioso que recibió con la banda

58

presidencial, lo han podido llevar a usted a sentirse grande, merecedor del merecimiento que le otorgaron. Por eso no puede perdonarse a usted, por eso no puede perdonarle la ontología a Díaz Serrano. Quiso humillarlo, quiso hundirlo y con la cárcel, Jorge Díaz Serrano se afirmó cada día. Y usted, por vericuetos intrincados, sigue pensando como Macbeth que el trono le dio poder sobre los hombres; le dio aplausos, lo hizo rey pero no lo libró del agobio de sentirse usurpador. No fue un Jacob cambiando la primogenitura por un plato de lentejas sino un Abel más listo que Caín...

López Portillo, gravísimo error, oyó las voces de la insidia. ¿Cómo habría usted de escuchar la voz de Silva Herzog si le dijo que algo andaba mal? Si Silva Herzog le hubiese dicho a usted que usted es el principio de toda sabiduría y el único capaz de salvar a la República con la brillantísima luz de su inconmensurable inteligencia, Silva Herzog sería aún el secretario de Hacienda y, tal vez, el más viable para sucederlo. Pero no, con imperdonable patriotismo y más imperdonable sensatez, intentó incrustarlo en la razón. Usted no pudo permitir atentado semejante. Sus loqueros deben haber acusado a Silva Herzog de heterodoxo, de hereje, de apóstata, de impío, de traidor, de indigno de permanecer un instante más junto al altar de su gracia. Manipulándolo a usted, eliminaron el principal rival y privaron a México, tal vez, de la posibilidad de un Presidente realista, claro en el pensar y en el decir...

Y usted les creyó, como López Portillo les creyó a ustedes. Un hombre en estado de trance imperial sólo puede oír voces que caigan como arpegios de laureles, como diluvio de coronas laudatorias, como besos al piso donde florece la caricia de sus plantas celestiales... ¿Cómo va usted a oír voces discordantes, si cuanto sus amanuenses le escriben en los periódicos y le cantan en sus televisoras y le transmiten por radio, son verdades resplandecientes que jamás mencionan sino aciertos y virtudes?

Mientras las demás naciones padecen por las torpezas y errores de sus mandatarios, aquí un pueblo feliz y agradecido muestra en los medios de comunicación que su gobernante es mejor que Licurgo y que en México todo es maná y bendiciones.

Los pequeños, mediocres mandatarios del mundo, las Margaret Thatcher, los Mitterand, los Chirac, los Felipe González y todos esos infelices que llegan al poder elegidos por sus pueblos viven atormentados por toda suerte de problemas. En cambio, usted que no le debe el poder al pueblo ni tiene la confianza del pueblo, no recibe ni quejas ni protestas ni nada que se le parezca. Usted no tiene ninguna necesidad de padecer las inconveniencias de una democracia que no lo llevó al poder. ¡No faltaba más! Si el pueblo a usted no lo quiere y lo aplaude a fuerza, en cambio, los gobernadores, los diputados, los senadores, los líderes sindicales, los concanacos, los canacintras y hasta los vendedores de agujetas azules, le gritan vítores hasta enronquecer.

¡Qué vida de rey la suya! Usted no llegó a la Presidencia por haber sido un gran general, un gran diputado, un extraordinario gobernador o un magnífico empresario, no. Usted llegó a Presidente porque supo ganarse no a un pueblo, sino la voluntad de José Ramón y la de la entonces poderosa y siempre inteligente y guapa Rosa Luz. Movió sus hilos con singular maestría y de sigiloso funcionario sin visibles méritos ni glorias, sin siquiera haber sido miembro distinguido del PRI, si es que era del PRI, sin tan siquiera estar en el catálogo de los políticos conocidos de México, brincó a la Presidencia. De la oscuridad a la luz. Un milagro que sólo México permite. Un milagro que en sí niega, en lo que a la soberanía del pueblo concierne, la Independencia, la Reforma y la Revolución. Pero los hechos son los hechos. Los derechos son otra cosa.

Ahora está usted en la misma situación en la que cada uno de los presidentes ha estado a estas alturas de su periodo de gobierno. Y creo que usted, por vicios del sistema no por fallas suyas, está todavía en situación más difícil que los demás. Usted no tiene ni experiencia política ni capacidad de movimiento. A usted sí que lo han dejado solo, pero no solo con usted, que eso sería tan maravilloso como cuando Netzahualcóyotl se encerraba en una torre pintada de negro para reflexionar mejor, sino solo con la escenografía que le han fabricado sus allegados para manejarlo a su manera y antojo. Solo, pero sin espejo. Solo, pero tal vez hasta alejado de sus hijos que, hasta donde sabemos, son muchachos sencillos y no pervertidos por la adulación.

Usted puede leer críticas acerbas pero no sobre usted, sino dedicadas a otros jefes de Estado, a los otros infelices jefes de Estado que por humanos sí están sujetos a errar. Porque para los mexicanos es difícil explicarnos por qué usted parece no sólo alejado del pueblo sino un gobernante ajeno a la intención de obrar con justicia, con prudencia, con amor a la patria y a los ciudadanos. ¿Cómo es posible, por ejemplo, que usted, en lugar de castigar a Victoria Adato, la premie con un puesto? ¿Cómo es posible que después de tantos desaciertos de Ramón Aguirre lo conserve en el poder? ¿Cómo es posible que a Lugo Verduzco en lugar de mandarlo a su casa lo haga gobernador? ¿Por qué? ¿Para qué? ¿Quién lo aconseja? ¿Por qué, en un momento de crisis tan terrible, usted se va a pasear a Japón? ¿Por qué, si realmente estamos tan mal económicamente, no se reduce el gobierno a su mínima expresión? Si somos pobres o estamos muy pobres en este momento, ¿por qué usted, que se supone que lo que sabe hacer es manejar el dinero, no ha puesto freno a los derroches? Cuando uno es pobre, lo primero que hay que hacer es ajustarse a lo que se tiene. ¿No es eso lo que la cordura aconseja y la prudencia manda?

De los derroches gubernamentales, como de tantas otras calamidades, poco o nada se escribe. En cambio, a veces, publican barbaridades como lo que dijeron el

Güero Landeros y Ramón Aguirre, al parecer, curiosamente, después de haber estado ambos en audiencia con usted: que los inconformes con su política nos largáramos de México.

"¡Ya basta! —cito al funfuroso Aguirre—. ¡Ya basta de lamentaciones! ¡Ya basta de estarnos compadeciendo...! No utilicemos nuestro tiempo en comentarios y rumores que de nada sirven ni contribuyen a la suspensión de nuestras dificultades. No les hagamos el juego a los enemigos de la Revolución mexicana que, con ánimo fatalista, nos quieren ver involucrados en la espiral del desastre para nuestro país... Esos enemigos de la Revolución mexicana pretenden encontrar fórmulas diferentes a nuestra historia, a nuestras costumbres, a nuestra idiosincrasia. ¡Si no están conformes con lo que los mexicanos hemos podido hacer, que se vayan! Creo que el país lo podemos seguir disfrutando y queriendo los auténticos mexicanos."

¡Líbrenos la Virgen de Guadalupe de que los "auténticos mexicanos" sean las prefiguraciones del espíritu como Ramón Aguirre! Don Ramón, amén de apenas escapado de los catirrinos, decreta, con imbécil soberbia, que la mexicanidad auténtica es ser como él...

He allí la democracia que nos espera, don Miguel, con sus amigos. Las palabras del chompiroso don Ramón, amén de escalofriantes, por dictatoriales, por totalitarias, huelen a Hitler tercermundista, a dictadorzuelo subamericano, a sátrapa africano.

Y luego dicen que son calumnias lo que en el extranjero se dice sobre nuestro sistema de gobierno. Por unas declaraciones así, Ramón Aguirre debió haber sido cesado en el acto. Si es que es del PRI, el partido lo debió haber expulsado por torpe, por ignorante de la historia y de la Revolución. ¿Quién es Ramón Aguirre para decretar lo que es un auténtico mexicano? El, que apenas empieza a balbucear, ya sabe exactamente cuáles son las fórmulas de nuestra historia, de nuestras costumbres y de nuestra idiosincrasia, y declara mexicanos espúreos, que deben largarse de México, a cuantos no aplaudamos tan brillantes y tan inteligentes caminos como los que se han aplicado últimamente en nombre de una Revolución que, por momificada, ya no se puede defender.

Es un hecho que usted ha llegado a llamar traidores a mexicanos por el solo hecho de que no votan por su partido o porque manifiestan desacuerdo con sus palabras. La palabra traidor, en boca de un Presidente, es una acusación gravísima y de gravísima manera habría que tratarse. Pero usted, como si fuera confesor que puede decir el pecado mas no el nombre del pecador, lanza acusaciones al viento porque, como sus antecesores inmediatos, sabe que no tiene que responder de sus palabras ante la ciudadanía.

Usted, gracias al nacionalismo revolucionario y a la renovación moral, puede gritarle traidor y vendepatria a cualquiera que se niegue a verlo a usted y a tratarlo a usted como al poseedor de todas las perfecciones de Dios y algunas más. El único jefe de Estado que todo lo hace bien, cuyas leyes son perfectas, cuya democracia funciona con precisión digna de bailarina del Radio City de Nueva York, es usted.

¿De verdad piensa usted que en Chihuahua, en Sonora, en Nuevo León creen que usted es el pontificio paladín del sufragio efectivo? ¿De verdad cree usted que ser del PAN es ser traidor? ¿De verdad cree usted que los mexicanos lo amamos, lo admiramos, lo respetamos y lo veneramos, y que los del PAN son unos vendidos a las glorias del imperialismo? ¿Cuánto dinero le debe el PAN a Estados Unidos? ¿Cuánto nos han endeudado con Estados Unidos usted y los últimos dos presidentes emanados del PRI? Si es usted, como dicen, hombre de cuentas, saque su calculadora y responda. Exigir los derechos que nos garantiza la Carta Magna no es traición; traición es arrebatarle al pueblo la soberanía que por derecho le corresponde... El pueblo, don Miguel, es el soberano, no usted.

No, don Miguel, si usted ha asumido la soberanía no es porque usted sea un tirano o un Hitler en potencia —aunque de hecho lo somos todos— sino porque el presidencialismo por ímpetus propios se ha ido convirtiendo en autocratismo. No quiero meterme demasiado con nuestra historia pero usted sabe bien qué difícil ha sido para México encontrar un sistema político que funcione. Casi todo lo hemos intentado con tanta vehemencia cuanto fracaso. Lo mejor en toda nuestra procelosa, triste, agobiante historia, ha sido el México que tenemos a partir de Calles. Esa es la verdad, gústenos o no. Calles quería un gobierno fuerte pero no omnipotente. El general Calles quería un Poder Ejecutivo con voces libres en las cámaras. Eso era su ideal y así lo hizo saber en su último informe.

Los sistemas políticos sin diques, como los caballos salvajes, propenden por naturaleza a galopar. México, lo comprendemos todos, necesita un Presidente fuerte pero no un tirano. México necesita eso que se llama pluralismo, pero no esa mezcolanza híbrida que más se presta a la corrupción y a la decadencia que al buen gobierno. Nuestras llamadas reformas políticas no han sido más que retórica y beneficencia. Si el sufragio fuera efectivo, no habría para qué regalarle curules a nadie, ni para qué fingir una democracia que no existe. La democracia mexicana es el abstencionismo. Y, ni aún así, triunfa el PRI a la buena.

El presidencialismo debería servir para empujar al país hacia la prosperidad, no para hundirlo por caprichos, por frivolidad, por inexperiencia o por simple y monstruosa vanidad. En México se pensó en la fuerza del presidencialismo con la ilusión de que sólo íbamos a tener grandes estadistas de presidentes. Se pensó también que habría poderes que se equilibrarían los unos a los otros. Pero nos desviamos del camino. Torcimos el rumbo que nos conducía a la democracia y convertimos el sistema en una dictadura tan sui géneris que yo, que por un lado no puedo escribir en *Excélsior*, por el otro, tranquilamente me siento a escribir este libro sin temor alguno. Sé que si por una parte no quieren mi voz ni por radio ni por televisión —la censura directa fue del demócrata Jesús Reyes Heroles—, por otra parte, puedo hablar en privado cuanto quiero sin miedo a que me asesinen. Transito con toda tranquilidad por el territorio sabiendo que si me asaltan es por falta de seguridad nacional no para molestarme a mí, como me ocurrió en el sexenio pasado.

Menciono lo de mi persona porque creo que he sido de los pocos exiliados, por ejercer la libertad de expresión, de los últimos tiempos. Exiliado, pero jamás me presté para servir de instrumento o de bandera de nadie. Soy un mexicano libre y la dictadura me respeta esa libertad. Pero la dictadura es un hecho. Los mexicanos vivimos a merced de una oligarquía que nos impone cuanto le da la gana. Igual pueden los políticos apropiarse de trozos de Chapultepec que hipotecarnos hasta el alma sin consultarnos. Los mexicanos no tenemos participación alguna en los asuntos del gobierno. Digo, los mexicanos libres. Los mexicanos vivimos tan a merced de las disposiciones reales como vivían nuestros antepasados bajo la corona de España. Somos mexicanos sin voz. Somos mexicanos tan indefensos que igual podemos padecer un terremoto que las sacudidas telúricas de un Luis Echeverría. Los diputados, más que representantes nuestros, parecen enemigos invasores que se dedican a pasar leyes contra nosotros. El gobierno ha hecho de las mentiras estandarte y de las derrotas, victorias. El PRI es el que ha llevado al país a los desastres que padecemos pero todo lo presentan como si los males fueran inevitables y los bienes, imposibles. Total, debemos vivir fregados y agradecidos.

Ningún Presidente de México se siente en la obligación, ya no digo de consultarnos, sino ni siquiera de explicarnos por qué se hace lo que se hace. Sí, tenemos diputados, pero todos escogidos e impuestos por usted. Algunos, los heroicos, los auténticos, intentan de verdad ganarse los votos ciudadanos y luchan con honestidad por obtenerlos. La mayoría, en sabiendo que son candidatos del PRI, dan por hecho su triunfo y, por naturales mecanismos de locura, terminan creyendo que el pueblo los eligió. El sistema político mexicano se ganaría el premio mundial de "El elogio de la locura". Los dedificados terminan convencidos de que el pueblo los eligió pero, eso sí, están listos para obedecer al Ejecutivo. Ya se sabe que no hay loco que quiera vivir fuera del presupuesto.

Y como el mal es endémico, estoy seguro que no han de faltar virreyes que se han de creer gobernadores por la voluntad popular. Como lo dicen tanto en sus discursos y como les fabrican mítines de acarreados, como los aplauden tanto y les dicen que el pueblo suspira por ellos, pues... se la creen. Yo creo que ya para ahorita, don Mario Ramón Beteta debe estar convencido de que él nació para ser gobernador del estado de México y de que los mexiquenses —gentilicio espantoso— nacieron, crecieron y vivieron sólo con el anhelo, la esperanza y el deseo de tenerlo a él de gobernador. Aunque, claro, él hubiera preferido ser Presidente pero... aquella malhadada explosión de San Juanico y la gravísima de su palabra lo extraditaron de la posibilidad de semejante gloria... Ojalá no viva la gubernatura como castigo. Tal vez llegue a ser un buen gobernador pero... dígame, don Miguel, ¿qué hubiera perdido usted dejando libremente a los ciudadanos del estado de México escoger a su gobernador? ¿Qué es más importante, quedar bien con un amigo regalándole lo que a usted no le pertenece o cumpliendo a un pueblo que merece tanto respeto cuanto derecho a su soberanía? Usted, ¿qué gana? El PRI, ¿qué gana? ¿Qué mueve, don Miguel, lo mismo a usted, que a Calles, que a don Porfirio, a esa necesidad de imponer su voluntad sobre la voluntad popular?

¿Por qué, por ejemplo, impuso usted a Américo Villarreal a Tamaulipas, mi estado? Tal vez sea hombre de recónditas virtudes y de escondidos méritos, pero visibles sólo para usted. Y, don Miguel, ¿qué daño, qué mal le ha hecho a usted Tamaulipas? Allí tenía usted, a la mano, a Morelos Jaime Canseco, hombre inteligente, talentoso, priísta de primera, de una magnífica carrera política y con muchas ganas de ser gobernador. Y la primera cualidad que debe tener un hombre para ser buen gobernador es querer serlo. Y no me refiero a querer ser gobernador para lucirse, sino para realizar sueños, para mejorar su estado. Prueba de ello han sido, Guadalupe Cervantes Corona, don Alfonso Martínez Domínguez y Agustín Acosta Lagunes. Un trío del que el PRI puede estar orgulloso.

Los presidentes a veces regalan gubernaturas a hombres que más las reciben como rechazo que como distinción. No confío en Américo Villarreal fundamentalmente porque usted no parece tener buena mano y, sobre todo, porque en Tamaulipas lo tenían por anodino, por débil de carácter, por ser fácil juguete de su hermano.

Si Villarreal gobierna bien o mal será cosa que a usted no le importe, porque el pueblo nada puede hacer, nada puede reclamar. Pero, y usted, ¿qué ganó con hacerle daño al estado, al país, a nosotros? Es la impunidad del crimen sin castigo. Si hubiera mecanismos legales para castigarlo a usted de los males de los gobernantes, otras serían sus decisiones. Los reyes de España sí eran exigentes con sus virreyes. Tal vez a ellos les importaba más el destino de la Nueva España que a ustedes la suerte de México y de los mexicanos. No debemos olvidarnos del juicio de residencia...

Somos un extraño país. Ni los presidentes ni los gobernadores ni los senadores ni los diputados son responsables ante nadie. Imposible reconocer que son impuestos, por tanto no se puede culpar a quien los impone. Y como los ciudadanos no los elegimos, tampoco nosotros somos responsables de sus yerros. Usted, por ejemplo, ¿ante quién se siente responsable? ¿Ante don Pepe?

¿Ante don Javier García Paniagua que era el magnífico presidente del PRI cuando usted fue escogido como candidato? ¿Ante don Fidel Velázquez que, aunque a regañadientes, lo aceptó? O, ¿ante quién? Supongo que no ante nosotros. Por eso se siente, a veces, hasta con el derecho a regañarnos y a insultarnos. Tan ajeno siente su puesto a nosotros, que se olvida de que usted es nuestro empleado, no nosotros subordinados suyos...

¿Qué hubiera perdido México, o el PRI o usted, don Miguel, si los gobernadores de Chihuahua, de Nuevo León y de Sinaloa fueran del PAN? Yo pienso que nada. Yo pienso que hubiera sido saludable para la República, para la fe de los mexicanos, para el PRI y para usted. En cambio, usted, el PRI y la credibilidad de México sí se mancharon a los ojos del mundo. El precio de la imposición ha sido demasiado caro en todos los sentidos. Hasta la fecha no logro ver el beneficio. Bueno, debo reconocer que si lo criticaron todos los países libres, sí recibió aplausos del *Pravda*. Si eso lo siente usted como condecoración, debe ser un alivio.

No pienso que México sea un país débil, ni que el PRI esté debilitado, ni que usted no tenga poder, entonces ¿para qué insistir en las técnicas de don Porfirio? ¿Por qué seguir despreciando la voluntad popular? Por otra parte, ¿qué satisfacción puede derivar usted al imponer su voluntad a cambio de repudio? ¿Es, don Miguel, sólo para sentirse omnipotente? ¿Es para realizar caprichos que soñó desde niño y que ahora trasmuta a la extensión territorial de la República?

¿Qué gusto puede usted tener al poner a México en manos de la mediocridad, de la ineptitud, de la ineficiencia, de la corrupción y la irresponsabilidad?

Tengo la impresión de que a usted no le gusta gobernar, que a usted la política le es ajena. Le gusta el poder, sí, porque es una lujuria, pero no el poder como andamiaje de una vocación política. Parece que lo que le divierte —y mucho— es el carnaval de la repartición de diputaciones, senadurías, gubernaturas, como si fueran bolsitas de dulces en una piñata de cumpleaños. Ahora es el rico del barrio que igual le regala como muñeca el estado de Tlaxcala a Beatriz Paredes que PEMEX, como si fuera mecano, a don Paco Rojas para que se entretenga. Todo parece como si se tratara de un mendigo convertido en generoso príncipe que igual regala condados, hipocampos, pegasos que diamantes. Todo repartido entre sus amigos de su barrio pobre.

En las noches, don Miguel, cuando, a pesar de tantos esfuerzos de sus lambiscones por enloquecerlo y de sus bufones para impedirle la razón, le llegan momentos de lucidez, ¿en qué piensa? ¿Se acuerda de que es mortal y de que ésta es la única oportunidad que tendrá en la vida para hacerle el bien a todo un pueblo? ¿Lo piensa? Cuando está solo, sin la música celestial, ¿es capaz todavía de pensar en términos de México? ¿Piensa alguna vez en don Jorge Díaz Serrano? ¿Piensa en que la peor injusticia no la está cometiendo con él sino con usted? ¿Recuerda usted que Sócrates decía que siempre es mejor padecer la injusticia que cometerla?

Esta puede ser una disparatada idea pero me parece que usted no ha logrado sentirse el Presidente legítimo de México. Lo es, lo es en la medida en que lo han sido todos desde Calles, es decir, lo es porque lo designó la mafia que domina, la oligarquía que manda, la dictadura que impone. Pero algo le ocurre a usted que le impide convencerse. Yo pienso que tiene usted en la cárcel a Díaz Serrano como Enrique IV a Ricardo II.

Usted no es un hombre trágico, aunque la tragedia lo haya golpeado desde niño, pero es un hombre atrapado por terribles tensiones que lo aprisionan y lo torturan. Usted oscila entre el desamparo de un huérfano, el resentimiento de haber padecido una pérdida injusta, la envidia no superada de que otros con menos cualidades que usted sí tuvieran padre y la arrogancia cruel del desprotegido que de pronto destapa una botella y de allí le brota un gigante todopoderoso que le puede vengar todos los agravios reales o imaginarios. Y sus oscilaciones las manifiesta hasta en sus movimientos físicos. Cuando lo veo en la pantalla de televisión parece como si fuera un metrónomo en adagio. Nunca parece seguro de sí mismo. Tenso siempre. No parece que pueda ser benévolo ni con las flaquezas ajenas ni con las propias. Parece un hombre amurallado.

A veces pienso que el poder es como la depresión. Ambos impiden, a quienes los padecen, salir de sí mismos, pensar en cualquier otra cosa que no sea su yo. A los depresivos y a los poderosos se les paraliza la brújula de la comunicación. El poder absoluto lleva a la tiranía, hasta a los asesinatos en masa. La depresión profunda conduce al suicidio que es un crimen ontológico. Los que se suicidan matan en sí mismos no sólo a sus personas sino al mundo todo, al universo entero.

Usted no parece deprimido sino atrapado. Por eso su palabra nunca es pasional. De Díaz Ordaz decían que era hipócrita y no era cierto; de Echeverría cuchicheaban que estaba loco y mentían; de López Portillo pensaron que era un salvador y se equivocaron; de usted piensan que es un hombre gris y pienso que no aciertan. Algunos dicen que usted no tiene más presencia que la que le presta la banda presidencial. Esa, creo yo, es su máscara. Pero no acierto a descubrir su persona. Es como una sombra mitológica, como si usted fuera un eco, una niebla transparente, una fantasmagoría del sistema.

Yo, en cambio, don Miguel, y no se ría usted de mí, insisto, lo veo como un personaje dramático. No nació para ser líder y, de pronto, llevado por sus ambiciones y por sus habilidades y por nuestro caprichoso sistema, se sorprende usted mismo como dueño absoluto de las llaves del reino. Y no sabe qué hacer. El sistema lo ha convertido en autómata y sus colaboradores lo han encajado en una serie de engranajes de los que usted no sabe ni sacarles provecho ni evadirse. Parece personaje griego

atrapado por la moira, sujeto a un destino que lo empuja como a personaje de Esquilo. Sabe que le quieren
arrancar los ojos para ser sus lazarillos pero no sabe cómo conjurar los males ni cómo aplacar las fuerzas del
destino... Pienso que en ratos vislumbra la salida pero
la tarea lo aterra.

En este difícil momento para usted, en el que tiene
que escoger a su sucesor, debe sentirse en un gran desamparo. Tal vez, por eso se pasa todo el día en inauguraciones y en asuntos que más parecen de vida social que
del grave asunto de gobernar tan agobiada República,
cuanto es la nuestra en estos momentos. Pienso en Ricardo II de Inglaterra.

Me refiero al Ricardo II de Shakespeare. No sé qué daño le pudo hacer Jorge Díaz Serrano, fuera de ser inteligente y de haber sido consentido de don Pepe, pero debe ser algo que usted hoy no le puede perdonar y mañana no podrá perdonarse a usted. Es evidente que usted no se puede librar de una trágica pasión que le carcome el alma: su rivalidad con el ingeniero Jorge Díaz Serrano. Cárcel para él, mortaja para usted.

Si usted es un hombre bueno como dicen, cuando despierte del carnaval del sexenio, cuando las máscaras le sonrían ya al nuevo soberano, cuando usted haya pasado de los ditirambos a los denuestos, cuando los coros no le arrullen el sueño, cuando ya ni los policías lo saluden, cuando ya sólo doña Paloma y sus hijos estén con usted para atemperarle el duelo, si la conciencia le llega, y a usted le llegará, acuérdese de mí. La conciencia le llegará porque a pesar de la rigidez de su cuerpo, de lo duro de su rostro, de lo seco de sus movimientos, de lo golpeado de su voz, usted, don Miguel, es un hombre sensible. Y cuando la conciencia le llegue, le arrebatará el sueño como a Macbeth, le retorcerá el alma como a Otelo, le estrangulará el pensar como a Ricardo III y lo hará gemir como a Menelao. Porque Díaz Serrano —y el crimen es monstruoso— no está allí por lo que lo acusan, que si de dineros se tratara, habría que instaurar en México el juicio final, sino porque usted tiene psicología de usurpador y de parricida.

En la persona de Díaz Serrano tiene al odiado rival, al que lo despojaba de su padre y, además, al padre mismo que aún dándole la vida, lo abandonó. Con Díaz Serrano en la cárcel, usted castiga al hermano al que, según usted, le tocaba el trono y castiga al padre, teniendo encerrado a su primogénito. Usted castiga a Díaz Serrano por haber sido el consentido de don Pepe. Y en la cárcel tuviera a don Pene mismo, no por el daño que le hizo a México sino por lo que usted hubo de humillarse para usurparle la primogenitura a Díaz Serrano.

Díaz Serrano está encerrado para mostrarse a usted y decir al mundo que el Presidente es usted y no don Pepe; mientras, al mismo tiempo, apapacha a José Ramón con un puesto que no merece y tiene a De Teresa, yerno de don Pepe, casi embajador plenipotenciario en París... Todo parece confusión de sentimientos, pero no lo es. Es la ambivalencia del que recibe más de lo que siente que merece. Paga y cobra al mismo tiempo. Pero le sonríe todavía al exdios con dádivas a los hijos, y se venga con el que fuera su amigo predilecto. Como usted no tuvo hermanos o porque no fue como José, el consentido de Jacob, no logra perdonar lo que usted sintió como agravios...

Miguel de la Madrid se venga en Díaz Serrano pero también con José López Portillo. El tiene en la cárcel al primogénito de don Pepe. Pero don Pepe ha mostrado al mundo su baratura espiritual al no sacarlo de allí. Lo abandonó, lo traicionó. El, don Pepe, que se ufanaba tanto de su hombría y de saber ser amigo de sus amigos, a la hora de la verdad calló con cobardía. Qué doloroso para Díaz Serrano, qué vergüenza para México que un hombre así llegara a Presidente. Y Díaz Serrano no dice una palabra contra usted, ni una palabra contra don Pepe, ni una palabra contra el sistema. El sistema lo traicionó a él, pero él no se traiciona a sí mismo. El está por encima de las iniquidades, de las pequeñeces humanas, de las envidias y de los odios. Le encarcelaron el cuerpo pero no el espíritu. Y él sabe, aunque no lo dice, que los otros tienen libre el cuerpo pero el espíritu en sórdidos calabozos. Y espera, porque el tiempo siempre camina a favor de la razón y de la justicia. Pudo huir pero al igual que Sócrates se negó. No huyó por patriota, por fiel al sistema, por su confianza y su seguridad de que en México la justicia termina por resplandecer. No es el primer preso político en México pero sí el principal... Santo no es, ni pretende serlo. Debe haber cometido graves errores, pero si se le hace un balance, una justa evaluación, sus logros y sus hechos saldrían pesando mucho, pero mucho más, que sus fallas. Fue un hombre del sistema y si obedecía a don Pepe fue porque era su jefe y porque el presidencialismo mexicano así lo exige. Nada debe haber hecho Díaz Serrano a espaldas de don Pepe. El problema es que usted iba en el mismo barco. Díaz Serrano está en el reclusorio por la compra de dos barcos. El responsable del control del dinero del país era usted, cosa que parece olvidarse.

Si su intención era la "renovación moral", escogió mal a la golondrina para hacer verano. Ahora, si realmente quería una reforma moral, hubiera empezado por pedir perdón por haber sido cómplice de López Portillo, aunque fuera con anuencias, que el que calla otorga. Por eso hay pecados de omisión. Y después, aun a costa de la estabilidad momentánea del gobierno, se hubiera lanzado a enderezar el país. Las grandes reformas no se hacen con bisturí sino a machetazos. Bien pudo ser el David frente al Goliat.

Lo que le he dicho sobre su relación con Díaz Serrano son interpretaciones silvestres; no pretenden mayor validez. Pienso que usted no podrá vivir sin un aguijón clavado en medio del alma: Jorge Díaz Serrano. Porque, además, fue usted quien le obstaculizó el camino a la Presidencia. Usted, manipulando al frívolo don Pepe, lo tumbó de PEMEX haciéndole, además, un gran daño al país. Le reconozco esa cortesana habilidad de intriga. Lástima que usted fuera tan hábil para lograr el poder pero no para ejercerlo. Repase las tragedias griegas. Relea a Shakespeare. Allí se va a encontrar. Y recuerde, don Miguel, la grandeza de los hombres no depende nunca de las disposiciones de los emperadores ni siquiera de los más altos tribunales. Dos mil años después de aquel famoso juicio de Atenas, el mundo sigue de parte de Sócrates, no de Anito y de Melito...

La historia no es tan importante como la conciencia. Y no se trata de compensar la injusticia regocijándose en posibles malestares de usted sino de que usted en estos momentos tan importantes para México sea el hombre de más claro pensar, de reflexiones más hondas, de juicios más certeros. Eso es lo que importa. México es lo que importa, no lo que yo pueda elucubrar o imaginar sobre su psicología. El único que está con usted veinticuatro horas al día es usted. Y usted, uno de estos días, va a escoger a su sucesor. Eso sí es importante, en ello va la felicidad del pueblo, la paz, la integridad y esa soberanía de la que tanto gustan hablar ahora, tal vez porque la están exponiendo mucho...

Por ahora, don Miguel, usted está en un lecho de rosas. A qué pueden sonar mis palabras sino a necedades, si cuanto lo rodea son alabanzas y música celestial.

A ocho columnas los pagados diarios, como esculpidas en mármoles o talladas en bronces, día a día, sus palabras inundan puestos, calles, mercados y hasta peluquerías. No con pompa tanta ni con tan eminentes caracteres recibió Moisés en el Monte Sinaí la décima de mandamientos. Ninguno de los siete sabios de Grecia se asomó jamás a pergamino alguno que repitiese con tan sublime trompetería la más enjundiosa de sus frases. No vio Jesús jamás en letras tan enormes el "Ama a tu prójimo como a ti mismo"; ni Sócrates soñó que pudiesen existir mayúsculas, computadoras, radios y televisiones que con tenacidad de oráculo divino pudiesen exhibir para todo el mundo, para todo los ojos, aquello de "Conócete a ti mismo". La amada soberana de los ingleses, Isabel II, la mujer más rica del mundo, no logra que el *Times* o la BBC expongan sus palabras en marquesinas y primeras planas, sólo porque ella las pronuncia. Napoleón, casi Dios de los ejércitos, apenas si se conformaba con que los periódicos no hablaran bien de Inglaterra. El mismo Gutenberg jamás vio, como usted todos los días, sus palabras convertidas en rayos de cósmica sabiduría. Reagan, el más poderoso jefe de Estado de la Tierra, puede hacer estallar bombas atómicas, puede tumbar gobiernos, puede desestabilizar el sistema monetario mundial, pero no puede hacer que el *New York Times*, el *Washington Post* o el *Wall Street Journal* hablen de él como lleno de gracia y más inmaculado que la mismísima Virgen María. No. El, cada mañana tiene que tomar aspirinas y, a veces, hasta calmantes para que los titulares de los periódicos y los columnistas libres no le alteren el pulso, la presión y hasta la manera de masticar.

Al restringir la libertad de expresión, usted renunció a la posibilidad de ser el Presidente de los mexicanos y se quedó cuando mucho como el Presidente de los mexicones. Porque así como falsa es la televisión mexicana con puros rubios en sus pantallas, en lugar de la belleza morena de nuestra raza, así es de falsa la información de México al ofrecer puros aciertos y logros de su gobierno, cuando la realidad, la terca e insobornable realidad, lo que nos presenta es devaluación, inflación, corrupción, nepotismo, total carencia de confianza en el gobierno, inseguridad pública, desempleo, pobreza, improducción y demagogia. Y, sobre todo, mala administración. Porque, don Miguel, díganle lo que le digan sus corifeos, los problemas de México no son económicos, son políticos. Claro que como usted está rodeado de exempleados bancarios ajenos, completamente ajenos, a la política, todo lo ven en términos de números y no de ideas. Si, además de su terco nepotismo, usted pudiera por lo menos escuchar a los verdaderos políticos de México —escucharlos en serio no sólo para darles servicio de mantenimiento—, usted gobernaría de otra manera.

¿Usted cree que con un gabinete como el suyo puede

convencer a alguien de que realmente quiere el bien de México y de los mexicanos? ¿Usted cree que con Pesqueira al frente de la secretaría de Agricultura, el país va producir más frijol o más café?

Usted escogió a Pesqueira, tal vez, pensando que sus necesidades apetitivas lo iban a llevar a producir en grandes y maravillosas escalas. Pero, ¿cómo cree usted que se puede pasar a ser un gran secretario de Agricultura sin más experiencia de la tierra que la de las calles de Nueva York? Ningún mexicano ha entendido la formación de su gabinete. Bernardo Sepúlveda hubiera sido, tal vez, un magnífico embajador de México en Cuba, en Nicaragua o en El Salvador, no porque no tenga capacidad para más que sí la tiene, sino para pulirle sus ansias de redentor centroamericano, pero ¿qué demonios hace de secretario de Relaciones Exteriores?

Lo de Pesqueira es algo que produce hilaridad nacional. Dicen que a usted lo divierte enormemente bailando mambos, congas y otras monerías. Y eso es comprensible, es como si uno pudiera ordenarle al Popocatépetl que bailara hawaiano, pero ¿por qué no abrirle una pequeña paraestatal danzante? El ser gordo no es un delito. Por el contrario, ya su tocayo don Miguel de Cervantes, al referirse a un ventero monumental, dice que por ser de muchas carnes era hombre de buen humor.

El ser gordo a veces da presencia y majestad. No hay que olvidar a Enrique VIII. El ser gordo en Suiza o en Alemania sólo es indicador de afición a la cerveza. En japonés se usa la misma palabra para decir gordo que para decir rico. Lo malo es que México no es Japón, ni Alemania, ni Suiza. Pero, don Miguel, el poner a un gordo deleitoso como Pesqueira de secretario de Agricultura, en un país de muertos de hambre como México, es un agravio, una injuria y un insulto. O qué, ¿pensaba usted que en viéndolo a él la gente perdería todo interés en comer? Pero usted con poder prometeico, lo transmutó de cónsul de Nueva York en santo patrón de la agricultura...

Yo pienso que la sabiduría de un gobernante consiste en su prudencia para escoger a sus colaboradores. Por eso es importante que los políticos gobiernen. En los últimos años, por lo menos eso se nos ha dicho, cada Presidente saliente ha escogido como sucesor a aquel de sus colaboradores que es más perito en el mayor problema del país en ese momento. Se supone, pues, que si el problema apremiante de México es la agricultura el siguiente Presidente de México deberá ser el inmenso Pesqueira; que si el problema es el económico, la Presidencia le tocará a Petriccioli y que si es el social, la banda pasaría a manos de Bartlett.

Todo eso ha sido cuento chino. Los presidentes han escogido invariablemente no al mejor para México sino a quien piensen que mejor pueden manipular. Todos son Calles en potencia y todos sueñan en empezar su dinastía presidencial.

Aunque en realidad así fuera, y los que se van sólo pensarán en el bien nacional, ¿cómo van a escoger al perito en el problema si en México cualquier amigo del Presidente igual sirve de gobernador, que de director de PEMEX, que de director del Seguro Social?

Un político, y digo la palabra con respeto, hablo de un político que quiere servir a su patria y a sus conciudadanos, al llegar al poder no se rodea de sus compadres sino de especialistas. La obligación de usted, don Miguel, la obligación ante la República era la de escoger para cada puesto al mexicano más capacitado para ello, aunque usted no lo hubiera visto en su vida. Eso sí habría sido una renovación moral que hubiera ido más allá de un lema para ensuciar paredes y para engañarnos diciéndonos que usted no iba a ser como su inmediato antecesor. Pero no fue sino otra burla más de candidato rey.

El país funciona muy mal porque, como usted no es político, no le apasiona gobernar. Un político en la Presidencia llamaría al mejor policía del mundo para que hubiera seguridad en la República; buscaría al negociador más hábil para que la deuda nacional dejara de ser pesadilla; encontraría al diplomático más sabio para que con todo el mundo estuviéramos bien sin provocar tensiones y sin tirar el dinero... En fin, un buen político haría con el país lo que doña Paloma hace en su casa, en la de usted, digo.

Imagínese que tuviera al sastre de chofer, a la cocinera de peluquero, al jardinero de planchador, a la enfermera de electricista, al modista de secretario, a la mucama de pastelera, al panadero de mayordomo y al guarura de ama de llaves... Y, todo esto, con el agravante de que ni el electricista fuera electricista ni la lavandera lavandera ni el mayordomo mayordomo, sino todos, ya de principio, fuera de su lugar natural. ¿Cree usted, don Miguel, que habría la posibilidad de que en su casa hubiera comida, ropa limpia, sábanas en su lugar, cubiertos en la mesa y posibilidad alguna de que al abrir la llave saliera agua?

Pero usted, que al parecer no distingue a las personas a la hora de nombrar ministros, gobernadores o directores de paraestatales es rigurosísimo en lo relacionado a su persona. Usted no va con una partera para que le revise los dientes, ni llama a un relojero para jefe de su Estado Mayor, ni invita a un bailarín para que pilotee su avión, ni le ordena a un economista que tripule su helicóptero, ni busca a Octavio Paz para que le cante boleros. Eso prueba que usted, don Miguel, en cuanto a lo que usted concierne es un hombre sensato, como sensato es en lo que concierne a su familia. Lo malo es a la hora de gobernar y lo que más nos espanta ahora a todos es lo que puede ocurrir a la hora de escoger un sucesor. Usted entiende nuestra angustia ¿verdad? En ello nos va la vida, nuestra paz, nuestra tranquilidad, el bienestar personal y nacional. Es decir, de una decisión suya puede depender que México salga adelante o estalle. Así es de terrible el asunto y así es de terrible nuestra preocupación.

Así como es usted tan capaz para sus cosas, séalo también para los asuntos de la República. Piense, por ejemplo, en quiénes han sido los mejores gobernadores de los últimos años, los mejores empresarios, los hombres más trabajadores, más organizados, más eficientes. Piense, no en términos de quién se va a portar mejor con usted sino en quién va a ser mejor para México. Ya cumplió con sus amigos hasta los más exacerbados extremos. Y, cuando deje la Presidencia, se va a enterar de que muchos de ellos no pensaron en cómo servirlo mejor a usted sino cómo servirse mejor a ellos, no sólo pavimentándose el camino a la Presidencia sino con negocitos que bien podrían llevarlos a la horca si lográramos instaurar la pena de muerte.

Pero los mexicanos vivimos en la angustia con toda razón. ¿Por qué, nos preguntamos, hizo don Miguel secretario de Agricultura a Pesqueira? ¿Qué favor personal le paga con tan inmenso daño nacional? ¿Cómo es posible que Paco Rojas sea el director de PEMEX? ¿Qué méritos tiene González Avelar para ser secretario de Educación? Y lo que México todo no ha podido digerir es que usted haya nombrado y sostenido contra temblores y asaltos al pobre de don Ramón Aguirre.

Es evidente, que don Ramón Aguirre llegó a jefe del Departamento del Distrito Federal sólo como un capricho de emperador. Bien podría llamarse don Ramón Incitatus. Y no es por maldad suya, don Miguel, sino por esa ceguera presidencialista a la que el sistema empuja a los jefes de Estado. Es evidente que don Ramón Aguirre hace cuanto puede por parecer persona o gente de razón, como se decía antes.

81

Don Ramón parece estar en ese puesto como insulto a la ciudadanía. Mucha gente lo vive como una agresión de usted a los capitalinos. A mí, en viendo tantos esfuerzos de él por parecer elegante y distinguido, más bien parece un personaje patético. Yo creo que usted, en queriendo hacerle un bien o en tratando de pagarle que lo divierte, lo ha colocado en un puesto donde sólo le resaltan sus defectos y ninguna de sus virtudes. Virtudes que, según los decires, se reservan para las pachangas donde canta con voz tan adulatoria y tan divertida, que a usted se le desvanecen todas las tristezas y hasta querría que la Sinfónica Nacional lo acompañara.

Y como la locura sucesoria ya le sorbió el no muy abundante seso que tenía, él, que en San Felipe Torres Mochas hubiera sido un buen zapatero, un magnífico pastor o un estupendo sacristán, anda ya maquillado de posible precandidato presidencial. Imagínese usted lo que hacen los espejos rotos.

México, como una falla de la secretaría de Educación, es un país de refinado racismo. Si por un lado digo que México ha preferido el negro espejo de Tezcatlipoca para no verse con claridad, por el otro, para su piel anhela el blanco resplandeciente de Quetzalcóatl. Nada enorgullece más a un mexicano que le digan que "no lo parece". Es tema común de conversación el que los mexicanos comenten, siempre como si los hubieran confundido con algún personaje célebre, que los tomaron por americanos, por franceses, por italianos, por ingleses. . . Casi nadie se ufana de que lo crean español.

México todavía está muy lejos, como debería, de enorgullecerse de sus penetrantes ojos negros, de su moreno tropical, de su piel guadalupana, de sus facciones ajenas a los modelos helénicos.

México todavía se avergüenza del metate y del petate. Los que hacen gala de mexicanos son los folclóricos pero no por orgullo nacional sino como desafío, como jipis antropológicos, como los negros de Estados Unidos que, como protesta, se peinan como si fueran de las Islas Vírgenes.

Como última prueba de lo que le digo, allí están los dirigentes del CEU. No sé su origen académico pero es de sospechar que no provienen de las preparatorias populares que indebidamente representan sino del Colegio Madrid. Ellos, que hablan de elitismo, son elitistas por blanquitos, por gachupiosos, por sentirse con el derecho de convertirse en amos de los pobres indios a los que hay que evangelizar, civilizar y dirigir. Y los pobres meshicas, envenenados por la televisión, aceptan que los madrileñosos blanquitos, por grandotes, por barbados, por tener más palabras en la boca, deben ser los patrones, los guías, los únicos capaces de pensar. Eso duele. No es de ninguna manera culpa ni de unos ni de otros, sino justamente de la educación nacional, de un racismo que negamos pero que practicamos hasta en las marcas de cerveza. Yo he llegado a pensar que el frívolo don Pepe lo escogió a usted para sucederlo, y no a Jorge Díaz Serrano o a Javier García Paniagua, porque usted tenía hijos güeritos y ellos no. . . Acuérdese de que vivía rodeado de churumbeles. . .

¿Es ése el triunfo de la Revolución? Después de casi un siglo de Reforma y casi dos de Independencia, los mexicanos morenos siguen sintiendo que son unos pobres indios mugrosos que no sirven para nada. Y para dirigir, para escribir, para pensar, pues. . . los blanquitos, los gachupines o cualquier extranjero explotador. . . De eso no se habla ni en los informes presidenciales ni en la demagogia televisiva. . . Un amigo mío americano que vino a su toma de posesión, al regresar a Estados Unidos me fue a ver a Falfurrias y me preguntó: ¿Dónde están los mestizos en México que no los vi en ninguna de las funciones oficiales? Yo le contesté: "En el metro".

No cree usted, don Miguel, que ya es tiempo de que los mexicanos, por lo menos en México se sientan orgullosos de su ser. Si yo fuera secretario de Educación lo primero que les pediría a los maestros es que enseñaran a los niños a caminar erguidos, con la frente en alto y los ojos llenos de orgullo de raza. Habría que repetirles cada mañana y cada hora que los mexicanos venimos de los dos imperios más grandes de su época: el azteca y el español. Habría que repetirles que la civilización actual viene de los morenos del Mediterráneo, no de los güerinches bárbaros del norte. Habrá que enseñarles que el ser mexicano es lo mejor que se puede ser en la tierra; que ser mexicano no tiene por qué asociarse ni con la mugre, ni con la corrupción, ni con la pereza, ni con la irresponsabilidad. Un mexicano derecho, un mexicano limpio, un mexicano orgulloso de sí mismo pondrá a México en el lugar que por derecho le corresponde.

¿No habrá llegado aún la hora de que los mexicanos se sientan valiosos por morenos, por mexicanos, por guadalupanos? Y digo guadalupanos no por que sean creyentes sino por lo que la Virgen de Guadalupe significa para México.

Pero mis párrafos de hoy los termino con dos frases que a usted deben parecerle geniales: una proviene de un tal Celso Delgado, al que ya de hecho usted le regaló la gubernatura de Nayarit, y que, agradecido, responde a su democrática generosidad con palabras como las siguientes: "En el PRI se respeta la opinión del Presidente de la República. El es el jefe de todos los mexicanos. Y su palabra da camino. Su voz ilustra. E ilumina el sendero". No sé si usted se sonroje cuando lee esas cursilerías lambisconas o si se mortifique al pensar que se equivocó al imponer a semejante personaje de gobernador. Pero el candidato Celso Delgado, ya revolucionariamente vestido "suéter de cashemere de doscientos dólares" para tranquilizar conciencias, es "hijo de ejidatarios y entró a la acción política en una huelga en el internado Uno B para hijos de los trabajadores".

La otra frase que también usted habrá leído —en alguno de sus diarios oficiales— es de don Fidel Velázquez que va mucho más allá de todo sufragio efectivo y de toda no re-elección. Dijo el hábil, mañoso, inteligente y humorista sempiterno: "La figura del Presidente es intocable. Si se tocara se vendría abajo el régimen". Imagínese usted. Todo eso quiere decir que usted, don Miguel, es México, es el régimen, es el partido, es la República, es el camino seguro, el sendero luminoso, el guía. . .

Usted se ve hombre serio, eso es verdad. Nada se puede decir de su familia porque todos se comportan con ejemplar discreción. Eso está muy bien y hay que reconocerlo. Pero eso no basta para el buen funcionamiento de la República.

Pero por hoy suspendo la escritura, don Miguel. Oigo sonar unas campanas que me anuncian que debe estar amaneciendo. Estoy en Celaya, donde don Alvaro perdió un brazo pero no las ambiciones de poder. . . Hasta mañana. Acabo de ver el reloj y son las seis y cuarto de la mañana. Pronto millones de pájaros —que aquí todavía no caen muertos— llenarán el cielo de aleteos, enmarcarán las maravillosas torres de esta ciudad y se irán para volver, con puntualidad inglesa, a un cuarto para la siete de la tarde.

Dicen que lo que de noche se hace de día aparece. Estoy en un hotel, en el Mary, porque para trabajar necesito una forma de aislamiento. Pero, imagínese, no tengo a la mano ni un diccionario. Todos mis libros, como todas mis cosas están aún en una bodega en Laredo, Texas. Eso no es fácil. Uno extraña sus cosas, yo, particularmente, mis libros, mi piano, mi horizonte familiar. . . Pero no puedo quejarme. Salí de México pero no de mí. No tengo mis cosas pero me tengo a mí, tengo a mi familia, tengo a mis amigos, tengo, además, siempre la esperanza, siempre el optimismo, siempre mi gran amor por México. Lo demás llegará por añadidura. Apenas empieza a clarear. Ya soy muy viejuco para semejantes desveladas. Sé que la vejez es una muerte anticipada que va mermando la capacidad hasta de gozar pero a mí me gusta escribir, ésa es mi vida. Sé, además, que no es vida verdadera la que no da placer vivirla. Ojalá esta carta valga la pena. Y aunque usted no lo crea es una carta amistosa, es una carta cariñosa, cariñosa para México que en última instancia es infinitamente más importante que nosotros dos. Usted pasará a la historia, yo no. Pero la historia también pasará a la historia, así que eso no debe preocuparnos. Lo que sí importa es el presente y, sobre todo, este presente en el que usted tiene que tomar tan graves, tan trascendentales decisiones.

Y voy a acostarme porque nunca he visto un carnaval y aunque no soy proclive a esas cosas me gustaría irme a asomar al de Veracruz que creo que hoy empieza. Tal vez al despertar, si pienso en lo largo del viaje, mejor me quede aquí. Hasta el rato, pues, don Miguel. Que tenga usted un buen día. . .

Nota: Sabe que casi he escrito treinta horas seguidas. . .

El domingo, don Miguel, le hablaba de Calles, el creador para mí, como le decía, del único sistema que ha logrado darnos un mayor tiempo de paz, de seguridad, de progreso y de esperanza. Las estatuas, los loores, los vítores y las aclamaciones son para Lázaro Cárdenas pero los méritos a quien le pertenecen son al general Plutarco Elías Calles. Gracias a él, usted es Presidente de México. Pero no se puede hablar de Calles olvidando Huitzilac. Y de Huitzilac, como de todos los actos de un gobierno, lo que hay que indagar es el motivo. ¿Qué se busca? ¿El bienestar del pueblo o la satisfacción personal y las ambiciones egoístas del mandatario? No hay que olvidar que el PRI se concibe en un charco de sangre. . .

Trece son las cruces. Trece. Los ojos inadvertidos pocas veces las recogen. Si como relámpago furtivo la mirada se detiene en el peregrinar de los montes, entonces el conjunto se ofrece como cementerio en parvada, como si las cruces por insólitas, fueran ilusiones blancas al punto del vuelo.

En el centro de un jardín, en una rotonda, al inicio de una calzada, la llamarada de cruces sugeriría una encrucijada de planos de Mathias Göeritz. Como obra de arte convocaría arlequines, reminiscencias de vitrales e inútiles hipótesis. Algún curioso, obsesivo además, desentrañaría el número y fatigaría el pensamiento con vericuetos cabalísticos y enigmas medievales. No faltaría eco para añadir al número trece vinculaciones con la fatalidad, la magia negra y hasta con el dentellante sonido de don Julián Carrillo.

Pero trece cruces, asidas unas a las otras, a la orilla de una carretera mexicana, no suelen solicitar explicaciones. A nadie extraña que un camión se vuelque y siembre cadáveres en almácigo. Un puñado de cruces, como un puñado de hombres acarreados, nada dice.

Los caminos de México están sembrados de cruces. Son señales de amor, de dolor, de la vida que se vuelve nada, de que cualquier inesperado lugar es cuna de la muerte. A veces, junto a las cruces hay cirios, a veces coronas de porcelana diluida, a veces, flores vivas aún. No son avisos para que se disminuya la velocidad ni súplicas para solicitar un responso por el eterno descanso del alma que desde allí partió, son diminutos mausoleos para sacramentar el lugar de la muerte. Es un aviso de que el vivir es un ver pasar, de que la muerte detiene al tiempo en el camino. . .

Las trece cruces de las que le hablo están en la carretera vieja de Cuernavaca, casi junto a Tres Marías, en un lugar que se llama Huitzilac.

No conozco la genealogía de la palabra Huitzilac. Tal vez quiera decir el lugar del colibrí o literalmente espina de turquesa. ¿Qué es un colibrí sino una fina espina de maguey con un plumaje tornasolado de pedrería azul? Colibrí —Huitzilopochtli— llamaban los aztecas, como usted sabe, a su dios de la guerra porque libaba la miel —la sangre— de las flores que son los corazones humanos. Huitzilac. . . Huitzilopochtli. Huitzilopochtli que significa el colibrí del sur.

Extraña asociación: el colibrí y la miel; el colibrí y la vida. Los aztecas no mataban para aniquilar la vida, sacrificaban corazones para alimentar al sol.

No hay que olvidar que los aztecas vivían en el conflicto de una lucha cósmica entre la luz y las tinieblas, entre la noche y el sol. Se vivía en estado de guerra. Eran los cautivos, los perdedores en las batallas, los que daban su sangre para la vida de la luz. Para mantener la lucha, los aztecas conservaban siempre a algunas tribus con cierta independencia —como a los tlaxcaltecas— para poder hacerles la guerra y recoger corazones para Huitzilopochtli, el dios del sol.

A los que morían para ser alimento de la luz, los pintaban con símbolos de estrellas. Es la sangre de los enemigos el sustento del universo. Son los corazones que arrancan los cuchillos de jade y de obsidiana los que afirman la fuerza invencible de los aztecas. En la muerte de los contrincantes —aunque a veces hubiera que forzarlos para que lo fueran— estaban el poder y la gloria, la grandeza y la fe. En las escalinatas de los altares estaban siempre los sacerdotes listos para el oficio de la sangre. La antorcha de la vida de la comunidad se mantenía iluminada sólo mediante el sacramento de la muerte, en la eterna liturgia de la luz y de las sombras, del sol y de la oscuridad, de la vida y de las tinieblas.

¿Será esa, don Miguel, la razón de las trece cruces de Huitzilac? Trece corazones para alimentar las instituciones del país. Trece guerreros para sustentar el universo político de México. Para los aztecas el sacrificio era el santuario de su libertad, el requisito de su existencia. Los aztecas no se sacrificaban a sí mismos sino a sus enemigos —reales o confeccionados— para cumplir el rito de su vivir. Era, además, cuestión no sólo de calidad sino de cantidad. Se mataba a unos cuantos contrarios para que a cambio todo el pueblo del sol pudiera existir. Se mataba a un puñado de malos para que los buenos tuvieran luz, flores, energía y maíz.

¿Fue acaso, don Miguel, la matanza de Huitzilac, como el sacrificio de Tlatelolco, la elección terrible de aplicar, sin más juicio que el tribunal de la conciencia que lo decide, la pena de muerte a unos cuantos en el intento de salvar a un pueblo? ¿Fue acaso el mismo impulso de Huitzilopochtli el de Huitzilac? ¿No llevaron los cadáveres de los trece guerreros y el de su general como ofrenda roja a los pies del Presidente que había ordenado la ejecución? De colibrí a colibrí. De Huitzilopochtli al PRI...

Don Porfirio, en 1908, al hablar de su régimen le había dicho al periodista Creelman: "Fuimos muy duros, algunas veces hasta llegar a la crueldad; pero todo esto fue entonces necesario para la vida y progreso de la nación; si hubo crueldades, los resultados las han justificado. Fue mejor derramar un poco de sangre para salvar mucha. La sangre derramada era mala sangre; la que se salvo, buena..."

Trece muertos, don Miguel, como trece sombras. Trece cruces como trece han sido los presidentes de México desde que ese fugitivo panteón señala trece puñaladas en el corazón de la patria.

Trece muertos o trece muertes nada deberían invocar en un país donde se canta que la vida no vale nada. Nada valía para los guerreros derrotados si era para Huitzilopochtli. Nada valía para los hispanos si era vida indígena. Nada valió para los insurgentes si era de españoles. Luego llegó la Revolución y la muerte se multiplicó en fantasía cromática de traiciones y de balas. La vida no valía más que el diapasón de una guitarra o que el sollozo de una maldición. Si no eran cañones eran puñales. Si no eran machetes eran pistolas. Si no eran balazos eran sogas. Si no era dinamita eran fusiles. La tierra olía a pólvora y a sangre. Hombres, atropellos, insolaciones, levas, violencias, epidemias, sin razones eran causa y efecto, valor y miedo, ley y delito. La vida dependía de un grito, de un silencio, de una sonrisa o de un despecho. La vida era pronunciar un nombre: el nombre del quien vive o del quien muere.

Y la patria se hizo llanto.

Pero en 1927 ya no había Revolución. México —a pesar del dolor cristero, guerra confusa y sangrante— estaba en una época de renacimiento, de regocijo, de alborozo, de entusiasmo y algarabía. Plutarco Elías Calles era el Presidente de México. Pero él, que lo que más intentó fue la consagración de la ley, fue paradójicamente el primero en romperla para sostenerla. Por un lado están sus hechos pero también están trece cruces blancas, con un clavel rojo cada una, en el viejo camino de Cuernavaca, cerca de Tres Marías, en el lugar que se llama Huitzilac.

Esa encrucijada de cruces, ese juego de líneas paralelas a la tierra y de estacas que señalan al cielo, son símbolo y monumento, signo y señal, son nacimiento y muerte. Allí murió la democracia. Allí nació el Partido Nacional Revolucionario.

El Partido Nacional Revolucionario que sin transubstanciación se hizo Partido Revolucionario Mexicano y sin metempsicosis se convirtió en Partido Revolucionario Institucional. Trece cruces. Trece muertos. Una muerte y un nacimiento. Trece presidentes de Calles a usted. Calles, Portes Gil, Ortiz Rubio, Abelardo Rodríguez, Lázaro Cárdenas, Avila Camacho, Miguel Alemán, Ruiz Cortines, López Mateos, Díaz Ordaz, Luis Echeverría, López Portillo y usted. Son trece como las trece cruces, como las trece muertes. Trece estocadas al pueblo de México. Trece cicatrices en el alma. Trece negaciones. Trece imposiciones. Trece periodos de maximato. Trece periodos de cesarismo del PRI.

El, Plutarco Elías Calles, él, quien se negó por patriotismo, por amor a México a convertirse en dictador, es, qué duda cabe, el fundador de la dictadura de partido que hoy padecemos.

No hay manera de restringir su actuación a motivaciones personales. Plutarco Elías Calles no era ni un megalómano, ni un narcisista, ni un medianejo, no. ¿Pensó, acaso, que la democracia mediante el sufragio efectivo era imposible en un país como México? El supo que don Porfirio, ya en el Ipiranga, había dicho: ''Ya se convencerán, por la dura experiencia, de que la única manera de gobernar bien a un país como México es como yo lo hice. . .'' ¿Pretendería Calles instaurar la dictadura de partido para establecer un despotismo permanente y una Presidencia hereditaria y no le alcanzó el tiempo para conformarla y estructurarla como ley? ¿Pensaría, en el dolor de su soledad, que los mexicanos éramos incapaces de elegir a nuestros gobernantes? De haber sido así, ¿no hubiera escogido una forma de totalitarismo marxista? ¿Sería todo fruto y concatenación de azares y circunstancias?

Qué difícil, don Miguel, ser objetivo y justo cuando de la vida de nuestro país se trata. La historia de México es un mole al que cada mexicano le da el sabor que prefiere. En eso somos absolutamente democráticos. El PRI nos ha podido imponer doce césares pero no ha logrado —ni siquiera para sí mismo— presentar la historia de manera aceptable para todos. El maniqueísmo mexicano y la inseguridad nacional nos han impedido la imparcialidad de los juicios. En el cristal de nuestro desamparo, distorsionamos la realidad según lo que imaginamos —sin precisarlo nunca—, que es nuestra imagen y semejanza.

Desde pequeño, don Miguel, aprendí que los mexicanos no razonábamos sino apasionábamos. Los silogismos nada nos dicen a la razón porque razonamos con el sentimiento. Es una forma de parestesia. Quienes padecen parestesia oyen los colores, sienten los sonidos, ven los olores, saborean las melodías. Van Gogh, por ejemplo, buscaba las tonalidades del amarillo no en la paleta sino tocando el órgano. Nosotros convertimos las razones en pasiones y las pasiones en razones. No buscamos las razones en la inteligencia sino en la confusión de nuestros sentimientos, de nuestros resentimientos, de nuestros oscuros deseos de venganza.

En México, por razones primitivas conectadas tal vez con el bien y el mal, con la lluvia y la sequía, con los dioses buenos y los espíritus perversos, la historia suele verse como si fuera telenovela: los malos deben ser feos, repugnantes, desagradables, traidores, desleales, deformes y amargos; los buenos —como ideales de Platón— deben ser inmaculados, puros, bondadosos, bellos, generosos, amorosos y magníficos. Por ello nos presentan a Hernán Cortés como Tezcatlipoca el negro y a Cuauhtémoc como a Quetzalcóatl. Y Tezcatlipoca resulta Maximiliano y Quetzalcóatl don Benito Juárez. Y Quetzalcóatl es Madero y Tezcatlipoca don Porfirio o Huerta. Así de sencillo es el problema. Todo en blanco y negro.

Una conversación, en México, fácilmente se traslada a discusión, y una discusión siempre está al punto de la disputa. De allí el horror de los sabios peluqueros de que sus parroquianos, allí donde había navajas y tijeras, se hablara de política o de religión. Una conversación amable podía terminar en masacre. En México la historia debe ser como la feria, cada quien da razón de ella según le va en ella, no según la feria en sí misma.

Y no es, en el fondo, una pasión nacional, es una pasión personal colectiva. Nadie quiere pensar si Maximiliano era realmente liberal o no, lo importante es regocijarnos con su fusilamiento.

De todas maneras, el hecho innegable es que sin la matanza de Huitzilac, usted no sería Presidente. Pero eso es también jugar a lo imposible. Tampoco lo sería si Colón no hubiera descubierto América el 12 de octubre de 1492.

Los hechos son que en aquel octubre de 1927 había tres candidatos a la Presidencia de la República: Alvaro Obregón, que pensaba reelegirse, Francisco R. Serrano, su principal opositor, y Arnulfo R. Gómez.

Los historiadores serenos presentan al general Serrano como hombre inteligente, talentoso y lleno de cualidades personales. Los obregonistas y los goberniculares, para exculpar al gobierno o para atenuar el crimen de Huitzilac, insisten en que Serrano era un depravado, un cínico, un borracho irredento, un mujeriego incalificable y un jugador compulsivo. Al otro candidato a la Presidencia, al general Arnulfo R. Gómez, ni unos ni otros le niegan valentía y arrojo; casi todos, en cambio, parecen estar de acuerdo en que no tenía las cualidades para ser el jefe del Estado mexicano. Cosa de época, ¿verdad? ¿Quién se fija hoy en esas nimiedades?

Hasta la fecha, los obregonistas insisten en que Serrano y Gómez se iban a levantar en armas. Para apuntalar lo que afirman, recurren a una cita, completamente extrapolada, de un discurso de Arnulfo R. Gómez: "Para mis enemigos tengo solamente un lugar: dos metros bajo tierra".

No se atenúa, sin embargo, el crimen aun cuando, en caso de que no se les reconociera el triunfo en los comicios o no lo consiguieran, se fueran a levantar en armas.

El 3 de octubre de 1927 se encontraba el general Francisco R. Serrano en Cuernavaca. Al día siguiente iba a celebrar su onomástico. El día anterior, el domingo 2 de octubre, el general Almada se había sublevado en la Ciudad de México. Extraña sublevación, sin embargo. En lugar de dirigirse al Castillo de Chapultepec donde estaba el Presidente, apenas cuidado por mil hombres, Almada se dirigió a Veracruz dizque a unirse al general Gómez. Pero Calles decidió cortar el movimiento, fuera como fuere, por lo sano. El día 3 —había estado toda la noche sin dormir, cavilando, reflexionando— dio la orden de aprehensión del general Serrano y sus acompañantes. Cuando le avisaron que ya estaban presos ordenó que los mataran.

El crimen ocurrió justamente allí, en la carretera vieja de Cuernavaca, donde se pueden ver trece cruces de hierro que alguna vez, según dicen, fueron catorce.

Fue el general Claudio Fox, jefe de las Operaciones Militares de Guerrero el que recibió, del Presidente Calles, la orden de pasar por las armas, sobre el propio camino de Cuernavaca a la capital, al general Serrano y a sus acompañantes "por el delito de rebelión contra el Gobierno Constitucional de la República". Calles ordenaba, además, que se le avisara tan pronto como se hubiera cumplido la orden.

En automóvil habían salido los prisioneros de Cuernavaca. El general Díaz González, quien los había aprehendido, se los entregó a Fox en las cercanías de Huitzilac. Fox no había aún decidido dónde o cómo iba a ser la ejecución. De pronto, cuando ya "los rebeldes" estaban en su poder, en un arranque de locura ordenó que juntaran a los prisioneros en un solo punto y cuando los vio allí dio la orden de que se abriera fuego sobre el grupo. Un tal Hilario Marroquín, personalmente, mató al general Francisco R. Serrano. Fue una matanza sanguinaria, sádica y bestial. El execrable Marroquín, por demencia pura, le destrozó el rostro al general a puros balazos.

Fue un crimen ordenado por el Presidente Constitucional de los Estados Unidos Mexicanos. No hubo juicio. No hubo tribunal. No hubo defensa. Fue, literalmente, un asesinato en despoblado. Es imposible justificar un crimen tan nefando. Casi todos los historiadores señalan a Obregón como el directamente culpable y mencionan a Calles como mero amanuense de la voluntad del caudillo. Yo pienso que no. Calles, como lo demostró hasta el día de su muerte, no era ni endeble ni manipulable. Si dio la orden de que ejecutaran a Serrano y a sus acompañantes no fue por debilidad, por monstruosidad o por ser amigo de Obregón, sino por el profundo convencimiento —errado o no— de que hacía lo que era mejor para el bien de la República.

La muerte de Serrano horrorizó al país, y como monstruosa caja de resonancia produjo muertes violentas por todo México. Lo que Calles hizo para defender el principio de autoridad, lo repitieron por todo el país caciques y ambiciosos para defender el principio de la pasión, de sus pasiones revanchistas, rencorosas, sucias, de enanos morales y mentales.

Lo que me intranquiliza ahora es que tal vez los presidentes siguen pensando que los mexicanos somos incapaces de elegir a nuestros gobernantes y que ya con crímenes, ya con traiciones al pueblo, seguirán imponiendo a sus sucesores.

La última vez que estuve en Los Angeles fui a visitar a la esposa del general Arnulfo R. Gómez. Linda, amable, cariñosa, aún asida a México por un grande amor, preocupada por la crisis y por los aconteceres actuales me preguntó: ¿Qué pasa? ¿Es que ya no hay hombres en México? ¿Se acabaron todos? Dígame, ¿ya no hay hombres en México?

Fuera como fuera, la tragedia ni se pudo borrar ni se borrará mientras haya memoria. A Arnulfo R. Gómez, también sin juicio alguno lo fusilaron el 4 de noviembre de 1927. Y así se abrió el camino para que Alvaro Obregón llegara a la Presidencia... Presidencia a la que ya no habría de llegar.

Cayó muerto y nació el PRI. El domingo se coaguló en sangre. Hubo un momento de confusión, de miedo, de histeria irreverente. Alvaro Obregón murió en un instante. Nadie capturó sus últimas palabras. Nadie adivinó el relámpago de su último pensamiento. Su buena estrella, que lo había acompañado siempre, se volvió cadáver, sombra, nada. Aquel hombre afable, inteligente, ingenioso, franco, gallardo y cordial, sin la vida, quedó hecho un muñeco de trapo ensangrentado.

El banquete se celebraba el 17 de julio de 1928 en La Bombilla en San Angel, allí donde hoy hay un monumento con un sagrario. Allí está, espeluznante y velluda, flotando en alcoholes y formoles, una mano del general Obregón.

Había sido un Presidente iluminado por el patriotismo, por el amor a México, por su talento de estadista. No había permitido, al tomar el poder, que lo retrataran sentado en la silla presidencial. Consideró, y su sencillez era auténtica, que era un trono incompatible con los principios democráticos por los que habían luchado él y los revolucionarios.

Obregón fue un gran Presidente pero lo perdió la ambición. La ambición o la convicción, fácil de adquirir cuando se está en el poder, de que él, como lo habían pensado tantos en México, incluyendo a Carranza, a Díaz, a Santa Anna, era indispensable, irremplazable para el buen funcionamiento del gobierno.

Los hombres que tienen el poder se convencen con admirable facilidad de que son, como la Divina Providencia, los sustentadores de su universo. Piensan, de buena fe, porque proyectan sus deseos, que sin su inteligencia, sin su talento, sin sus conocimientos, sin su experiencia, el mundo que manejan se desploma. ''Después de mí, el diluvio'', es lo que todos llegan a creer. Al aferrarse al poder, no lo hacen jamás creyendo que ellos necesitan el poder sino que el poder los necesita a ellos. La psicología es la misma que la de los padres posesivos. Nunca caen en la cuenta de que son ellos, por manipuladores, los que necesitan manejar a los hijos y no los hijos los que necesitan que los manejen porque son incapaces de gobernarse por sí mismos.

Obregón, ciego por la vanidad y la soberbia, enfermedad general de los poderosos pero virulenta en nuestros países, se había convencido de que México lo necesitaba y por ello urdió los hilos para acabar con el principio riguroso de la no reelección y volver a la Presidencia.

Los pueblos, como los hombres, viven inmersos en las vicisitudes del azar. ¿Qué es el destino, en última instancia, sino una conjunción de circunstancias concatenadas? El destino, en el hombre como en los pueblos, es conjeturable. Nacer hombre o mujer es un destino. Nacer en el siglo XX es un destino. Ser un país europeo o una nación americana es un destino. Ser el vecino inmediato, irrevocable de Estados Unidos es un destino. No es, sin embargo, destino el que México padezca un PRI o que se le quiera paralizar para siempre usurpando el nombre de una Revolución encarcelada. Nacer mexicano es un destino; no lo es, por ejemplo, que usted sea el Presidente de México. Eso debe ser asunto nuestro, de nuestra voluntad, de nuestra elección, de nuestro deseo, por lo menos de nuestra aquiesencia.

De la sangre de Alvaro Obregón, tumbado allí en la mesa, se configuró un partido político y un sistema. Pero el partido político y el sistema nacieron para buscar la dicha de los mexicanos no para fraguarles la infelicidad. El partido nació para darle unidad y congruencia a los principios revolucionarios, no para coagularse en una mafia de oligarcas explotadores y, muchas veces, patricidas.

Alvaro Obregón había llegado a La Bombilla como victorioso Presidente reelecto. Para que ese milagro floreciera se había enmendado la Constitución y para su personal provecho —así lo vivía él— se habían eliminado a Serrano y a Gómez. La secuela de crímenes que tal asesinato había desencadenado no parecía llegarle a la conciencia. Los gobernantes mexicanos no han querido entender que en ellos se cumple el imperativo categórico de Kant: Obra de tal manera que lo que tú hagas sea lo que deseas que se convierta en regla universal aplicable a todos.

Cuando Churchill le habló al pueblo inglés de apretarse el cinturón, empezó poniendo el ejemplo. Cuando los nazis impusieron en Holanda la orden de que todos los judíos salieran a la calle con una banda en el brazo ostentando la estrella de David, la reina Guillermina inmediatamente se colocó una. Al día siguiente todo el pueblo holandés salió a sus quehaceres luciendo en sus brazos la estrella de David. Ya se sabe que la palabra empuja pero que el ejemplo arrastra.

Usted nos ha hablado, don Miguel, de la necesidad de adaptarnos a la crisis, de la obligación que tenemos todos los mexicanos de restringirnos a lo esencial y de eliminar lo superficial. Sin embargo, usted, don Miguel, no se ha decidido a sacrificarse. Habla de austeridad sí, pero no la practica y naturalmente no la practican ni sus ministros, ni los gobernadores, ni funcionario alguno del gobierno. ¿Quiere decirnos que la austeridad, amén de la impuesta por la bárbara inflación, es sólo para los infelices mortales que no somos presupuestívoros? Ponga usted el ejemplo, y verá...

Pero hablaba de Obregón... La muerte, aquel domingo 17 de julio de 1928 le impidió volver a ser Presidente. José de León Toral, el san Miguel que venció a Obregón, jamás imaginó que de su mano, que él creyó libertadora y justa, emergería un partido y un sistema que desembocarían en despotismo y tiranía, en burla y escarnio al sufragio efectivo, en dictadura y en ruina para el pueblo de México. Sin José de León Toral no hubiera nacido el PRI. El no mató ni murió para que Fidel Velázquez fuera líder sempiterno.

José de León Toral no era saurino ni profeta. El eliminó a un hombre y nada más. En ningún momento se sintió asesino sino redentor. El pueblo no columbró que aquel día la Revolución se convertía en reacción, en imposición, en oligarquía. Toral mató a Obregón como san Jorge al dragón.

José de León Toral fue fusilado el 9 de febrero de 1929. Para evitar cualquier acto de simpatía por el reo, el jefe de la policía dispuso la prohibición de manifestaciones de cualquier tipo y anunció que si la gente las intentaba, las reprimirían con tanta energía cuanta exigieran las circunstancias.

El asesino de Obregón caminó al paredón con suave serenidad. Llevaba las manos recogidas, como si guardara diamantes, perlas o zafiros. Y es que él llevaba el más grande de los tesoros, los santos óleos, el sacramento de la Extrema Unción. Era un hombre pálido, delgado y diminuta su voz, amén de tersa. Sin embargo, al unísono con la voz de ''fuego'', se oyó la suya, trascendida, enorme, gigante que gritó: ''¡Viva!'' y quedó cortada. ¿Iba a decir ¡Viva México!? ¿Iba a gritar ¡Viva Cristo Rey!? Jamás se sabrá por los siglos de los siglos, amén.

''Toral quedó un instante sobre las puntas de los pies, con los ojos desorbitados, la boca abierta todavía en la violencia del grito, con los brazos en alto, y luego violentamente, azotó a la orilla del embanquetado. Las balas atravesaron —cuenta un testigo— y movieron los sacos de arena, que comenzaron a vaciarse, arrojando chorros de polvo blanco sobre las piernas abiertas en tijera del ejecutado. Cayó ya muerto. Murió en el aire.''

Fueron inútiles las prevenciones policiacas. De las calles, de los balcones, de las puertas, de las ventanas salieron miles y miles de mexicanos acongojados y enardecidos. Les echaron potentes chorros de agua, les echaron los caballos encima pero la multitud cantaba. Había gritos, maldiciones, imprecaciones, insultos. Y, como relámpagos sonoros, se oían constantes los gritos de ¡Viva Toral! ¡Viva Cristo Rey!

Equivocado o no, un pueblo debe tener el derecho de manifestarse pacíficamente. Pero allí estaba la represión, la fuerza brutal, los caballos y la violencia. Hubo heridos, aplastados, magullados. Cincuenta mil personas desafiaron la prepotencia y fueron al sepelio. Era Presidente interino Emilio Portes Gil.

No hay manera de eludir la pregunta: ¿qué hubiera pasado si Alvaro Obregón no se muere? ¿En qué México viviríamos?

Yo no creo que cuanto hagamos los miserables mortales se convierta en ley universal de conducta ni mucho menos. Estoy convencido, empero, de que cuanto uno hace afecta de alguna manera al mundo. Para que uno nazca se necesitan dos padres, cuatro abuelos, ocho bisabuelos, dieciséis tatarabuelos y así geométricamente hasta el infinito. Cada uno de nosotros viene de un millón o de cien millones de seres humanos y de sus predecesores. Cada ser humano es el resultado de millones y millones de circunstancias, de azares, de curiosos destinos. Cualquier modificación hubiese producido otra persona o ninguna.

Carlos Fuentes contó que su papá y su mamá se habían conocido en un camión Roma-Mérida. Y añadió sonriendo: "Sin esa coincidencia yo no hubiera nacido".

Hay acontecimientos históricos como las guerras, las conquistas, los descubrimientos, o los cataclismos que producen grandes cambios pero todo lo que uno hace o lo que deja de hacer se refleja en los demás.

Si una persona va al trabajo, si se come una uva, si mata una mosca, si hace una llamada telefónica, si se sube al metro o si se bebe un trago de agua, modifica todo un engranaje. Cualquier acto, el respirar mismo, afecta a los demás. Eso, en los que fuman, es visible. En el caso de los gobernantes como usted, cuanto hacen modifica de inmediato millones de vidas. Imagínese México sin Echeverría y sin López Portillo, piense en Alemania sin Hitler, en Estados Unidos sin Roosevelt, en Francia sin Napoleón, en Polonia en la actualidad sin Juan Pablo II. ¿Cómo sería la música sin Beethoven? ¿Cómo sería el castellano sin el Arcipreste de Hita? ¿Cómo sería la pintura sin Picasso? ¿Cómo sería España si Franco no hubiera nacido?

Los alemanes llevaron a Hitler al poder. Los franceses idolatraban a Napoleón. Nosotros, en cambio, hace doce césares que somos tratados como huérfanos de asilo dirigido por solteronas sádicas. Somos un pueblo castrado políticamente. Todos sabemos que no es necesario votar por el PRI para que gane. Todos sabemos que votar por un candidato que no sea del PRI es o inútil o peligroso. Todos sabemos que reclamar triunfos electorales es arriesgarse a golpes, a ir a parar a la cárcel, al hospital o al cementerio. Por eso no hemos dado una sola idea política válida para el mundo. Los liderosos de algunos países subdesarrollados quieren imitar al PRI, pero eso es porque les maravilla la capacidad que tiene para imponer gobernantes y para saquear al país sin castigo alguno.

La verdad es que no nacimos para ser esclavos. Tenemos en nuestro haber una larguísima y dolorosa lucha por la Independencia, una heroica y denodada victoria en la Reforma, una grandiosa y hermosa lucha por la democracia y por la justicia en la Revolución. ¿Pero qué nos ha pasado? ¿Tanto esfuerzo para terminar aceptando de gobernante a quien nos impongan, bueno, malo o peor?

No creo en la fatalidad. Tampoco creo en la violencia. La historia nos ha demostrado que la violencia conduce a la miseria, a la muerte, al atraso y a la ruina. Ya han muerto bastantes mexicanos en luchas que han resultado estériles. Tenemos que buscar caminos de paz, pero tenemos que buscarlos. No nos van a llegar como coca colas o como balalaikas.

Hay muchas cosas en la vida que son destino, que no son modificables, pero las cuestiones políticas, como la contaminación, no son asuntos fatales sino de nuestra voluntad. No hemos ejercido nuestra responsabilidad ciudadana ni nuestra responsabilidad social. Un mexicano muerto de hambre es responsabilidad nuestra. Un mexicano corrupto es responsabilidad nuestra. De nosotros debe depender que nos gobiernen los inteligentes, los patriotas, los capaces y los talentosos. La única manera de vivir mejor, de gobernarnos mejor es teniendo la voluntad de sacrificarnos para vivir mejor y para gobernarnos mejor.

Nosotros hemos tolerado el sistema porque aunque era autoritario e impositivo, aunque no nos permitía el sufragio efectivo, sí había llevado al poder a hombres en su mayoría inteligentes y preocupados por el bienestar general de la República. Sin embargo, a partir de Luis Echeverría algo se descompuso en la relojería política y la podredumbre se manifestó en hediondez y ruina con José López Portillo. Nosotros, sin embargo, pasivamente permitimos el saqueo, la burla, la destrucción y el escarnio. ¿Por qué nadie ha propuesto un juicio nacional a los López Portillo por derroches y daños y perjuicios a la nación? ¿Será porque saben que usted es más amigo del amigo que de México y que nada hará? Usted, don Miguel, se olvida con frecuencia que la corrupción no es sólo robar sino premiar la ineficiencia, aumentar la burocracia, practicar el nepotismo, no respetar el derecho soberano del pueblo a elegir a sus gobernantes. Un país en crisis no puede funcionar con mediocres, con aventureros, con enteleridos mentales.

Usted, en los últimos tiempos, ha sido el impositor más connotado. Tal vez por no ser político, no sabe ser elástico. Vivimos porque México es milagroso y porque nos han estado prestando y prestando dinero para que podamos flotar pero, ¿por cuánto tiempo? ¿Mientras usted se va?

A veces pienso que la salida es la desobediencia civil, la resistencia cívica. No es posible que estemos tan cerca de Estados Unidos y que nada aprendamos de la democracia que allá se practica. No es perfecta ni mucho menos, pero allí el que no brinca bien la cuerda sale del juego. Ahora ustedes están asustados porque temen que Estados Unidos quiera imponer aquí un sistema de dos partidos. De allí la gritería priísta de que el sistema pluralista funciona maravillosamente. Lo que no aclaran es que sólo funciona para ellos. La verdad es que el famoso pluralismo es un mero ardid para intentar disfrazar las imposiciones y para repartir sobornos a posibles revoltosos. Nunca se ha necesitado más que sufragio efectivo. Los candidatos que tengan votos que lleguen a diputados y los que no, que se queden en su casa. Lo que el gobierno pretendió y logró fue comprar con curules ansias de líderes, particularmente de izquierda, que jamás hubieran llegado a la cámara por voto popular.

De la popularidad del Presidente Reagan nos tienen muy al tanto. Sobre todo cuando baja. De la popularidad de usted no se habla nunca. No sé si porque la consideren inexistente o porque prefieren no medirla... ¿Hacia dónde vamos?, se pregunta la gente con angustia. ¿Qué va a ser de nosotros? Nadie sabe la respuesta, desde luego. Lo que sí se puede saber es que usted no se ha decidido a tomar el toro por los cuernos. Debe ser muy difícil, lo sé, pero la tarea de Presidente de México no es para indecisos o para pusilánimes sino para hombres visionarios, hombres capaces de encontrar caminos donde no se ven, luces donde sólo oscuridad se percibe y, desde

103

luego, grandes soluciones para los grandes problemas. Como le dije, en los momentos de crisis lo que se necesita es un gran país, un gran reto y un gran hombre. Tenemos el gran país. Tenemos el gran reto... Decídase, pues. Gobernar no sólo es hacer nombramientos, asistir a festejos y recibir aplausos. Gobernar es entregar la vida por un pueblo, la vida sí, la vida hasta el último suspiro. Gobernar es pensar en el país antes que en la persona, la mujer, los hijos y los amigos. Gobernar es estar listo para morir en cada instante, pero también para salvar al país en cada momento. Gobernar es ser general al frente del ejército y a la cabeza en las batallas. Gobernar es decidirse a hacer lo que hay que hacer. Churchill decía: "Nunca hay que negociar por miedo pero nunca hay que tenerle miedo a negociar". Y don Miguel ya mañana es hoy...

Buenos días, don Miguel. Siempre he pensado que la humanidad se puede dividir entre dos grupos perfectamente definidos: los que han dormido bien y los desvelados, sea por la razón que sea. Los seres humanos, gústenos o no, estamos sujetos a ineludibles fisiologías. La falta de descanso vuelve a uno susceptible, irritable y, sobre todo, tonto. Ser tonto no es molestia alguna, por el contrario debe ser un estado parecido al nirvana. A lo que me refiero es a la idea de sentirse idiota, de percibir las ideas como embarradas de melaza. Eso perturba no sólo el amor propio sino hasta la manera de mirar las nubes. Yo, desde pequeño quería ser muy inteligente, si no lo soy, no es por falta de ganas sino porque la inteligencia, como el color de los ojos, no depende de la voluntad, que "lo que no da natura no lo presta Salamanca".

Yo no sé cómo sienta usted su pensar, pero para mí es literalmente como hilitos de luz que se cruzan de un lado al otro de la cabeza. No pretendo implicar con ello que sean ideas brillantes, me refiero al proceso, no al resultado. Cuando uno no duerme las horas que el organismo requiere, o cuando los médicos le recetan a uno calmantes, en mi caso dizque para que el corazón no esté tan sujeto a tensiones, el pensar se vuelve anestesiado, ambarino, estropajoso. A mí me es muy difícil comprender a la gente que por su voluntad se idiotiza.

Ayer estaba muy cansado pero aun así trabajé como quince horas. La fatiga me hacía sucumbir a espirales aleatorias. Así como en los momentos de debilidad física se vuelve uno susceptible a estornudos y catarros, así cuando uno está agotado le brotan flaquezas psicológicas. Hube de eliminar varios párrafos en los que con heteróclita ironía me ocupaba de gente cuyos nombres y turbiedades no quiero en esta carta. Para qué abismarme hablando de periodistas hampones, de gachupines prostáticos, hepáticos y eméticos, de madrotos heterofónicos, de circuncisos mentales o de talámicas aventureras. Me divertí escribiéndolo, se lo confieso, pero a tiempo me percaté que estaba entregado a fruslerías, que no valía la pena. Bastó oprimir dos teclas y todo desapareció como si jamás se hubiera escrito. Maravilla de las computadoras.

Ya pensando, ya escribiendo, ya torturando el piano, ya viendo el mar o meramente conjugando ideas me divierto mucho. Hace muchos años aprendí que la felicidad es una invención propia, que la felicidad depende de uno. Curiosamente eso se lo debo a Julio Scherer.

Hace veinte años yo escribía en *Excélsior*. Un atardecer al entregar mi artículo, Hero Rodríguez Toro, un hombre de bien a quien hace mucho que no veo pero que recuerdo siempre con cariño, me dijo: "Mauricio. Lo siento mucho pero este es el último artículo tuyo que publicaremos." Pregunté la razón. "Lo decidió Julio, me dijo, es cuanto puedo decirte. Lo siento de verdad. Mira, por ti, Miguel López Azuara y yo casi llegamos a la disputa con Julio. Muy indebidamente porque él es el director. Le dijimos que escribías bien, que eras honesto, que eras libre... en fin, Mauricio, hicimos cuanto pudimos pero Julio no se conmovió." Quise hablar con Scherer, a quien siempre le he tenido simpatía y se la sigo teniendo, pero se negó a verme. Dos días antes me había encontrado a la entrada de *Excélsior* y me había dicho que estaba muy contento conmigo, que quería que aumentara mis colaboraciones semanales. ¿Qué había pasado? Años y años después, hube de saber que me despidió porque yo escribía artículos contra el obispo de Cuernavaca, quien desde entonces —y no he cambiado de opinión— me parecía un viejo hipócrita, marrullero, ególatra, oportunista, exhibicionista, vanidoso y apócrifo... Le ha sacado partido al solideo y a la sotana, no para el oficio de las almas para el que lo consagraron, sino para el negocio de su egocentrismo.

Yo no sé, don Miguel, si a usted lo hayan corrido alguna vez de un puesto. Pero váyase preparando porque el 30 de noviembre de 1988 usted se va a sentir como si lo echaran a patadas. Es difícil explicar la sensación de injusticia, de impotencia, de malestar, de infelicidad que apachurra a uno desde dentro, como si súbitamente cada kilo de peso se volviera una tonelada, como si un tribunal como los de Kafka hubiera condenado a uno por un delito imposible de adivinar. Es como recibir un castigo por un pecado que no se cometió. Queda uno abrumado, con un sentimiento de devaluación, de menosprecio, de espantable ninguneo. Nunca me reprobaron en la escuela. Jamás me expulsaron de un salón de clase. Nunca, pues, había experimentado un rechazo así. Nunca me había sentido tan mal, tan demoledoramente mal. Me sentía, como condenado a una muerte moral, como si ya nunca fuera a volver a servir para nada. Me sentía, no como despedido de *Excélsior* sino como reprobado vitalmente. Ahora soy consciente de la enorme desproporción entre el hecho y mi manera de vivirlo. Pero en aquel momento yo estaba anonadado.

Había anochecido e iba caminando por Reforma rumbo a mi casa. Me volví a sentir huérfano como cuando murió mi padre, me sentí desamparado, me sentí que vivía en un mundo de injusticia y de atropello. Mi sentimiento de infelicidad era tan agobiante que me dolían los músculos al caminar. Me salvó una luz roja. La noche era clara y casi tibia. Me había bajado de la banqueta y un automóvil que pasó a gran velocidad estuvo a punto de arrollarme. Desperté.

Todo esto que le cuento fue en un puñado de segundos, en una temporalidad como de sueño. En ese instante me dije: "Cuando la luz se ponga verde cruzaré la calle y al llegar a la otra orilla voy a estar bien. Mi felicidad no puede depender de Julio Scherer". Y, aunque parezca asunto de milagrería, así como desaparecen las urticarias en un instante, así al cruzar la calle se esfumó mi infelicidad.

No me enojé con Julio. No sabía sus razones o sus sinrazones pero entendí que fueran las que fueran eran las del director de *Excélsior*, y que él tenía el derecho de tener de colaboradores a quienes a él le diera la gana. Entendí que yo no era tonto o inteligente, buen editorialista o un triste escritor por decisión de Julio Scherer sino por mi ser. Entendí que me corrían de *Excélsior* no de la vida, que la decisión de Julio de no publicarme no implicaba ni animadversión ni antipatía ni nada, que tal vez él ya ni siquiera pensaba en eso. Entendí que uno jamás debe poner su felicidad en las manos de cualquiera, por bueno o por malo que sea. Supe que lo único por lo que uno puede permitirse la infelicidad es por duelo, por la enfermedad de los seres queridos, por daños que sufren o que padecen las personas a las que uno ama. Supe, también, que el esfuerzo por la felicidad es de un día, no de una eternidad como uno, por delirios de infinito, imagina. Petrarca murió de tristeza porque unos poetas jóvenes —ninguno comparable a él— le dijeron que era cursi. Zolá vivió amargado los últimos años de su vida porque un grupo de muchachos —cada uno de los cuales iría por su cuenta a pedirle perdón— escribió un manifiesto despreciando su obra.

Si la envidia es, como dice santo Tomás de Aquino, el dolor por el bien ajeno, la amargura es el dolor y el resentimiento, la acritud y el rencor por no tener uno lo que cree merecer o por sentirse despojado de algo que le corresponde. Hay gente que se amarga porque cree que no le reconocen sus méritos. Hay gente que se amarga porque no está en algún puesto que codicia. Hay gente que se amarga por no tener dinero para proporcionarse lujos. Hay gente que vive en la amargura porque la dejó la juventud... La amargura es un sentimiento que ensombrece hasta la mirada. La amargura es una disposición de ánimo. De uno depende alimentarla o no... De uno depende cobijarla o no.

Pues bien, como le contaba, con dos teclas borré mis alegres ironías y me puse a escribir sobre Calles, sobre Obregón, sobre León Toral, y de esas cruces que señalan el tálamo donde se concibió al PRI.

Como premio a mi súbita bondad o para alimentarla, sucumbí a un temprano vicio de mi vida y, en estando en la tierra de la cajeta, me comí medio kilo de dulces. Hoy estoy descansado y, en lugar de irme a Veracruz, decidí seguir escribiendo esta carta fantasmal.

Sé el valor del tiempo, del suyo y del mío. Porque el tiempo, tan imposible de definir, es una sucesión de instantes fugitivos que igual se van para usted que para mí, con la inconmensurable diferencia que mis segundos son míos y los de usted, de ochenta millones de mexicanos. El tiempo, impalpable de hecho, es sólo presente, pero usted y yo sabemos que se avalanza sobre nosotros sin que podamos impedirlo. Y esa avalancha, estos próximos meses, van a ser decisivos para la historia de México. Si no lo utilizamos, el tiempo se vengará de nosotros. De mí, acusándome de haber callado, aunque mis palabras no tengan ni eco ni importancia: de usted, exigiéndole, cuando ya nada pueda hacer, no haber hecho una cosa u otra, no haber pensado en esto o en aquello, no haberse fijado en un rasgo de carácter de alguno o en alguna cualidad de otro.

Yo oí al licenciado Díaz Ordaz decir: "Si yo hubiera ido a comer un solo día a la casa del 'Pelochas' —así llamaba a don Luis—, el licenciado Echeverría no hubiera sido nunca Presidente". Fue un pretérito que se le hizo cáncer. Y, mire usted lo que son las cosas, sé que el mismo Díaz Ordaz contó que él, en el instante mismo que supo que sería el Presidente de México, empezó a preocuparse por su sucesor. Bárbaro sistema político el nuestro que sobre una sola conciencia, por convertir al Presidente en elector supremo, caiga la responsabilidad que debiera diluirse entre todos los ciudadanos de la República. Si a don Luis Echeverría lo hubiera escogido el pueblo, y lo hubiera elegido el pueblo, don Gustavo Díaz Ordaz no hubiese vivido crucificado por la culpa y no hubiese muerto sin perdonarse lo que sintió el más espantable error que un hombre puede cometer: el dañar a todo su pueblo. Así lo sintió. Así lo agonizó...

"De una manera similar —dice Manuel Moreno Sánchez— a como el Presidente de la República dicta acuerdos a los secretarios de su gabinete o a los directores de los organismos o empresas descentralizadas, con independencia a sus consejos de administración o sus comités directivos, el dirigente aparente del instituto, ahora denominado PRI, recibe órdenes presidenciales y las realiza haciendo intervenir mecánica y pasivamente, a los órganos que lo constituyen conforme a los estatutos. Basta con que les informe lo que desea y manda el señor Presidente, para que tales órganos procedan obedeciendo. La tarea de dirigir aparentemente al instituto político se convierte así en la de un correveidile..."

Manuel Bartlett, secretario de Gobernación, escribió en una revista oficial, y no fue desmentido, que el Presidente mexicano es un líder partidista, y que es la fuerza del partido la que otorga al Ejecutivo el apoyo indispensable para efectuar su labor progresista de modernización y transformación estructural.

Entiendo, don Miguel, que fuera insania pedirle que renuncie al privilegio de escoger a su sucesor. Eso sería como pedirle que renunciara a ser Dios. Pero sí se le puede pedir que, por México, por los mexicanos haga usted lo posible por impedir que semejante vicio se prolongue. Yo no sé cómo, pero tal vez si usted escucha varias voces, si recupera usted el espejo que le han escamoteado, si se asoma usted a la historia pueda encontrar alguna manera de restituirle al pueblo lo que del pueblo es: la soberanía.

No es asunto fácil, pero es mejor abrirle compuertas a la presa a esperar a que se reviente. Ya por lo pronto son dos problemas: uno escoger al mejor hombre y, además, organizar y adecuar las leyes para que ese hombre, por lo menos no solo y a su capricho, pueda escoger a su sucesor. En México hay muchos políticos viejos y otros jóvenes que, si usted quisiera, podrían exponerle muchas ideas.

Dios oía hablar a los mortales sin censura, y aun cuando a veces estaba muy enojado, como cuando los judíos hicieron el becerro de oro, supo escuchar a Moisés... Luego se lo cobró, no dejándolo llegar a la tierra prometida, pero sí calmó su ira cuando estaba dispuesto a convertirlos a todos en ceniza. Por cierto, si alguna mañana despierta usted a las seis, oiga Radio Red. Allí encontrará usted la voz inteligente, informada, irónica y no despojada de gracia de José Gutiérrez Vivó. Don José Gutiérrez Vivó, don Miguel, ha encontrado con habilísimo talento la manera de informar cuanto pasa sin decir jamás una palabra contra usted y sin engañar a su amplísimo auditorio. Es una voz de confiar. Es un milagro admirable. Para usted, tan lleno de velos, va a ser como una revelación.

En México es usted, don Miguel, uno de los hombres más poderosos de la Tierra, y a la vez uno de los hombres más protegidos del horror de la realidad. Su diversión debe consistir en ver a sus secretarios hacer piruetas, cantar arias, vestirse de ángeles y entregarse a toda suerte de acrobacias y monerías para que usted les entregue su cetro y su corona. No sé cómo sea el proceso interno de los presidentes. Tal vez usted sólo conozca el suyo, no lo sé. ¿Será como el de los viejucos millonarios que cada día cambian el testamento según se comportan sus posibles herederos con él? No creo, tampoco, que usted haya recibido la Presidencia con la condición de entregársela a alguien. En ese caso, usted quedaría en la situación de hacer lo mismo, es decir, entregar la Presidencia con la consigna de que a los seis años se la devuelvan a usted en la persona que usted decida. Pero no, los presidentes de México sólo son dioses por seis años, no por falta de ganas de quedarse allí, no, sino por...

"Para ceñirme la corona imperial —escribió don Antonio López de Santa Anna— hubiérame bastado alargar la mano; pero jamás la púrpura de los reyes ha deslumbrado mis ojos, y si alguna vez hubiera soñado con ella, la imagen ensangrentada de Iturbide me habría despertado a tiempo, para huir del seductor y pérfido halago.''

Y todavía no fusilaban a Maximiliano, y todavía no se vislumbraba la Revolución, ni se prefiguraba la aparatosa muerte de Alvaro Obregón...

Miguel Alemán intentó la reelección. A don Luis Echeverría le hubiera fascinado quedarse en el poder. Se conformó con el poder de imponer a su sucesor.

La prueba apodíctica de que el Presidente de la República es el que designa a su heredero fue ostentosa aquella mañana del 22 de septiembre de 1975. Don Jesús Reyes Heroles, presidente del PRI, recibió la humillación y el escarnio de enterarse del nombre del candidato a la Presidencia cuando estaba en una reunión de estudio sobre el Plan Básico del Gobierno... Y es más, en ese momento, don Luis lo quitó del PRI y nombró en su lugar a Porfirio Muñoz Ledo.

Si el PRI impone a sus candidatos y el Presidente escoge a los candidatos del PRI, ¿qué es el Presidente sino un imposicionista? Además, no puede hacer otra cosa porque ése es su papel. Lo increíble es que el Presidente puede virtualmente escoger a quien quiera porque el PRI se somete a la voluntad presidencial. Los candidatos ni siquiera tienen que haberse distinguido como miembros destacados del partido que los lleva al poder. Ni usted ni López Portillo formaron jamás parte del Comité Ejecutivo del PRI. Las carreras políticas en México, pues, no se hacen como carreras políticas.

José López Portillo llegó a la Presidencia porque era amigo personal de don Luis. Usted ascendió al trono porque fue alumno de don Pepe. Así es de sencillo. Usted no hizo carrera política en la calle buscando votos populares o visitando fábricas para convencer a obreros o recorriendo el campo para exponer sus ideas políticas, no. No hizo la carrera en las arduas y fatigosas labores del partido, ni convenciendo a sus amigos primero, y luego a grupos, de que tenía un programa de gobierno o ideas para mejorar la democracia o la República, no. No hizo tampoco la carrera, como don Adolfo Ruiz Cortines, siguiendo un riguroso escalafón, no.

El día que usted, don Miguel, se inscribió en la Universidad Autónoma de México, el día que firmó su solicitud de ingreso, ese día recibió la banda presidencial. Su camino no fue el pueblo sino la simpatía que despertó en López Portillo. Ahora en sus manos está no sólo el designar a todos los gobernadores, a todos los senadores, a todos los diputados y a cuantos deberían llegar al poder por elección popular, sino designar al nuevo Presidente; es decir, en sus manos, don Miguel, está el destino de México, el destino de ochenta millones de mexicanos...

Sí, don Miguel, de usted depende no sólo cuanto hoy hace sino a quién designa para entregarle un país que merece ser el mejor de la Tierra. En sus manos está esa cosa que se llama futuro y que no existe pero que mañana será presente. Y mañana, muy pronto, será el próximo sexenio. Ochenta millones de mexicanos en sus manos.... Dios sólo tuvo a Adán y a Eva... y dicen que no dormía de tanto pensar y pensar...

No, don Miguel, no pretendo asesinarle el sueño ni arrebatarle el reposo ni apretarle la conciencia con dudas fantasmales ni convertirle el viento en huracán de angustia, no. Simplemente le escribo lo que se me va ocurriendo, lo que a veces por las noches pienso, lo que

113

a veces me despierta. Bueno, don Miguel, aunque no he comido por estar escribiendo, voy a intentar dormir una siesta. Hasta el rato. Son las cuatro de la tarde y Celaya invita a la indolencia y al reposo...

Bonita madrugada, don Miguel, los pájaros aún duermen. Las campanas en imprecisos contrapuntos me desprendieron del sueño. Apenas me bañé para arrancarme de los pliegues de la noche y vuelvo a las palabras. ¿Para qué?, me pregunto. ¿Para qué?

Anoche me asomé a la televisión. Allí lo vi, como siempre, realmente sin qué decir, rígido en la voz, preciso en su rítmico ondular, comentando no sé qué cosas de una crisis que a todos nos angustia pero que, como le decía, a usted y a su gobierno parece no tocarlos. Sigue el boato. Sigue esa multitudinaria muchedumbre de empujados para que lo aplaudan, para que usted, como el Rey Lear en sus mejores momentos, sienta la majestad de la gloria en todo su esplendor.

Yo no sé cómo fue su historia familiar pero le puedo contar rasgos de la mía. Vengo de antiguas familias mexicanas. Los tatarabuelos de mis abuelos, por ejemplo, nacieron todos en lo que hoy parte es México y parte de Estados Unidos. Ahora se habla de que los americanos nos invadieron y nos arrebataron más de la mitad de México. Eso es cierto. Pero como es costumbre, no dicen la verdad completa. Si México llegaba casi hasta Alaska no fue por decisión de los aztecas ni por impulso de los mayas sino por decisión de España. De España fue ese inmenso territorio que ahora debiera ser nuestro y que, estoy seguro, algún día volverá a nosotros.

México se independizó antes de tiempo. Nos arrebatamos del nido cuando aún no podíamos volar. Los territorios del norte, los ganados por España, apenas estaban consolidándose en tan inmensas extensiones. Roma, Grecia, China, Egipto, Babilonia supieron siempre que la manera de afianzar los territorios lejanos es fundando colonias, demarcando con sus gentes su derecho a la propiedad. Eso lo sabían los norteños. Hay en la Biblioteca del Congreso de Estados Unidos cartas desesperadas de los mexicanos del norte pidiendo a la Capital colonizadores para impedir la invasión, para ellos inminente, de un país al que ya empezaban a llamar "el coloso del norte". Pero, claro, el gobierno del centro no hizo caso. La soberbia centralista no escucha las necias voces de los provincianos.

México, independizado apenas en 1821, ya para 1836, —apenas habían sido los territorios del norte quince años de México— en lugar de extenderse con mexicanos patriotas, como lo suplicaban los norteños, le dio una concesión a Moisés Austin para que se estableciera en Texas. Con sin igual candor, como si hubieran sido tecnócratas, por no decir con criminal imprevisión política, metieron el caballo de Troya al suelo nuestro. Cosa curiosa, los ojos vigilantes de la Inquisición jamás hubiesen permitido que el calvinismo imperial clavara sus arados en una tierra que era para la mayor gloria de Dios y de la Santísima Virgen.

Ahora culpamos a Santa Anna pero la verdad es que al centro no le importaban los territorios del norte. Nos abandonaron. Y México, perdida la guerra, nos dejó entregados a los invasores. En Texas, los mexicanos quedaron completamente a merced de bandas de asesinos. Si un mexicano andaba desarmado, justamente porque no se podía defender, lo mataban. Si un mexicano andaba armado, lo fusilaban porque en habiendo perdido la guerra no tenía derecho a defenderse. Fue una época de horror, de crímenes, de violaciones, de arrebatos, de asaltos, de robos... Mientras tanto, los capitalinos bailaban polcas.

Algunas familias organizadas se salvaban. Entre ellas estuvieron los González. Mientras vivió mi bisabuelo, en su rancho todos los días se izaba la bandera mexicana y todos los días se cantaba el himno nacional. No permitía que en sus tierras, que eran muchas, se hablara el idioma de los invasores. La lucha por la mexicanidad fue larga, tan larga que mi abuelo hubo de huir de Estados Unidos, dejándolo todo, para salvar su vida y la de su familia. Pero era un conspirador. Con el consenso de Carranza un grupo de patriotas mexicanos estaban planeando el regreso de Texas a México...

Esos eran los González. Se habían quedado allá porque allá estaban —y están— sus tierras. De este lado del Bravo estaban los De la Garza, a su vez luchando por detener la invasión. Temiendo a cada instante que los gringos llegaran e igual que habían tomado San Antonio se apoderaran de Monterrey. La historia de mis familias es larga y llena de anécdotas dignas de una saga. Le cuento esto para que sepa usted por qué soy tan mexicanista. No aprendí a amar a México en la escuela sino en la pasión de mis abuelos. A veces, de niños, oyendo de boca de los viejos tíos las narraciones orales de la guerra de Texas llegamos a llorar de indignación. Y recuerdo a mis viejos tíos, enormes por cierto, apretar las manos y soltar imprecaciones.

Por eso los mexicanos de antiguo arraigo que viven en Estados Unidos se indignan tanto cuando los llaman chicanos. La palabra chicano es de los braceros, de los que jamás colonizaron tierras, de los que jamás padecieron ni las injusticias ni los atropellos ni los despojos ni los desprecios como los sufrieron los que se ganaron aquellas tierras con sangre y con sudor. La palabra chicano es de los nuevos invasores. Estos son los descendientes de los que se quedaron acá. Si entonces hubieran ido a pelear con nosotros, como les correspondía, ahora sí podrían estar en una tierra que jamás hubiera dejado de ser nuestra. Pero está bien. Eso ya lo prevé, como usted sabe, Toynbee en su *Estudio de la historia*.

Cuando yo hablo de que debemos ser amigos de Estados Unidos, no es, como algunos estúpidos pretenden,

117

porque yo sea gringófilo sino porque creo que frente a la fuerza hay que usar la inteligencia, no el rencor; hay que usar la habilidad, no el resentimiento, hay que usar la paciencia, no las maldiciones. Y Japón me ha dado la razón. Si los japoneses se hubiesen entregado como nosotros a la envidia, a la amargura, a los gritos inútiles, a los insultos de machos de cantina, a los rencores y no a la hombría del trabajo, a la disciplina y a la inteligencia, en lugar de tener el gran país que tienen, estarían como nosotros insultando a Reagan pero inmersos en la miseria y en la deuda externa.

No, don Miguel, si yo hablo bien de Reagan, por ejemplo, es porque me gustaría que nosotros tuviéramos un Presidente como él. A nosotros nos molesta porque no es mexicanista pero, ¿por qué habría de serlo? El es el jefe de un imperio y lo defiende. Cuanto hace es por la grandeza, la fuerza, la fortaleza y la prosperidad de su pueblo. Lo acusarán de vender armas a Irán pero no de nepotismo, de corrupción, de enriquecimiento ilícito, de ineptitud o de entreguismo. No. El por lo que lucha es porque su imperio sea cada vez más fuerte, más poderoso y más rico. Si hiciera lo contrario sería un traidor a su pueblo. Además, él está allí porque así su pueblo lo ha decidido. No lo olvidemos.

La última vez que fue usted a Washington me llamó Juan Ruiz Healy a Acapulco —una de las balsas donde vivo— para invitarme a Washington a comentar la entrevista de usted con el Presidente Reagan. Yo le dije que temía que mi sola presencia en televisión les acarrearía problemas con el gobierno mexicano. Tú sabes, le comenté, que estoy proscrito. El gobierno mexicano no quiere voces libres como la mía sino aplausos. Por motivos de salud, le expliqué, no puedo viajar a Washington, pero no hay problema. La intercomunicación hace milagros. Tú puedes estar en Washington y yo en la Ciudad de México y responderé a cuanta pregunta me quieras hacer. Nos pusimos de acuerdo. Quedé en que viajaría a la

Ciudad de México y que por medio de un satélite nos comunicaríamos.

—Oye —le dije—, ¿qué cosa me preguntarías? ¿Lo puedo saber?

Sin vacilación me dijo:

—Se me ocurren dos cosas. ¿Crees tú que el Presidente De la Madrid y el Presidente Reagan van a tratar sólo aquello que está establecido en la agenda de trabajo? ¿Crees tú que el Presidente De la Madrid llega con fuerza a Washington?

—¿Podré —le dije— contestar con libertad y decir lo que pienso?

—Naturalmente. Cuenta con ello.

—Juan, tú eres muy hábil. Tú logras admirables reportajes y dices muchas cosas, gracias a una técnica sagaz. Yo soy muy a rajatabla. Acuérdate que soy el mexicano más bocón. Si no me dejan escribir en los periódicos, ¿crees que me van a dejar opinar en televisión? Para que no te asombres después, permíteme decirte más o menos lo que diré:

Claro que no se van a sujetar a lo estipulado en la Agenda de trabajo. Lo que allí se expone es para exportación. Lo de la agenda es como cuando van a pedir la mano de una muchacha. Eso es lo que dicen, pero la verdad es que la van a pedir toda, se la van a llevar de la casa, le van a quitar el apellido, le van a imponer otras costumbres, la van a embarazar, la van a llenar de hijos, de trabajo, de toda suerte de problemas y posiblemente, y posiblemente, le den un poco de felicidad... Pero sólo se habla de la mano.

Yo pienso que el Presidente Reagan debe tener una lista de agravios serios que reclamar. El primero de todos es el mal trato a su embajador Gavin que, además, es su amigo personal. Reclamará que los mexicanos confundimos a Gavin, que Gavin es el embajador de Estados Unidos en México, no el representante de México ante Reagan. Tal vez apriete más y diga que ya casi tiene la embajada clausurada y que si los seguimos molestando, la cerrarán definitivamente. Le preguntará a Miguel de la Madrid cuánto tiempo piensa él que durará en el poder sin el apoyo del gobierno de Estados Unidos. Le reclamará los insultos diarios de algunos periódicos de México, para él insultos gratuitos como el llamarlo mal actor, anciano decrépito y viejo canceroso. Le dirá que si México sigue pretendiendo ser más amigo de Nicaragua que de Estados Unidos le va salir muy caro a México, que dificultará o impedirá la entrada de productos mexicanos a Estados Unidos, que le dificultará los préstamos, que le arrojará millones de braceros para crearle problemas... en fin... le dirá que le parece sospechoso que en lo del tráfico de drogas no haya aparecido un solo funcionario público importante ni un solo militar... Reagan ya le dijo al Presidente De la Madrid, en Tijuana, por cierto, que Estados Unidos se había portado bien con México cuando lo había necesitado. Le dio a entender que México no correspondía a esa amistad.

Y al final de la entrevista, en la de Tijuana, Reagan dijo algo que cuando lo oí me escalofrié: "Y... que Dios lo bendiga, señor Presidente..." Por el tono, a mí me sonó a esa frase que dicen las mamás a las hijas cuando se van sin permiso a alguna parte: "Bueno. Tú sabes lo que haces". Lo que quiere decir, "Haz lo que te dé la gana pero no cuentes conmigo..." Pensé, desde aquel momento, que los primeros que lo iban a pagar eran los braceros y después todos los mexicanos que viven en Estados Unidos. Pensé también que era una falla diplomática. Yo creo que México no tiene por qué someterse a nada, que todo lo puede arreglar con inteligencia, con habilidad, con eso que se llama diplomacia y que parece que hemos olvidado. Aquella reunión de Tijuana, le dije a Ruiz Healy, pudo haber sido en Monterrey. Si hemos de recibir un huésped, debemos recibirlo con todas las atenciones pero, si además es el Presidente de Estados Unidos, con todas nuestras habilidades y todo nuestro tacto. Reagan en Monterrey hubiera sido muy bien recibido y, además, la visita hubiese permitido el conocimiento de hombres de negocios americanos con empresarios regiomontanos, cosa importantísima para nuestra economía. Pero no... la reunión no fue en Monterrey porque Bernardo Sepúlveda, que en sabiéndose porfirista tiene que maquillarse de colorado, se opuso. Dijo, además, algo gravísimo e injurioso: "La reunión debe ser en territorio nacional". ¿Habrán vendido ya Nuevo León y no nos hemos enterado?

En cuanto a la segunda pregunta le dije:

En primer lugar qué bueno que es un encuentro de presidentes y no un match de box porque sería el de uno de peso completo con otro de peso lástima.

Dos: La fuerza moral de un Presidente es la confianza, la fe y el apoyo de su pueblo. Reagan la tiene y Miguel de la Madrid, no.

Tres: No pueden nunca estar en igualdad de circunstancias el que pide y el que presta.

Cuatro: Ronald Reagan no sólo ha sido elegido por su pueblo sino reelegido por abrumadora mayoría. Don Miguel de la Madrid es Presidente por elección de José López Portillo y por la imposición de la dictadura del partido en el poder.

Cinco: A Ronald Reagan los americanos lo quieren, están orgullosos de él; a don Miguel los mexicanos lo sienten ajeno, frío, impuesto, pues.

Seis: Ronald Reagan es un político, un político muy hábil. Don Miguel de la Madrid, según nos dijo don Pepe el día del destape, iba a aprender a ser político. Eso establece una gran diferencia. Es como poner frente a un tablero de ajedrez a un ajedrecista y a un jugador de damas.

Siete: Reagan tiene el apoyo de su pueblo. Miguel de la Madrid tiene el de la maquinaria del sistema. No es lo mismo.

Ocho: Reagan estará en su casa. De la Madrid de visita.

Nueve: De la Madrid está acostumbrado a que en México los periodistas sólo le pregunten lo que su jefe de prensa autoriza y a que los periódicos sólo publiquen lo

121

que puede ensalzarlo. Allá, la prensa es libre. Los periodistas le preguntarán cuanto les dé la gana y los periódicos publicarán lo que quieran. El, como es costumbre, contestará creyéndose en México, con frases trashumantes, ambiguas, sibilinas y dirá retorcidos discursos que allá no convencerán a nadie. Hasta es posible que aproveche la oportunidad para enviarle al mundo interesantes consejos, que los países deben aprovechar para ser más justos, "más igualitarios" y, sobre todo, más democráticos. No faltará alguna regañadita por el armamentismo...

Diez: En México, Miguel de la Madrid se la pasa dando clases a los demás países de cómo deben gobernarse. Eso allá producirá hilaridad. Es como si un pordiosero le fuera a decir a Rockefeller cómo hacerse rico.

Once: El Presidente Reagan como Roosevelt, como Kennedy, cuando le hablan al pueblo hablan como personas, con naturalidad, con soltura, con una histriónica familiaridad que hace que la gente se sienta bien y, sobre todo, que entienda cuanto se le quiere decir. En cambio don Miguel, como suelen hablar los funcionarios mexicanos, todo lo dice como tribuno, como líder, con un sonsonete. Desde luego, no es nada convincente.

Doce: Los presidentes de Estados Unidos, y Reagan es muestra de ello, son respetuosísimos con su pueblo; los mexicanos, en cambio, no sólo hablan como dictadores y dicen "nunca" o "jamás" o "siempre" como si fueran dueños absolutos de la verdad y del tiempo sino que, olvidados de su lugar, se atreven a regañar, a amenazar, a insultar.

E iba a decir el trece cuando Juan Ruiz Healy me dijo:

—¿Tienes alguna objeción a que además de ti hable un representante del gobierno mexicano para que se oiga otro punto de vista? Yo creo que sería justo, conveniente y bueno para el público.

Le contesté que estaba totalmente de acuerdo, que estaba dispuesto a sentarme al lado del mismísimo señor Bartlett si así lo consideraban conveniente. . .

122

Pero. . . todo esto no llegó al aire. La entrevista no se efectuó; no sé si por problemas con el satélite o por seguir siendo el Mauricio que dice lo que piensa y no lo que los gobernantes quieren oír. . .

Y, don Miguel, espero que no se haya molestado usted por esto que le cuento. Sé que en el sistema político mexicano hay muchas cosas buenas, y que seguramente usted debe tener muchas cualidades, pero ya tiene tantos coros para que se las canten que no necesita mi voz para que se las diga.

Ya tengo dos horas y media de estar en la máquina. Con precisión de burócratas a la hora de salida, los miles y miles de pájaros que descansan en las plazas, justo a un cuarto para las siete, inundaron el cielo de alas y de chisporroteos de canto y se fueron. . . Voy a desayunar. Hasta dentro de un rato, don Miguel. Hoy es viernes 27 de febrero de este año del señor de 1987. Esta carta la empecé el día 18, hace una semana. No sé si tenga sentido. No sé si valga la pena. La escribo, como le he dicho, porque lo siento como obligación, como obligación para conmigo, como obligación para mis lectores, como una posible voz que llegue a sus oídos. Voz, insisto, sin más pretenciones que las de la honestidad que las sustenta y la buena fe que las inspira.

Y le escribo ahora, don Miguel, cuando usted está en la plena majestad del poder. Cuando usted ya no sea Presidente, tal vez ya no me ocupe de usted, pero desde luego no me lanzaré, como muchos de los que hoy lo adulan, ni a injuriarlo ni a calumniarlo. Eso, don Miguel, téngalo por seguro.

A propósito de los encuentros presidenciales, pienso en las reuniones interparlamentarias de diputados y senadores mexicanos con legisladores de Estados Unidos. Los nuestros, enloquecidos por sus propias palabras, por su propia farsa, por su propia escenografía, se olvidan de que ellos no son nuestros representantes sino los de usted, que ellos no representan al pueblo de México sino al sistema, de que ellos son parte de una tramoya autócrata que impone diputados y que su elección —exceptuando la de dos o tres— fue prestidigitación pura. En cambio, los americanos sí están en sus curules por voluntad de su pueblo, sí se ocupan de su pueblo. Saben que si se olvidan de que representan a su pueblo, el pueblo no vuelve a votar por ellos. Los nuestros lo único que quieren es quedar bien con usted para que los haga senadores, directores de paraestatales, gobernantes, subsecretarios, secretarios y... sueño dorado, amén de poder contestarle un informe, pues... la meritita Presidencia... ¿No es así, don Miguel? Entonces, cómo van a estar en un plano de igualdad los legisladores americanos que representan a su pueblo y los diputados mexicanos que casi no representan más que su egolatría y sus ambiciones personales...

Ya van a ser las nueve... Ayer se me pasó comer... Cené unas ricas tostadas de pollo. Cuando ya no sea Presidente, si por azares del destino, cosa casi imposible, se volviera usted a convertir en un ciudadano común y corriente, le recomendaría el Hotel Mary, es excelente y barato...

Le hablaba, don Miguel, de mi familia porque supongo que la de usted de alguna manera debe parecerse a la mía. Y sé que tanto usted como yo procedemos de los privilegiados, de los criollos que de una manera o de otra siempre lograban rebotar sobre el colchón de la inmensa miseria y desdicha de la gran mayoría del pueblo. Sé también que no eran unos malvados, como algunos reclaman, porque eran mexicanos que arriesgaban su seguridad, su vida y su hacienda por México. A los González los arruinó don Porfirio. A los De la Garza la Revolución.

Pero ambas familias eran absolutamente patriotas. Los González veían a don Porfirio como yo al PRI. Los De la Garza veían a los revolucionarios como agitadores que sólo pretendían el poder para enriquecerse. Usted dirá. . . Los González le exigían a don Porfirio que hubiera libertad de expresión, que no hubiera reelección, que el sufragio fuera efectivo, que se acabara con la explotación, que los mexicanos tuvieran igualdad de obligaciones, sí, pero también de derechos, que cada mexicano tuviera la oportunidad de buscar su felicidad dentro de la ley y la justicia. . . Todo eso publicaba mi bisabuelo, Alejandro González, en un periódico que hacía en Palito Blanco, cerca de lo que hoy es Falfurrias —tierras que fueron de la familia de mi abuela materna—, y que clandestinamente entraba a México. . . Mi bisabuelo era liberal y no cerró nunca sus oídos a las palabras de los Flores Magón. . .

La Revolución se fue por otros caminos. Carranza

125

murió. Y. . . ya sabemos que nació el PRI. Lo fundó Calles pero lo había prefigurado Carranza por las ganas que tenía de perpetuarse en el poder con Bonillas. La proclividad a los maximatos parece ser inherente a nuestros jefes de Estado y a nosotros. Tal vez, confundimos la causa con el efecto o con el defecto. Será que necesitamos reyes todopoderosos para sentirnos seguros. Será que nos sentimos incapaces de gobernarnos o que preferimos lo que sea con tal de no hacer esfuerzos.

A veces, don Miguel, despierto en las noches pensando, tratando de descifrar la razón de nuestros males, intentando descubrir la causa de nuestra enfermedad. ¿Será, me pregunto, que los mexicanos, aun los gritones como yo, sólo queremos mecer las palabras pero no la realidad? Porque tal pareciera que en México el que come pinole no aspira más que al pinole, tal vez porque el pinole no le estimula otras metas. Y cuando llega a querer otra cosa es más bien movido por el odio que empujado por la necesidad de mejorar. Cuando pienso en el éxito que tienen los extranjeros en México me pregunto, ¿seremos inferiores?

¿Cómo es posible, me digo, que un grupo de judíos, por ejemplo, que llegó muerto de hambre en los años treinta sea ya una colonia rica y poderosa? Basta ver las escuelas de los judíos y las escuelas de los niños de Ciudad Nezahualcóyotl. Menciono a los judíos porque son los más tenaces, los más trabajadores, los más implacables para obtener sus fines. Algunos, es posible que todavía sueñen con Israel como patria, pero yo creo que cada vez habrá más judíos mexicanistas que con tanto amor como el que los sabras tienen por Israel, con el mismo empuje, y con esa misma voluntad férrea e indomable, podrán, desde el gobierno, empujar a México, su patria, hacia arriba. No les debemos permitir que se aíslen, ni tampoco desleírles su fuerza, sino invitarlos a que nos contagien su disciplina, su tenacidad, su deseo de mejorar, su capacidad de supervivencia, su talento para superar hasta las más feroces persecuciones e ignominias. Eso es algo que podemos hacer. Y lo debemos hacer con ellos, con los franceses, con los alemanes, con los japoneses, con los americanos, con todos los que tengan algo que enseñarnos para ser mejores.

No se trata de malinchismo sino de nacionalización de los bienes más importantes que un país tiene: la inteligencia de sus ciudadanos. Tal vez si logramos abrir los ojos sin envidia, sin resentimiento, podamos deshacernos de prejuicios, de nuestra incapacidad de concebir al país sin la fascinación de las jerarquías eclesiásticas piramidales o de los gobiernos cesáreos. Creo que tenemos que libertarnos de nuestro estúpido racismo ''Es morena pero bonita'', del malinchismo y de la xenofobia. Todo eso nos viene porque nadie nos ha enseñado que ser mexicano es lo mejor que se puede ser en la Tierra. Y entonces, inseguros, frágiles, enteleridos espiritualmente, caminamos por la vida siempre en espera de milagros, olvidados de que el ser se hace cada día, cada mañana, cada hora.

Yo sé, don Miguel, que no hay panaceas. Sé que lo único que puede pavimentar el camino al progreso es la conciencia. Tenemos que aprender a respetarnos para poder respetar a los demás. Tenemos que entender que la realidad no se modifica con las palabras, que la realidad no se sustituye. Tenemos que aprender que los parches no sirven, que los chiqueadores no curan, que cuando algo está mal hay que repararlo desde su base.

Yo no he estado de acuerdo con las exigencias del CEU, en relación a la Universidad, pero sí en la existencia del CEU. Para mí es el consuelo de que no estamos muertos. El CEU, naturalmente, nació como protesta absurda porque de lo que se trata es de que nuestra Universidad sea mejor. Pero el CEU nació y eso sí es importante. Ojalá el Congreso Universitario no se convierta en un asambleísmo paralizante y tan prolongado como el Concilio de Trento. La Universidad hay que rehacerla como hay que rehacer al país. Ya ni el gobierno quiere a los egresados de la UNAM. Cuando lo destaparon a usted, uno de los méritos relevantes que deberían colmarnos de asombro era que había estado en Harvard. Era Harvard no la UNAM, quien le debería dar a usted categoría de saber. Y cada vez que nos endilgan el currículo de algún nuevo funcionario, nos hacen saber que estudió en alguna universidad europea o americana. Y eso estaría bien si no fuera en detrimento de nuestra máxima casa de estudios. Por eso el doctor Jorge Carpizo quiere convertirla en Universidad con mayúsculas.

Tampoco se equivoca el CEU cuando habla de que se deben tratar todos los problemas del país. No era el foro en ese momento pero sí tienen razón. La Universidad no es una ínsula. Tal vez necesitamos una nueva Constitución y una nueva Universidad. Tal vez esta crisis deba servirnos para entender muchas cosas, para revisar muchas leyes, para pensar, realmente pensar en qué México queremos.

Vivimos deslumbrados —al mismo tiempo que llenos de envidia y de rencor— con Estados Unidos. La prueba de ello es que millones de mexicanos, aun a riesgo de su vida, se van para allá. Nadie quiere irse a Cuba o a Nicaragua, no. Si Estados Unidos abriera sus fronteras tal vez se vaciaría no sólo nuestro país sino hasta la Patagonia. Pero, ¿convertirnos en réplica tropical de Estados Unidos sería acaso la solución? Yo pienso que no. Tan no lo es que ya tenemos dos siglos tratando de imitarlos y no hemos logrado dejar de ser un país de braceros y de deudas, de cesarismo y de viejos males.

A veces pienso que necesitamos un dictador patriota pero, ¿quién nos asegura que no caeríamos en la tiranía para volver a empezar?

No creo que los mexicanos estemos condenados a la fatalidad, sino por el contrario, que somos un país de jóvenes vigorosos que pueden convertir a México en un país de trabajo, de responsabilidad, de esfuerzo continuo, continuado, persistente, consistente. Estamos llenos de niños y de jóvenes a quienes ni siquiera los hemos enseñado a enderezarse, a lavarse las manos, a respetar a sus prójimos, a amar a los árboles, a los animales, y, sobre todo, a sí mismos.

El gobierno se ha contentado con subsidiar universidades que se dicen populares y que a veces no son más que guaridas de partidos políticos. Y el gobierno criminalmente permite que pierdan el tiempo para no tener problemas. Se contenta con que las universidades sean guarderías para adolescentes. Eso es un fraude al pueblo y un crimen contra los muchachos.

Después del 68, el gobierno cambió sus tácticas respecto a los centros de estudio. La matanza de Tlatelolco los conmocionó y los obligó a pensar en nuevos términos. No fue un sentimiento de culpa, sino la conciencia de que la clase media, obreros y campesinos, junto con los estudiantes estaban dispuestos a manifestar que deseaban cambios. Pero el gatillo había sido los estudiantes de la Universidad. Había, pues, que aniquilar, fuera como fuera, esa amenaza de concientización nacional. Entonces se les ocurrió, como idea salvadora, la de arrojarles dinero a las universidades como padrinos el bolo. Se aumentaron los subsidios a las universidades, como un padre rico a un hijo que reclama que lo tienen excesivamente sometido. El dinero no para que se liberte sino para someterlo más. Lo importante es que no crezca.

A cambio de los incrementos de subsidio, no se les exigió a las universidades que mejoraran su nivel académico. El pretexto de la no intervención era lo de la "autonomía", olvidando aquello de que "el que te mantiene te detiene".

El dinero convirtió a las universidades en codiciado botín. Los partidos políticos —debo decir los partidos políticos de izquierda— que siempre habían sido paupérrimos, de pronto, se encontraron con las arcas del erario a su disposición. No importaba ya ninguna calidad sino la cantidad. A las universidades se colaron individuos mediocres e inútiles que jamás habían tenido cabida en lugar alguno. A las universidades fueron a dar fósiles, grillos, guerrilleros y preludios de revolucionarios.

La educación dejó de ser el fin en las universidades para convertirse en medio para el deterioro nacional. En todas las universidades del país se han incrustado, particularmente en las de Guerrero, Puebla y Sinaloa. En ésas, una gran mayoría de los maestros se convirtieron en líderes, en parásitos o en meros burócratas ignaros; a los alumnos los hicieron vagos forzados y carne de manifestación, e hicieron de las universidades mismas campos de batalla de confusos partidos políticos.

Se produjo el extraño fenómeno de un gobierno dando dinero a través de las universidades a grupos que quieren acabar con él. El problema fundamental de la UNAM no es la reforma académica sino el subsidio. Muchas manitas que veremos —entre ellas algunas de las de la Universidad de Guerrero—, no tienen nada que ver con los menesteres académicos sino con el afán de degradar a la UNAM. La meta, como lo han estado intentando —a veces con éxito— en la Universidad Nacional, es la de convertir los centros de estudio en guarida de partido, donde los muchachos sean catecúmenos marxistas, no alumnos; terroristas, no estudiantes.

Una universidad no es buena o mala por los adjetivos que se le endilguen sino por la calidad de sus egresados. Harvard u Oxford no necesitan llamarse proletarias, ni populares ni del pueblo, simplemente, son universidades. Lástima que se muriera don Jesús Reyes Heroles que estaba poniendo las cosas en su lugar.

Gobernar es una gran responsabilidad y requiere no sólo aptitudes sino agudeza y talento. Para gobernar bien se necesita la capacidad de ejercer la autoridad y la autoridad es un influjo personal. No se puede inventar. La autoridad es una fuerza como la de Beethoven en la música o una seducción como la que se dice ejercen ciertas serpientes sobre los pájaros. Hitler sería un loco pero tenía el poder de la autoridad. Podía electrocutar con la mirada. A los privilegiados que tienen ese don se les llama líderes y los demás hombres los siguen como siguen los pájaros a quienes los guían. La capacidad de autoridad es un fluido que inspira fe, que da seguridad, que toca raíces primitivas del hombre ajenas a la razón y a los silogismos. Napoleón, con su acento extranjero, movía sus ejércitos a la muerte, a la victoria o a las lágrimas, porque los hombres creían en él.

La capacidad de ser líder es tan misteriosa como la corriente eléctrica. Pero el misterio no atrae sino el sentimiento de seguridad. Los hombres siguen a hombres a quienes sienten fuertes por dentro, como dueños de fuerzas sobrenaturales, como capaces de salvarlos de catástrofes. No importa si los van a lanzar a reformas religiosas como Lutero o a conquistar el mundo como Alejandro. Estados Unidos se salvó de la depresión gracias a Franklin Delano Roosevelt, que amén de ser un lisiado, era de las clases altas. Pero Roosevelt hablaba —recuerdo su voz—, y convencía. Era un momento en que el pueblo americano necesitaba esa voz de firmeza, y la siguió aunque brotara de un cuerpo enfermo, de un cuerpo con unas piernas que no tenían la fuerza para sostenerlo. Y sacó a Estados Unidos de la crisis y tumbó a Hitler. . .

Yo no sé, don Miguel, si usted, desde pequeño tuviera trazado su porvenir. No creo, puedo estar en un error, que entre sus perspectivas vitales estuviera la Presidencia de la República. Me da la impresión que la Presidencia le cayó como si se tratara de la lotería de Babilonia, donde a unos los hacía reyes y a otros los mandaba a la cárcel o a la horca. Nadie puede tomarle a mal que aceptara la Presidencia, aunque el no estar preparado para ella y recibirla era una temeridad. ¿Hubiera usted hecho lo mismo si le dan un Concorde? ¿Hubiera aceptado pilotearlo sin recibir antes una sola clase de vuelo?

A usted nadie lo conocía. Sus planes globales fracasaban uno tras otro. En siendo el vigilador del dinero de la nación, permitió toda suerte de dispendios, igual los derroches de don Pepe, las barbaridades de doña Carmen, que aquellas costosísimas Reuniones de la República que doña Rosa Luz confeccionaba para halagar al monarca. Su voz no se oyó. No renunció al poder. No habló nunca de nepotismo, de renovación moral ni de nacionalismo revolucionario. Pero sí, entiendo que ya estando allí, pudiera sucumbir a la tentación de Luzbel, a la tentación del poder. Y como don Pepe no pensaba en México sino en él, y como usted debe ser un hombre mucho más perspicaz y psicólogo de lo que parece, logró acomodar tan bien las fichas en el tablero que don Pepe, el agradecido don Pepe por sus atenciones a Rosa Luz y a su hijo José Ramón, le regaló la Presidencia. Y lo debe haber pensado mucho porque a veces, así, en conversaciones como las que tenemos todos los mexicanos, doña Margarita me preguntaba: ''¿Cómo crees tú que sería Miguel de Presidente?'' Pero no pensaban en el país, no, sino en ellos, en su familia, en la conservación, de alguna manera, del poder.

Yo, como se lo escribí, hubiera deseado que usted se convirtiera en el mejor Presidente de toda nuestra historia. Ha dejado pasar muchas oportunidades pero todavía tiene tiempo, todavía está a tiempo.

Yo pienso que la economía de un país es similar a la de una casa. ¿Por qué, usted, estando en una época de terrible crisis nacional, lo que hace es aumentar secretarías en lugar de reducirlas a cuatro, por ejemplo? ¿Por qué a la hora de preocuparle los problemas sociales piensa en aumentar el número de diputados, en lugar de que sean menos pero mejores? ¿Por qué gasta tanto dinero en Contadoras, en viajes, en esas interminables ceremonias que sólo sirven para acariciar su ego pero que desfalcan más a la ya empobrecida y endeudada nación? ¿Por qué no tomar la decisión radical de reducir los gastos del gobierno empezando por los de usted y siguiendo con los de todos? Si no hay dinero para coches, que los ministros anden en el metro, hasta les servirá para que tengan algún contacto con el pueblo. Si no hay dinero para guaruras, que se arriesguen a que los maten; no creo que el país vaya a hundirse porque alguno de ellos muera por la patria. En fin. . . el empobrecimiento de los mexicanos se ve en el mercado, no en el gobierno. . . Y acabe usted con todas las oficinas de prensa. Si al fin de cuentas dentro de dos años van a decir toda suerte de iniquidades de usted, qué más da que las digan de una vez. Al principio será difícil pero luego todo tomará su nivel. Los periodistas hampones gritarán pero el pueblo sabrá distinguir sus aullidos. Seguramente que muchos periódicos van a desaparecer porque viven de subsidios pero vale más que haya unos cuantos decentes a toda una muchedumbre de fiambres aduladores.

Y, por favor, cuando usted viaje, que no lo sepa más que su familia. Se imagina lo que se ahorrará el país sin tener que inventar todas las escenografías que sus visitas requieren. Qué maravilla que usted, en su carro, cuidado, sí, pero sin tanto aparato, llegara a los pueblos de sorpresa. Vaya, por ejemplo, un día de estos a Nuevo Laredo. Vea usted lo que es la ventana de la patria, la entrada a Iberoamérica. Y mire que Nuevo Laredo es una ciudad de muchos ingresos. Vaya de incógnito. Aunque en viendo la ciudad tenga usted que darse cuenta que la renovación moral no fue más allá de letras en pancartas y en carteles. Le dolerá pero le servirá al país. Se imagina la enorme simpatía que despertaría en México enteɔ y la confianza que el pueblo empezaría a tener si, en viendo el desastre, usted elevara su justa voz de indignación y metiera a la cárcel a los que en la cárcel deben estar. . .

Pero si va previo anuncio y llega a banquetes, a discursos, a recibir aplausos, flores y arpegios de serpentinas. . . ¿a quién le sirve el viaje sino a los aduladores? Haga la prueba, don Miguel. Con tres viajes suyos espontáneos, de sorpresa y poniendo a los caciques en su lugar y a los sinvergüenzas tras las rejas, de pronto México empezaría a ser otro. . . Hágalo ahora y el bien que con ello produzca vivirá no sólo a lo largo de su vida sino mucho tiempo después de su muerte. . .

Y le doy un ejemplito. Sería bueno que visitara las secretarías de Estado. ¿Cómo se tratan sus ministros? ¿Trabajarán con austeridad republicana, o están en púrpuras monárquicas, rodeados de lujos, de terciopelos, de secretarias suntuosas, y a lo mejor tienen comedores que rivalizan con los más caros de la ciudad? Claro que algunos lo podrán engañar con falsas humildades y con decoraciones falaces pero. . . hasta eso sería ya un ahorro al erario y un avance democrático. Piénselo, don Miguel. Está a tiempo.

Atardece, los pájaros meticulosos, como copos negros caen con premura incierta sobre los árboles del parque. Son miles y miles y cada uno encuentra su acomodo. Los árboles se forran como pinos helados cubiertos de nieve turmalina. Arriba, muy arriba, con gracia aun en el vuelo, parvadas de garzas van rumbo a la alameda. Se escucha apenas un susurro, como una celosía de suspiros que teje una canción de cuna. Y son miles y miles y miles y todos se van volviendo noche con rumor de cielo y viento de luna. . .

Todos duermen ya. Ellos no saben que el aire está podrido, que mañana, tal vez, sus alas morirán apagadas en el vuelo. Dirán que fue fatiga, que comieron piracanto, que extraviaron su astrolabio o que bebieron por ingenuos el agua de un charco envenenado. Y será un crimen sin castigo, como tantos. Un crimen sin cruces en el cielo, sin llanto al atardecer. Un crimen impreciso, diluido en retóricos discursos y falacias sin responso. Y habrá un silencio de pañuelos blancos, de muñecas rotas, de lágrimas sin ojos. . .

Tal vez se acabe el bullicio para siempre y un tiempo de eternidad, de inmensa eternidad nos envuelva a todos. Un presente detenido donde ni los milenios ni los siglos tengan más sentido que los segundos o los pétalos de las rosas que no llegaron a nacer. O será que el tiempo sólo existe en la conciencia de quien lo piensa.

Yo tenía nueve años y estaba en cuarto año de primaria cuando tuve, o así es mi recuerdo, la primera noción de la fugacidad del tiempo. Supe que éramos y no éramos. Me di cuenta de que yo era yo, pero no era el yo de ayer ni sería el yo del día siguiente. Adquirí conciencia de que yo no podía permanecer en mí, que algo ajeno, inexplicable, me modificaba en cada instante. No fue un problema de reloj, de una campana que anunciara un recreo o la salida. No fue, como a veces me sorprendía, que el sol moviera las sombras de los árboles o que en el mismo lugar a veces hiciera frío y a veces hiciera calor. Fue como una revelación de lo inexplicable; una conciencia de la temporalidad, una clarísima conciencia de que en cada instante dejaba de ser para ser, que nada era jamás igual a sí mismo, que la identidad no existía, que cada momento era único, irrepetible, que había algo que daba y que quitaba al mismo tiempo.

En tercer año había tenido una profesora cuyo nombre era Amada Lira. No está en mi memoria si yo entonces era un buen alumno o no. Sí está, entre mis confusas nostalgias, su voz, cierto inquieto, rápido, fulguroso movimiento de sus manos y un vestido carmesí, que, a mis ojos, la convertía en pariente de lo insólito y lo sublime. Lo insólito, por ejemplo, era que llegara inesperada de Monterrey mi tía Lucrecia, que para mí tenía la voz de lentejuelas y la mirada llena de ámbar, de nácar, de iridiscencia de pompa de jabón. Lo sublime era el canto de una vecina, que a veces arropaba las noches con canciones que parecían flotar, como si no le salieran de la boca sino de la piel. Así, vestida de carmesí, recuerdo a Amada Lira.

Pasé año y un día, el profesor *Chonito* González explicaba con un dibujo hecho con gises de colores, el aparato digestivo. Puedo ver el estómago como gaita, y los dobleces del ir y venir de los intestinos. El profesor hablaba y, de pronto, dejé de oírlo. El no era Amada Lira y yo, en ese instante, supe que yo jamás volvería a tercer año; que ese momento, mientras el profesor con una vara recorría desde la boca hasta lo inmencionable, se iba a ir también para siempre. Supe que aunque viviera mil años, ese momento ya no se iba a repetir. Supe, también, que algo tenía que hacer para asirlo, para guardarlo como peldaño de mis archivos temporales. Y suspendí el momento. Lo aprisione como tenía guardado en la palma de mis manos, la mano fría de mi abuela, cuando la toqué por última vez.

Quise guardar la mañana, el pizarrón, al profesor que superaba un defecto de las manos, los pupitres y los rostros de algunos compañeros. Uno que tenía las orejas puntiagudas; otro que miraba con ojos de conejo; uno tan blanco que parecía despintado; otro triste porque su papá siempre estaba en la cárcel.

Eso fue hace más de medio siglo. No pensé entonces, ni creo que después, que viviría tantos años. Los años son contabilidad del calendario pero la vida no; la vida es un relámpago y ya.

Todos de alguna manera sabemos que nuestro discurrir por la vida es limitado. Nadie, creo, piensa en términos fijos en función a esa frontera irrebasable. Todos sabemos que nacemos con una dosis de vida que se agota segundo a segundo. De niño uno piensa vagamente que va a ser grande y sabe que por eso tiene que ir a la escuela. Pero es todo indeterminado, como un dibujo que se traza en la bruma. Cualquier niño sabe que el futuro es algo que está más allá, pero no sabe, como tal vez no lo sabe nadie, más allá de qué, más allá de cuándo. Los niños no saben que el futuro se agota, que el tiempo de cada quien es igual que un olor que se evapora. El tiempo que en sí no es nada hace saber a los ancianos que ya no tienen mucho tiempo. Por eso los viejos hacen testamentos.

Ningún niño se dice, yo voy a vivir veinte años o cuarenta y siete o noventa y tres. Todo se planea, las clases, las vacaciones, el trabajo, las horas de sueño, todo, todo menos el lapso de vivir. Porque todos nacemos con un depósito de vida pero nadie jamás nos avisa con precisión el saldo. Los humanos vivimos con la esperanza de la eternidad. Los ambiciosos de vida buscan religiones para que aunque sea en otra dimensión se les preserve la conciencia. "Yo Miguel de Unamuno con mi paraguas", como decía aquel grandioso viejo. Los cristianos avorazados, quieren, además, la resurrección de la carne, de la pecaminosa, fisiológica, envejecedora y maravillosa carne.

Y uno cumple años con precisión de liturgia. Yo ya tengo sesenta y tres, cosa que a nadie sorprende más que a mí. Me es difícil pensar que yo soy el viejuco que los espejos me devuelven. Cosas como estas, don Miguel, suelo pensar en las noches, cosas inútiles como ve usted, cosas de la imaginación, de esa manía delicuescente del pensar.

Tal vez a usted no le interesen nada estas elucubraciones. Pero así soy. No crea que me paso las horas en los martinetes de las cosas políticas, no. Mi próximo libro, espero, será una novela rosa. . . Y si vivo más, escribiré después una pornográfica. Con ello me divertiré. Se confundirán las críticas de cursi y de viejo obsceno, y todo será igual porque el tiempo nos lleva al olvido, como le decía, igual a usted, a mí, que a la constelación de Orión. . .

¿Qué piensa usted en las noches, don Miguel? ¿Recorre la historia de México? ¿Se pone a pensar en uno por uno de los posibles candidatos a la Presidencia? ¿Se le ha ocurrido, por ejemplo, escoger a un magnífico empresario para que México florezca, una especie de Iaccoca? ¿Ha pensado realmente en escoger al mejor aunque no sea su amigo, aunque no le tenga simpatía personal, aunque no sea del gabinete? ¿En qué piensa? ¿Piensa en su futuro? Piensa y piensa en México como dicen que pensaba don Porfirio, el vilipendiado don Porfirio.

Creo que don Porfirio era un patriota. Sé que la Revolución no fue un fenómeno inventado ni importado sino un movimiento ciego, como quien da palos en la oscuridad, en parte por cansancio y en parte por las injusticias y desigualdades —como las del PRI— que el porfirismo propiciaba.

137

Los regímenes revolucionarios, más que nada por mala conciencia, han presentado por demagogia al régimen de don Porfirio como reaccionario. Es tan fácil olvidar el historicismo. Es tan sencillo jugar con los anacronismos.

Tocando en el teclado del maniqueísmo mexicano y de la natural flojera de pensamiento nuestro, nos han hecho creer que la Revolución era la antítesis del porfiriato, que todo lo de Díaz era funesto, destructivo, esclavizante y criminal. Y ustedes, que no tienen de revolucionarios nada, se presentan como si fueran un ramillete de virtudes cívicas, sociales, políticas, económicas y morales. Los mexicanos, para que no nos vayan a tildar de reaccionarios inmundos, debemos odiar todo lo que sea porfirismo y debemos, para ser inteligentes y progresistas, aplaudir hasta las excrecencias del PRI. ¿No son, entre otras cosas, para eso los libros de texto gratuito?

Algún día, alguien, desde la Presidencia, reconocerá que con todas sus fallas, don Porfirio era un patriota y que. . . con sus cacareadas virtudes, los regímenes llamados revolucionarios no siempre han sido tan venturosos. . . ¿Verdad?

Hablar bien de don Porfirio produce un malestar y, a veces, hasta un escalofrío. Como en los tratos personales fallidos, al juzgar un régimen, uno propende más a recordar las amarguras que las bondades. Una persona puede ser noble, fiel, servicial, leal, cariñosa y buena toda una vida pero si un día, por mal humor o por un momento agrio nos hiere, entonces olvidamos todo lo bueno para poder enfocar nuestra indignación, nuestra ira y nuestra cólera sobre su maldad.

No era un santo don Porfirio, sí un patriota. Eso no se le puede negar. Lo que uno debería preguntarse, sin extrapolarlo cronológicamente, es si en aquel momento histórico había la posibilidad de obrar de otra manera.

Por otra parte, es mucho más fácil tener como diablo a don Porfirio que al Presidente en turno. Hablar mal de don Porfirio es un halago al gobierno. Hablar mal de usted es una temeridad. Don Miguel de la Madrid, como don Miguel Hidalgo y Costilla, debe ser perfecto. Por lo menos, mientras esté en el poder. Los césares propendían a identificarse con los dioses. Nuestros césares, incluido usted, se identifican con el Estado, con las instituciones, con la Nación. Señalar un defecto o una falla o un error del Presidente es, por ello, una herejía.

Don Porfirio llegó a tener y a acumular casi todos los defectos políticos de los doce césares. Fue dictador, anuló las facultades del Congreso convirtiéndolo en sello de mesa, acabó con el municipio libre, negó el sufragio efectivo y, como el PRI, se quedó años y años en el poder. Pero don Porfirio no recibió un país en paz como el que recibieron Alemán, Díaz Ordaz, Echeverría o usted.

México, desde 1810 no había tenido ni paz ni prosperidad ni calma. Once años duró, áspera y dolorosa, la guerra de Independencia. Después, entre 1821 y 1860 hubo cincuenta gobiernos —once veces fue Presidente don Antonio López de Santa Anna—, todos dislocados, sin dinero, angustiados, amenazados, llenos de asonadas, revueltas, insurrecciones, golpes de Estado, conspiraciones y llamaradas de todas índoles.

En esa época se perdió más de la mitad de nuestro territorio nacional. Después, como si la voracidad de los americanos fuera escasa, cayeron sobre nosotros los franceses. Si no perdimos el estado de Sonora, fue gracias a la entereza y patriotismo de Maximiliano. Prefirió perder el trono a vender parte de México. Se negó hasta a alquilarle Sonora a Napoleón III. De eso no se habla en los libros de texto.

México estaba dividido en dos bandos igualmente románticos, igualmente irreconciliables, igualmente ilusos, igualmente deslumbrados con Estados Unidos e igualmente fracasados: los liberales y los conservadores. Ambos bandos compuestos por patriotas, por supuesto.

La primera tarea del gobierno de Díaz fue la de unificar a los mexicanos, independientemente de que fueran liberales o conservadores. Don Porfirio obró con mano dura, inflexible, inquebrantable. El consideró que para la prosperidad y el progreso de la nación se requería paz y que para establecer la paz necesitaba lograr la estabilidad política. La logró, sí, pero mediante una represión anticonstitucional y bárbara. Aunque no sé si sea justo utilizar la palabra anticonstitucional porque nuestras constituciones han sido más bien entelequias que realidades.

"Los ferrocarriles —le dijo el general Díaz a Creelman— han tenido una parte importante en la pacificación de México. Cuando fui electo Presidente la primera vez, sólo había dos pequeñas líneas que unían la capital de la República con Veracruz y otra que estaba en construcción rumbo a Querétaro. Ahora contamos con diecinueve mil kilómetros de buenas vías. Por aquel entonces teníamos un costoso y lento servicio postal, que era conducido en las zagas de los coches, y al hacer su trayecto entre México y Puebla, era detenido en el camino dos y tres veces, con el objeto de robar los salteadores a los pasajeros. En la actualidad, nuestro servicio de correos es barato, rápido y extendido a través de todo el país, contando con más de dos mil doscientas administraciones y agencias.

"En 1887 —continuó— la red telegráfica tenía diecisiete mil kilómetros. En 1908 las líneas telegráficas llegan a setenta mil. No queda una sola población de más de ocho mil habitantes que no esté comprendida en el sistema telegráfico.

"Comenzamos —habla don Porfirio— por hacer que los salteadores fueran condenados a muerte y que la ejecución se llevara a cabo pocas horas después de haber sido aprehendidos y condenados. Ordenamos que donde quiera que los alambres telegráficos fuesen cortados y el jefe del distrito respectivo no diera con el criminal, sufriera una pena, y en el caso de que el corte de alambres ocurriera en una plantación cuyo propietario no pudiera impedirlo, fuera él mismo colgado en el poste más próximo. Recuerdo que éstas fueron órdenes militares.

’’La paz —dijo más adelante—, una paz forzada, era necesaria para que la nación tuviera tiempo de reflexionar y de trabajar. La educación y la industria han completado la tarea comenzada por el ejército.’’

En otra parte de la entrevista con Creelman, don Porfirio, con los ojos humedecidos por la emoción, divagó:

’’Los hombres son más o menos lo mismo en todo el mundo. Las naciones son como los individuos; deben ser estudiados y conocidos los móviles de su acción. Un gobierno justo significa simplemente las ambiciones de un pueblo, expresadas en forma práctica.

’’Todo esto nos trae a un estudio del individuo. Lo mismo pasa en todos los países; el individuo que ayuda a su gobierno en la paz o en la guerra, tiene siempre algún móvil personal: su ambición. El principio del verdadero gobernante consiste en descubrir ese móvil, y el estadista experimentado debe procurar no extinguir sino regular la ambición individual. He procurado seguir esta regla aplicándola a mis compatriotas, que forman un pueblo naturalmente sensible y caballeroso, dejándose guiar las más veces más por el corazón que por la cabeza. He tratado de averiguar la ambición de los individuos. Si aun en su culto a Dios, un hombre espera alguna recompensa, ¿cómo puede un gobierno humano tratar de encontrar en sus unidades algo más desinteresado?

’’En mi juventud tuve una experiencia terrible que me enseñó muchas cosas. Cuando mandaba yo dos compañías de soldados, hubo ocasiones en que durante seis meses no recibí ni indicaciones, ni instrucciones, ni ayuda de mi gobierno, por lo cual me vi obligado a pensar por mi cuenta y a convertirme en gobierno. Desde entonces vi a los hombres como todavía los veo. Creía en aquel tiempo en los principios democráticos y aún creo en ellos, aunque las circunstancias me han forzado muchas veces a recurrir a medidas muy severas para con-

servar la paz y continuar el desarollo que debe necesariamente preceder al gobierno libre. Meras teorías políticas jamás crearán una nación libre.''

En cosas como esas y en otras similares ocupaba don
Porfirio su pensar. Pero él no supo ''a tiempo amar y
desatarse a tiempo''. Don Porfirio conocía las ambiciones y las debilidades de los demás pero no tenía espejo para asomarse a las suyas. ¿Qué extraña locura será el
poder que vuelve tan débiles a los poderosos?

¿Habrá cambiado México mucho desde la época de
don Porfirio? Pero don Porfirio era un líder. No fue un
hombre pequeño en un pequeño país. Fue un hombre
grande, que ante los problemas grandes supo producir
grandes soluciones. No era san Francisco de Asís. Pero
difícilmente se puede fundir el gobierno con la santidad.
Es más fácil redimir las almas invisibles que organizar
un pueblo para que salga del caos, de las deudas, de las
crisis y de las miserias. Los grandes líderes no suelen ser
santos. No lo fueron ni Stalin, ni Alejandro el Grande,
ni Pedro de Rusia, ni Napoleón, ni Mao. A don Porfirio, digan lo que ustedes digan ahora, el pueblo lo quería. Yo, de pequeño, recuerdo al pueblo aplaudiendo cada vez que su imagen aparecía en el cine.

Los gobiernos se fortalecen con la oposición verdadera y se debilitan mostrando debilidad. A un país no lo
hunde una democracia sino las dictaduras. La prueba de
ello es Estados Unidos. Allí tienen más de doscientos
años de tener presidentes elegidos por el pueblo. Y doscientos años son ocho generaciones. Se han equivocado,
a veces, y lo han reconocido. No le digo que la democracia sea la perfección pero, ¿conoce usted un sistema mejor? ¿No se le ha ocurrido pensar que esos vivas y
aplausos, que ahora consiguen por el hambre y por el
miedo, un día de estos se les pueden convertir en mueras
y balas?

Si don Porfirio en 1910 en lugar de aferrarse a la Presidencia hubiese abierto los caminos a la democracia,

otra fuera nuestra historia. Pero don Porfirio, no pudo retirarse de la droga del poder.

Dicen que los que han sido poderosos, cuando pierden el cetro y la corona se les seca el alma, la vida les queda como disecada, como incolora. Tal vez por el temor de quedarse muertos en vida, sucumbió a la fiebre de los jugadores empedernidos y arriesgó, por terco, por ambicioso, la paz y la prosperidad del país. Es cierto que finalmente abdicó, que se fue de México para que no se derramara sangre mexicana por su culpa, pero ya era demasiado tarde. . . Y es que tal vez por viejo perdió la noción del valor del tiempo. Y en política el tiempo es tan importante como en la cocina. Un minuto de más o un minuto de menos echa a perder un pastel. Don Porfirio no pudo separarse de la ruleta del poder y la ruleta le resultó rusa. . . Una ruleta rusa que se convirtió en pistolas, en fusiles, en ametralladoras y en cañones.

Hasta mañana, don Miguel. Celaya —son las diez y cincuenta minutos— duerme con la dulzura de un villorrio. Aquí todavía no asfixia la contaminación, y la gente todavía vive sin terror a los asaltos, sin miedo a los policías. Parece que aquí la ley todavía impera. Aquí sí se cumple una de las principales misiones de un buen gobierno: la de darle seguridad y paz a sus ciudadanos. Como ve, no todo está podrido en Dinamarca. . .

Domingo 1º

He regresado a la Ciudad de México. Dejé la tranquilidad benevolente de Celaya porque a partir de hoy, primero de marzo, ya puedo volver al departamento de Acapulco. Estaré un par de días aquí y luego me iré a la suntuosa lujuria de los verdes, de los azules, de toda esa magnificencia que no hemos logrado destruir. Si fuéramos un país inteligente, Acapulco sería la joya del mundo. Pero siempre la voracidad del centro, la codicia de los líderes, la trabazón destructiva de la burocracia. Así como le sugiero que llegue un día sin aviso a Nuevo Laredo, así le pido que un domingo, sin que nadie lo sepa, recorra usted Acapulco. El lugar es bellísimo, pero vergonzoso el descuido en el que lo tenemos. Es vergonzoso y es criminal porque estamos matando una generosa fuente de dólares.

Acapulco es una ciudad que recibe mucho dinero pero el estado y la Federación se lo birlan todo. La despojan y además la afean. ¿Sabe usted que están haciendo puestos fijos en la playa? ¿A qué creen que van los turistas a Acapulco? ¿A comprar huaraches? Ya no está ni siquiera bien conservado el bellísimo Centro de Convenciones. Es un verdadero crimen. ¿Por qué no lo dan en concesión a un grupo privado que lo conserve y lo convierta, como debe ser, en negocio productivo?

En el extranjero la ciudad más conocida de México es Acapulco y podría ser, en manos eficientes, el centro turístico más visitado del mundo. Pero si endeudarnos es tan fácil, ¿por qué esforzarnos por ganar dólares? Mien-

tras el petróleo vaya dando. . . Si en lugar de un fideico-
miso —que todos los del gobierno deberían desaparecer— hubiese una junta de ciudadanos honestos y aman-
tes del puerto, creo que mucho se lograría.

Todo podría mejorar. Todo se podría hacer si el gobierno entendiera que muchos de nuestros males son por
su culpa. Los gobiernos, el suyo y todos los demás, son
consumidores no productores. La función de un gobierno no es la de hacer calceta como dice Felipe González.
Las manos del gobierno dificultan, obstaculizan, entor-
pecen y acaban con cualquier negocio. Y, por si los daños
y males que causan fueran pocos, los presentan como
triunfos apocalípticos.

Cuando uno pierde un objeto, don Miguel, lo primero
que intenta es recordar cuándo lo vio la última vez. Eso
le permite a uno ubicarse en relación a él y determinar si
lo extravió, lo perdió o se lo robaron. Le hablo de mecanismos simples y cotidianos que ponemos en práctica todos los seres humanos. Si uno se extravía en un monte,
lo que trata de hacer es regresar al punto desde donde
uno puede reconocer el camino. Si uno se siente indis-
puesto, recorre los alimentos que comió ese día y si de-
tecta al que le hizo daño y logra recordar que en alguna
ocasión anterior le produjo el mismo malestar, no lo
vuelve a comer. Si uno se pone grave de alguna inédita
enfermedad, inmediatamente le hacen una historia clíni-
ca para establecer las posibles conexiones con otros padecimientos, buscan posibles causas hereditarias e intentan formular algún diagnóstico, aunque sea provisional,
para intentar curarlo.

De lo que se trata siempre, digo, en situaciones normales, es de eliminar las causas que puedan llevar a uno
a catástrofes. Ni los perros comen lo que les hace daño.

El sistema político mexicano, tal vez porque nace de
un charco de sangre, nunca quiere asomarse a las causas
de sus males. Teme, tal vez, encontrarse con el fantasma de
su pecado original. Por ello repite con obsesión neuróti-

ca cuanto le hace mal y cuanto nos hace mal. Un ratón no cae dos veces en la misma trampa ni un niño vuelve a jugar con un cerillo encendido como el que lo quemó. Los seres humanos y los animales, por naturaleza, propenden a evitar las causas que les han producido daños, pérdidas y perjuicios. Eso es lo que se llama experiencia. Es más, cualquier árbol o cualquer planta dirige sus raíces hacia la humedad, no hacia las piedras calcinadas.

En México, parece que nuestros políticos estuvieran extraditados de esa natural protección de la vida. Los errores se repiten como si fueran éxitos. No parecen aprender con la experiencia. Una y otra vez repiten los errores, como si por milagro las leyes de la naturaleza se fueran a cambiar.

Uno de los casos más evidentes es la falta de respeto al sufragio popular, otra el nepotismo, otra el torpe manejo del país. El país se hunde por la burocracia, por el papeleo, por la falta de organización. México pierde y pierde dinero en donde pone la mano. Y no todo es por robo, por corrupción sino por ineficiencia, por ineficacia, por pereza. El hacer que un ciudadano tenga que dar veinte vueltas para arreglar un trámite que podría resolverse en un día es algo que al gobierno le tiene sin cuidado. Y es natural, ¿qué obligación tienen los gobernantes con un pueblo que ni los eligió ni los quiere ni confía en ellos ni los respeta?

Al gobierno no le importa perder un dinero que nadie tiene derecho a reclamar. El dinero del pueblo para ellos es dinero suyo e igual lo gastan en guaruras, en alfombras para sus oficinas, en campañas del PRI, que en negocios improductivos. Por otra parte, el gobierno mexicano por autócrata, por deificante no puede permitir que el Presidente se equivoque. Todo, pues, debe ser perfecto puesto que de la perfección procede.

Y así nos presentan los fracasos como triunfos. Hemos llegado a tal punto de degradación que pronto tendremos que aplaudirlo a usted porque la deuda externa sea "sólo" de cien mil millones de dólares y no de un billón. Ahora el endeudarnos, es decir el hipotecarnos, se presenta como fruto victorioso de su grandeza de estadista. "Ya se logró que los bancos nos presten más." "Ya nos va a llegar dinero fresco." Se nos cantará, como a Rosita Alvírez, que andamos de suerte porque de los tiros que nos dan, sólo uno es de muerte.

Por la total falta de respeto que el gobierno nos tiene, están tan acostumbrados a mentirnos que tal vez se creen sus mentiras.

Me recuerdan a los papás de los niños oligofrénicos que ante la evidencia niegan la enfermedad y, luego, patéticamente, esperan que se compongan solos. Primero lo niegan porque es tan espantoso su sentimiento de culpa —aunque sea injusto— que eso les impide ver la anormalidad. Después, amén de la vergüenza y del dolor, piensan que si la deficiencia apareció sin causa aparente, así, sin necesidad de tratamiento, desaparecerá.

Los padres de niños débiles mentales —ahora se llaman de lento aprendizaje, como llaman invidentes a los ciegos y deslizamiento del peso a la devaluación— a veces desarrollan odio contra los padres de niños sanos o contra los niños que hablan, que corren, que hacen idioteces pero que "son normales". A veces, los infelices padres, descubren la manera de culpar a los médicos, al hospital, a los fórceps. No quieren, por dolor, pensar en la herencia, en que ya eso se ha dado en su familia, en que de alguna manera, involuntaria, ciega, ajena a su deseo y a su voluntad algo tienen que ver en la anormalidad del niño.

En algún momento todos buscan auxilio médico para el hijo. Muy pocos se abstienen de tener más niños. Pero los hay tercos como el PRI. En una ocasión, esto es absolutamente verídico, regresando de Celaya, a donde yo solía ir con cierta frecuencia a dar pláticas a la preparatoria, subí a un camión donde iba una señora con más de media docena de niños idiotas. . . Iba embarazada. Me contó que tenía dos más en la casa, que no sacaba porque no podían caminar, pero que ellos —se refería de seguro al marido y a ella— insistían con la esperanza de que les saliera uno bueno... Ya ahora existe tal cosa como la ingeniería genética pero ellos no lo pensaban como resultado de la ciencia sino de alguna forma de bondad celestial... Como el PRI.

Usted, a veces parece que va a abrir los ojos a la realidad pero por su natural rigidez se paraliza. ¿Por qué ha de ser México de "los progresistas del PRI" y no de los "traidores reaccionarios" o de "los comunistas trasnacionales"? ¿De verdad, don Miguel, ha caído usted en su propio engaño propagandista y piensa usted que el PRI es la panacea nacional? ¿De verdad considera usted que lo que se ha hecho en estos últimos tres sexenios se ha hecho bien? ¿De verdad cree usted que el PAN lo haría peor? Pero aunque lo piense, ¿con qué derecho le niega usted al pueblo su voluntad? ¿Por qué sucumbe a la tentación del cesarismo, si usted sabe bien que las tiranías terminan mal?

Los hechos —y asómese a donde quiera— le demostrarán que si la voluntad de usted ha sido buena los resultados no han correspondido a ella. El temblor les demostró que mientras los edificios de don Porfirio permanecieron de pie, los de ustedes se hicieron añicos. ¿Cree usted que el temblor era reaccionario?

¿De verdad son incapaces de ver que ustedes han llevado al sistema a fallar por todos lados? Ha fallado en lo político, en lo económico y en lo social. El desempleo es gravísimo. La deuda exterior monstruosa. El sufragio no es efectivo. Los ricos son más ricos y los pobres más pobres. Dígame, en cualquier país del mundo, en cualquier país del mundo de gente despierta, ¿quién votaría por un partido que cada día hunde más al país?

No, don Miguel, ustedes no están en el poder porque lo han hecho bien, ni siquiera porque estemos idiotizados sino porque han vivido apoyados, no sólo por el ejército que igual arranca marihuana que ánforas, sino en una inmensa mayoría de gente que está en espera del

149

guía. Yo recuerdo el entusiasmo con que en el cine se aplaudía a Hitler. Los mexicanos, aunque ahora muchos lo nieguen, le teníamos una especie de fervor, de entusiasmo. Lo sentíamos líder y aunque viviéramos en el error, lo veíamos como el posible salvador de México. El nos iba a vengar de nuestros viejos agravios con los gringos. El iba a acabar con Estados Unidos y como en la magnífica a los pobres nos llenaría de bienes.

Por similares caminos los jóvenes se apasionan con Castro, con el *Che* Guevara y hasta con el chómpira de Ortega. Porque ustedes gritan, usted levanta el dedo y regaña a los mexicanos como profesor decimonónico o como cura regañando beatas, pero no nos toca el corazón. Don Pepe al principio lo logró. Don Pepe pudo convertirse en un gran líder, y se derrumbó a nuestros ojos, no por sus errores políticos que se los hubiéramos perdonado como los franceses las derrotas a Napoleón, sino porque era inmoral, es decir, no nos engañaba para servir al pueblo, sino simplemente para complacerse a sí mismo. A don Pepe le hubiéramos perdonado a Rosa Luz, a su desequilibrada esposa, a José Ramón y a sus Tellos, si hubiéramos sentido que era un patriota, que cuanto hacía era por nosotros. Pero no lo seguimos porque nos enteramos de que era un frívolo que pensaba siempre en él y no en el pueblo. El mismo fue incapaz de libertarse de su complejo de niño mimado, de su infantil vanidad, de su exhibicionismo de adolescente, de su donjuanismo escenográfico. De pronto, el hombre que creíamos fuerte y resuelto, capaz y patriota nos resultó un fantoche caprichudo con accesos seniles de llantos y pataleos. El hombre en el que habíamos creído nos resultó un charlatán que nos defraudó, nos endeudó, nos robó y dejó al país como si lo hubiera gobernado el peor de nuestros enemigos. . . Un país al borde de la quiebra, abismado por la deuda exterior, con la moneda devaluada, con anemia política y en la más espantosa crisis de la que tenemos noticia. . .

Su inconciencia es tan grande o su cinismo tan inmenso que, según dicen, se queja con amargura de los mexicanos, porque nuestra ingratitud es tanta que ni reconocemos ni le agradecemos cuanto hizo por México.

¿Qué le pasaría al hombre aquel, al José López Portillo del maravilloso discurso de toma de posesión, al que en teniendo nuestra fe, nuestra confianza y nuestra esperanza, lo abandonó todo para entregarse a sus pequeñas pasiones y a la corrupción? ¿Qué le pasaría?

¿Y qué nos pasa a nosotros que no somos capaces de pararle el alto a quien tuerce el camino y nos encamina al desastre?

Por eso le decía que si el licenciado Echeverría no hubiera caído en la trampa de su vanidad y en lugar de perseguir el Premio Nobel, el liderato tercermurio y su costosísimo juguete de universidad, si no les hubiera hecho caso a los que lo empujaban al delirio, a la deuda externa y a tantos derroches y viajes tumultuarios, otra fuera nuestra suerte. Si don Luis se hubiera entregado a nosotros con el patriotismo que sí tiene, si se hubiese lanzado contra la corrupción política, contra la corrupción sindical, contra tantos males cuantos veía, y con los que sí quería acabar, es posible que en la actualidad fuera un gran líder nuestro.

Tal vez, dirigiría un partido socialista como Felipe González y sería un verdadero paradigma para Iberoamérica. Pero lo enloquecimos nosotros y nos privamos de un hombre que tal vez hubiera cambiado radicalmente hasta nuestro sistema de gobierno. El PRI, nuestro sistema, nos ha vuelto tan sensibles, tan irritables que tal vez carecemos de la serenidad para dar serenidad y para asomarnos a otras posibilidades. ¿Por qué no habríamos de ser un país socialista, por ejemplo? No una Nicaragua, por Dios, no, ni una Cuba, pero un país en el que se pensara de verdad más en las masas que en los individuos. Pero queremos ser prostitutas respetables, y eso sólo lo logran los banqueros. Y la verdad somos muy pobres en todos sentidos para semejantes lujos. No somos socialistas, no somos capitalistas, no somos más que un pobre pueblo esclavizado, explotado y ninguneado. Por los de afuera y por los de adentro, pero mucho más por torpezas de los de adentro que por habilidades de los de afuera.

El PRI tiene legalizado su poder, eso es un hecho. Sin embargo, yo insisto que usted se conduce como si en el fondo de su corazón se sintiera usurpador. Y es que lo es. Lo es usted porque lo es el sistema, no por culpa suya. Lo curioso es que usted es más sensible a la culpa y por ello grita más. El poder del PRI no reside en el pueblo sino en la desidia, en la abulia, en la apatía. El PRI no está en el poder por voluntad popular sino por cansancio popular. Pareciera que los mexicanos políticamente tenemos psicología de ancianos y todo cambio nos aterroriza. Yo lo veo con mis amigos hasta en cosas insignificantes. Hay algunos que siguen escribiendo a mano. Hay otros que están aferrados a sus máquinas mecánicas. Muy pocos han dado el paso a las máquinas eléctricas. La mayoría se niega a utilizar las computadoras porque dicen que así no hay verdadera comunicación con la palabra. Todo por no hacer el esfuerzo de cambiar, de entender que el mundo va hacia adelante.

Yo a mis alumnos sólo pretendí enseñarles primero a que intentaran conocerse a sí mismos y luego sólo dos cosas —no importa qué materia fuera—: que aprendieran a leer y que aprendieran a expresarse bien oralmente y por escrito. Quien puede asomarse a sí mismo sin arrogancia y sin miedo, quien aprende a leer y quien aprende a decir lo que piensa, sabe andar por los caminos del saber.

La fuerza de la palabra siempre es la de la voz y lo que la sigue es —si no son afanes artísticos proustianos—, la sencillez de la expresión. Y para la sencillez en el escribir lo mismo da una mano temblorosa que una computadora. Lo que importa no es el instrumento con el que se

152

escribe sino lo que se escribe. Pero mientras los niños ya piden computadoras en lugar de caballitos de madera, los mayores de cuarenta años quieren seguir aferrados a las Remington, como si la inspiración dependiera del color de las cintas o de la matraca del tecleo. Y así somos en política. No queremos hacer el esfuerzo de entender que debe haber otros sistemas, otras maneras. Y los más aferrados a ello son ustedes. No quieren ni siquiera entender que si el sistema se ha vuelto frágil es por culpa de ustedes. Pusieron una buena panadería en manos de gente que no conoce la harina y que le tiene terror a los hornos. El miedo al sufragio efectivo, el considerar traidores a todos los que no son del PRI, la cantaleta de que la Revolución es el único modelo posible para México, amén de gastada y falsa, es el miedo a su debilidad. Los votos deben ganarse con hechos, no engañando al pueblo, no robando las urnas.

Yo siempre he pensado que si lo mexicanos querían de Presidente al general Almazán o al general Henríquez Guzmán, los debieron haber dejado gobernar. Pero siempre el miedo al pueblo. ¿No hubiera sido mejor Presidente Vasconcelos que el pobre impuesto de don Pascual? ¿Quiénes se creen que son ustedes? No creo que Vasconcelos o cualquiera de los candidatos que el pueblo ha querido le hubieran hecho más daño al país que ustedes.

No creo que vayamos a seguir ni por los decenios de los decenios, ni por los sexenios de los sexenios padeciendo los presidentes que gracias a León Toral o a la sangre del general Francisco R. Serrano han estado en el poder. ¿No habrá llegado el tiempo de que México tenga en la Presidencia, aunque se equivoque, a hombres surgidos del pueblo, de las entrañas del pueblo y hechos por el pueblo y no por los movimientos estreñidos y peristálticos del PRI?

Mataron a Serrano para que México se salvara. Sin embargo, un historiador en el que confío, José C. Valadés dice de él: "Correspondía Serrano a ese género de hombres de cabeza pensativa ante todos los problemas, y de mano franca para todos los afectos. Poseía un talento clarísimo y una extraordinaria dirección de cosas y funciones. Gustaba a la gente por la sencillez de sus maneras y la prodigalidad de sus sentimientos; y aunque eran públicas sus dotes administrativas, su espíritu diligente y progresista reñía con lo oficinesco; y era de aquellos individuos que por sí solo se catalogaban en el culto a la amistad. De esa suerte, pudo reunir en torno a él, primero como general, luego como candidato presidencial, a muy distinguidas personas de las clases ilustrada y media mexicanas".

Pero a Serrano lo mataron acusándolo de traidor, de conspirador, de chacal. . . Y en cambio tuvimos a Ortiz Rubio, por ejemplo, y no le sigo para no ser ofensivo. . . Mentira que el PRI lleve al poder a los mejores hombres. Lleva, ciegamente por otra parte, a quienes, por la buena o por la mala, le sirvan a la oligarquía, no al pueblo. A veces. . . a veces, y esto puede ser una locura mía, pienso que don Fidel Velázquez tiene madera de patriota, porque de líder sí la tiene. Hay momentos en que parece que va a levantar la voz, que va a exigir cuentas. Porque con toda su eternidad reeleccionista a don Fidel no se le puede acusar de ladrón, aunque es cómplice al permitir que muchos líderes lo sean, pero él conserva una curiosa rectitud personal. Esa rectitud lo ha conservado en el poder y hace que hasta los ajenos como yo, en ratos lo consideremos un viejo respetable.

Tal vez, en el fondo, don Fidel, como don Porfirio, todavía esté convencido de que los mexicanos no estamos aún listos para la democracia, que aún somos niños a los que hay que enseñar a caminar o niños a los que hay que mantener en la cuna porque sale más barato darles mamilas que verlos convertidos en hombres fuertes, vigorosos, valientes y decididos. . . No lo sé. Don Fidel, el más hábil de los políticos mexicanos, conoce

154

bien los filamentos del alma del pueblo y conoce sus infortunios. Pero tal vez don Fidel, como Galileo, esté convencido de que la Tierra se mueve pero prefiere no menearle a la Inquisición. No hay que exigirle a los políticos que, además, sean mártires ni de la ciencia ni por Dios. . .

El PRI, nos echan en cara todo el día, le ha dado al país casi sesenta años de paz. Creo que los que hablan en nombre del PRI se equivocan, porque el PRI no es el Estado, el PRI no es la Nación, el PRI no es el gobierno, el PRI no es el sistema. Quieren, a fuerza, insistir en la paz porfiriana. La paz nos la debemos a nosotros mismos.

Proust describe el comedor del Hotel de Balbec, iluminado por la entonces novedosa y resplandeciente luz eléctrica, como un inmenso y maravilloso acuario al que desde los ventanales se asomaban los obreros, los pescadores y los pequeños burgueses del pueblo. Invisibles desde la oscuridad, observaban minuciosos a los forasteros millonarios, ellas entre guirnaldas de perlas, ellos en la opulencia de los terciopelos. Los miraban con curiosidad y con asombro moverse en el lujo y en el esplendor para ellos tan ajenos como si fueran peces y moluscos insólitos, procedentes de mares lejanos o de océanos mitológicos. Y Proust se pregunta si el frágil vidrio que separa a los luminosos de los opacos, protegerá por siempre el festín de esas bestias maravillosas o si esos seres oscuros que los miran ávidamente desde la noche, romperán de un golpe la barrera y los convertirán en opíparo alimento. . .

Lunes 2

Buenos días. Aunque estuve coqueteando con la idea de ir a asomarme al carnaval de Veracruz, ya con el boleto separado, decidí quedarme. Me molestaba la idea de interrumpir esta carta, y, aunque yo razonaba que un par de días entre brotes de alegría podían ser saludables en todos sentidos, al fin me abstuve. La verdad es que no soy tan frívolo y, por otra parte, el día anterior a mi viaje, una de mis sobrinas que regresaba de Acapulco y cuya salida en avión era a las cuatro de la tarde, estuvo en el aeropuerto desde las tres, y a las nueve cuarenta y cinco de la noche les avisaron que el vuelo se cancelaba. Como esto ya me ha ocurrido a mí varias veces en vuelos nacionales, ante la perspectiva de irme a pasar un desesperante día al aeropuerto, desistí.

No tiene la menor idea, don Miguel, de lo que es pasarse hasta siete horas en un aeropuerto esperando la llegada de un avión o la salida de uno para abordarlo, y que de media hora en media hora, sólo le digan que luego le proporcionarán información. Eso, si usted va a preguntar. De otra manera, simple y sencillamente lo dejan apretándose las manos y maldiciendo hasta al inocente de don Miguel Hidalgo por no haber previsto que un desprendimiento político antes de tiempo, es como un parto prematuro: no expulsa niños al mundo sino eso que se llama productos.

Retardos en los vuelos hay en todas partes del mundo, lo que no hay es tantos, ni tantas cancelaciones, ni la falta de respeto a los clientes que aquí se manifiesta.

A empleados que se distinguían por finos y atentos, se

157

les hizo la burócrata mentalidad de "¿y qué?". Es el problema general de las paraestatales y de los sindicatos corruptos. Empresas sin dueño y sin responsables, y sindicatos que no fungen como defensores de los derechos de los trabajadores, sino como cómplices de sus agremiados contra la fuente de trabajo. En el caso de las compañías aéreas esto produce serios y perdurables daños, en muchos sentidos. En siendo un servicio tan caro y tan importante para el país, el pésimo servicio es un atentado al progreso. Y por si todo eso fuera poco, cuando uno queda atorado e irritado en los aeropuertos, al ir a solicitar información, no faltan veces en que a uno lo tratan como si fuera un latoso limosnero que les interrumpe sus chorchas. Hay empleados muy amables, lo reconozco. No faltaba más, la presencia de don Manuel Sosa de la Vega aún ronda como eco de doradas virtudes del pasado. Con ese aleatorio servicio y el mal trato a los pasajeros, ¿a dónde piensan llegar? Parecería que el propósito es hundir al país, pero, por fortuna, para mi tranquilidad, que no es ninguna, sospecho que es exclusivamente necedad, falta de decisión y de firmeza e ineptitud.

Ve usted, como le digo, que estamos matando el turismo de Acapulco. Bueno, el de Acapulco y el de todo el país. Si ya asaltan los camiones que transitan en la carretera de Nuevo Laredo a Monterrey, ¿qué más necesita para darse cuenta de que estamos peor que en la época de los bandidos de Río Frío? Y sabemos también que asaltan barcos. El triunfo de la destrucción en el campo de las comunicaciones es como para que se lo aplaudan de pie en su siguiente informe: no hay seguridad ni por aire, ni por tierra, ni por mar. . . Y súbase, don Miguel, también de incógnito, a un tren. . . Empiece por intentar comprar los boletos. . . Y a mí no me pueden contar que es por la recesión mundial. Cuando yo era chico, a pesar de que las máquinas eran las sobrevivientes de la Revolución y que los viajes a cualquier lugar eran larguísimos, el servicio era excelente. Desde luego, los carros dormitorios no olían a carros mingitorios. La última vez que viajé, hace año y medio, de Aguascalientes a la Capital, el retardo fue, ya metidos en el tren, de doce horas. Todos los carros olían a un coctel de mugre, desinfectante, suciedad, sudor, excrecencias y vómito. No había agua en los defecatorios ni en los lavamanos. Las sábanas, eso lo reconozco, estaban harapientas, mal parchadas pero no tenían chinches. Intenté desayunar y fui al comedor pensando en lo que solían ser hace treinta años. El carro comedor estaba utilizado en parte como bodega, en parte como zona de desastre, y quedaban como residuo de pretéritos usos dos mesas, de manteles amarillosos, manchados, híbridos y sospechosos. Un grupo de empleados, con uniformes remendados, descuidados —¿recuerda usted lo pulcro que solían ser los ferrocarrileros?—, medio dormidos, medio crudos, me vieron como si fuera intruso y, al fin, creo, logré una media taza de café frío, viejo, amargo y nada apetecible. . .

¿Sería muy excesivo de mi parte, don Miguel, que, previas las medidas políticas y militares necesarias, en su siguiente informe le diera una buena sacudida a la burocracia y al país, denunciando los males y proponiendo los remedios? No, por Dios, no vaya a formar comisiones de estudio, ni foros de consulta, no, digo remedios. Y los hay. "Querer es poder." Y como usted tiene el poder, lo único que falta es el querer. . . Ante un incendio, don Miguel, lo que se necesita son bomberos para apagarlo, no un grupo de mariachis para que estudien los fenómenos de la combustión.

Pero usted debe estar ajeno a lo que pasa en los trenes, en los aviones y en los camiones. Estas cosas, que requieren una fuerte y dura crítica en los medios de comunicación para que el pueblo reclame derechos, pocas veces aparecen. Y no aparecen porque ustedes, no sin razón, temen que si la gente empieza a reclamar derechos, terminará exigiendo, entre otras cosas, el sufragio efectivo y su soberanía. A ustedes les entra pánico que se ponga en duda la perfección del sistema. Temen, con horror, que el pueblo exija el derecho democrático de cambiar la forma de gobierno si así le place. La eternidad del PRI, cimentada en una Revolución que se hizo de una vez y para todas, como la Creación, no puede ponerse en tela de juicio.

Yo le decía que si no había levantamientos, insurrecciones, protestas y justísimos gritos contra la situación es porque los mexicanos, al parecer, vivimos inmersos en una fábula, en una fantasía, que aunque desagradable a veces, nunca deja de ser una función de teatro de la que pensamos que podemos salir a voluntad.

Cuando tuve el infarto, el dolor era tan intenso, tan inmenso, tan desproporcionado al tamaño del pecho, que a mí mismo me parecía exageración. El dolor es tan bárbaro como el que podría sentir una ratoncita embarazada por un elefante, pero que el proceso de crecimiento del feto fuera incrementándose por segundos. Había veces en que el dolor crecía con impetuosidades wagnerianas. Dentro de mí, hasta donde podía razonar, me decía: "No es tan terrible. Si lo aguanto no es tan terrible. Este dolor depende de mí, si digo ¡Basta!, desaparece". Pero nunca dije la palabra cabalística. Nunca quise correr el riesgo de que mis mágicas capacidades fallaran. Esa inventada seguridad me impedía sucumbir al desamparo. Como don Quijote cuando hizo su celada por segunda vez, y no la tocó para que no fuera a ceder a la espada, así yo, me aguantaba el dolor pero sintiendo que estaba bajo mi dominio. El dolor es tan intenso como si sobre el pecho le hubieran puesto a uno el obelisco de Cleopatra. Es como si uno estuviera acostado en el piso y un cariñoso elefante le posara, como caricia, una pata en el pecho, y después, el tal por cual, levantara las otras tres. . .

Y luego, don Miguel, esto se lo narro como cosa personal, no sé si usted como yo, sea de familias con monárquicas aficiones coronarias, me pasaba una cosa extraordinaria: el dolor se iba suavizando como un automóvil que va a toda velocidad y se le acaba la gasolina. Entraba en una especie de edénica felicidad con una tibia música de Vivaldi y me invadía una sensación de inexplicable y maravillosa languidez. No sólo se desaparecía el dolor sino todo el cuerpo, y yo quedaba desprendido de toda conexión con la maquinaria del cuerpo. A lo lejos oía las voces de mis hermanos que me llamaban pero como si las soñara. Además si por un lado quería responder más que nada por cariño, por el otro, estaba la amenaza de que al volver al mundo de las palabras, retornaría al angustiosísimo y bárbaro dolor. Ahora sé que, en aquellos momentos de luminosa serenidad para mí, para los demás era ya casi un cadáver, ya con los índices vitales tan bajos que estaban más cerca de la Gayosso que de la respiración. No tenía el menor miedo. No me apareció ninguna idea de Dios, ni de nada conectado con sentimientos religiosos. Era una paz tan sublime que creo que si alguna vez tuve temor a la muerte esa experiencia me la eliminó.

Pero esto viene al cuento porque le contaba que así como yo di en imaginar que el dolor era casi una ficción mía, un dolor del que yo podía salir con sólo una palabra, así pienso que los mexicanos vivimos, siempre engarzados a la ilusión de que lo que nos pasa es algo que aguantamos porque queremos, pero que el asunto es tan sencillo como pronunciar la palabra cabalística, y todo desaparecerá como encantamiento y despertaremos a un país de felicidad.

Una de las características del Tercer Mundo, amén de la miseria, de los desmanes de la burocracia, de la falta de higiene, del machismo, de la injusta repartición de la riqueza, de la corrupción y hasta de que las señoras salgan a la calle con esos rulos espantosos como si las fueran a electrocutar, es la falta de respeto a la persona.

161

Cuando yo me enteré que en la Preparatoria 2 de la Universidad de Guerrero no había agua para que dos mil quinientos muchachos se lavaran las manos, me pregunté: ¿Para qué les dan clases de historia, de biología, de matemáticas o de marxismo si no les enseñan lo fundamental, la higiene personal, la higiene para salvarlos a ellos y a toda su familia y a todo el pueblo y a todo el país?

Como ya le decía, antes que ninguna materia, antes que enseñar a los niños a distinguir la A de la M, lo importante es que los ingresen a la civilización. No porque crea que es muy importante que la gente se lave la cara sino porque creo que un niño limpio, un niño que anda derecho, un niño respetuoso consigo mismo y con los demás, un niño al que se le enseñan sus derechos y sus obligaciones y a cumplir unos y otros, es la base de un país próspero.

Si los mexicanos, don Miguel, vivimos en esta curiosa fantasía más digna del Amadís de Gaula que del siglo XX, usted vive en un castillo encantado. Los mexicanos podremos despertar de ella con lentitud psicoanalítica pero despertaremos; usted, en cambio, sólo tiene una posibilidad, exclusivamente una: sus hijos. Ellos que lo deben querer mucho y admirarlo mucho, que no tienen por qué adularlo ni por qué mentirle, ellos que no quieren manipularlo para que les deje el trono, son los únicos que pueden, tal vez con cariño, tal vez con finísimo tacto, recordarle a usted que polvo es y que en polvo se convertirá. Y es a ellos a quienes corresponde tan ingrata tarea —y a la vez salvadora—, porque ellos, los hijos de ellos y los hijos de ellos hasta la séptima generación, llevarán en su sangre, en su conciencia, en su memoria y en su nombre lo que usted hoy decide y hace en la Presidencia. Ellos cargarán con el peso de una infamia o con la gloria de una redención. Y no es lo mismo, no, ser descendiente de Juárez que del pobre Pascual Ortiz Rubio... y no menciono otros porque no soy tan vengativo como Yahvé.

Esta carta, don Miguel, o se la entrega a usted uno de sus hijos, o se perderá en los laberintos cortesanos. Esta carta es para leerse no para glosarse. Es una carta para usted. En boca de los deformadores, sólo se convertirá en agua para sus personales molinos. Mi intención es la de volverle el sentido a las palabras, la de extraditarnos de la embriaguez política y social que a veces hemos dado por estado normal. Tiene la intención, la buena intención, de separar la apariencia de la realidad, la cordura de la demencia... Es una carta para los ojos no para los oídos...

Yo no sé si la emperatriz Carlota murió loca de verdad o su demencia fue un inteligente recurso de ella para que no la despreciaran como una pobre infeliz destronada. El hecho es que hasta su muerte ella logró que cuantos a ella se acercaron la trataran como si fuera la reina de México. Era un juego perfecto. Doña Carlota, sin embargo, al estallar la primera guerra mundial, con todo comedimiento y mesura, solicitó permiso al embajador de México para que en su castillo ondeara la bandera mexicana y así quedar extraditada de daños y horrores... Y el permiso se le concedió. Sabía, pues, que no era emperatriz...

No quiero decir que sus ministros y quienes lo rodean lo traten como a un loco, no, pero sí que le impiden, como lo han hecho con todos los presidentes, toda aproximación con la realidad. Cuanto le llega está tamizado por la conveniencia de quien lo presenta. Por la conveniencia o por el temor. Le cito un trozo de don Adrián Lajous que aunque no logra nunca desprenderse de su ontología burócrata y conserva para el gobierno una actitud no de servilismo pero sí de "señor Presidente, a sus órdenes", es de los pocos editorialistas de este país que uno puede leer con gusto. Escribe con sencillez y uno siente sinceridad en sus palabras:

"A mediados de 1979 —dice—, acabando de tomar posesión de la dirección del Banco Nacional de Comercio Exterior, lo fui a ver (al Presidente) para un asunto que me había encargado y aproveché para decirle que consideraba que la función de un banquero de empresas estatales no era sólo prestar dinero sino levantar banderas rojas cuando estas empresas se salieran de los rieles. Le advertí que esa función seguramente me hacía conflictivo. Sonrió al tiempo que me interrumpía diciendo con amistosa sorna: 'Ya lo es para el bien de la patria'. Me dio cuerda el irónico semiquasiseudo elogio y se me salió decirle: 'Frecuentemente los que manejan las empresas públicas se brincan las trancas porque se sienten alentados desde esta oficina'. López Portillo montó en cólera. Dio un palmetazo en la mesa y dijo en tono retador: 'A ver, déme casos concretos'. Con la silenciosa excusa para mí mismo de que no tenía pruebas, me rajé como los hombres, contestándole: 'Le podría narrar casos ocurridos en el régimen pasado'. Esto tranquilizó al Presidente y me permitió salir con vida de su despacho pero como el turco del poema de Carpio, 'arrastrando el alfanje en la arena'.''

Si esto hacía don Adrián Lajous que es hombre de bien, ¿qué no harán los demás?

Usted mismo debe haber estado en situaciones similares o peores en más de una ocasión. Usted, por fuerza, tiene que haberse dado cuenta de que López Portillo nos estaba endeudando mucho más allá de lo necesario y de que estaba poniendo en peligro al país. Según estudios serios, que usted seguramente conoce, de los préstamos a México, treinta y tres mil millones de dólares, sólo fueron para despilfarrarse, lo que equivale al 58% del endeudamiento total de ese periodo. Y usted calló. Y usted era el responsable del dinero. Treinta y tres mil millones de dólares es una cantidad escalofriante. ¿Simplemente por esos dólares, cuánto tenemos que pagar de intereses? Usted era del gabinete económico, además. No le voy a sugerir que voluntariamente se recluya usted en un reclusorio, no, pero...

¿Por qué no está en la cárcel José López Portillo por

164

semejante daño a la nación?

Si usted al tomar posesión, ya con la banda puesta, señala al expresidente y con voz firme, patriota y mexicana, ordena: "Y éste, a la cárcel", se hubiera cubierto de gloria, le hubiera devuelto la fe y la confianza en el gobierno al pueblo de México, y ahora otro fuera nuestro presente.

Expliquen lo que expliquen sus hagiógrafos, me refiero a los que abundan ahora, ¿cómo vamos a aceptar que la deuda externa fue para nuestro bien si la realidad nos muestra con evidencia apodíctica que no es cierto? Ya convertido en cínico, don Pepe, dijo que la deuda la habíamos contraído nosotros y no sólo un hombre. La verdad es que la locura de la deuda fue de él, de su hijito nefasto para México José Ramón, del churumbeloso José Andrés de Oteyza (que sigue premiado por usted, en lugar de estar en una mazmorra como le correspondería por daños al país) y de algunos otros malandrines, como los que los habían precedido al lado de Echeverría: Horacio Flores de la Peña, Francisco Javier Alejo, Jesús Puente Leyva y un tal Rafael Izquierdo.

Ibamos bien con el paso de Díaz Ordaz; crecíamos, avanzábamos, íbamos al progreso, pero con el timón del gobierno, de pronto en manos vehementes, fervorosas pero absolutamente inexpertas, ¿qué podía ocurrirnos sino lo que nos pasó?

Yo no sé qué es lo que se tenga que hacer para remediar esa situación. Comprendo muy bien que es importantísimo que un Presidente sea fuerte para poder desempeñar su tarea de gobernante, pero considero indispensable que tenga frenos. En sus manos, don Miguel, está esa tarea. Usted debe tener conciencia de los daños que el presidencialismo autócrata le ha hecho al país. Porque igual es en economía, que en política, que en educación. Un hombre decide, a su arbitrio, a su capricho el destino y la vida de todo un pueblo. Eso, don Miguel, tiene que acabarse. El daño de los tiranos se

165

ha visto en toda la historia. Y muchas veces no es por perversos o dementes como en el caso de Nerón, o de Calígula, sino porque el cerebro de un hombre, por más inteligente que sea, siempre es muy pequeño y porque, además, por no sé qué equívocos cortos circuitos de la naturaleza, todos los hombres propendemos a ser si se nos permite unos niños altaneros, soberbios, caprichosos, arbitrarios y tiranos... Y algunos dictadores han sido inteligentísimos: Stalin, Hitler, Napoleón...

A veces pienso que lo que necesitamos es un dictador para que pueda meter al orden a este país, pero la idea me horripila. Nuestro sistema es una dictadura sí, pero benevolente. Lo que es indudable es que necesitamos en la Presidencia a un hombre fuerte, firme, decidido pero de un patriotismo a prueba de entreguismos y de pataletas. Necesitamos un hombre cuya pasión sea México. Un país no sale de las crisis con vacilaciones o con horas interminables de estudios, de foros, de imprecisiones. Por eso pienso, y le suplicaría que lo piense usted también, en Javier García Paniagua. Usted no es amigo de él pero no se trata, en tan grave asunto, de filiaciones emotivas sino del bien de la República. Le pido, como mexicano, que usted revise la vida política de don Javier. Escuche usted todas las opiniones que usted quiera sobre él, pero que no sean de posibles candidatos a la Presidencia. Analice la personalidad, la conducta, la inteligencia, la integridad de don Javier. Hable usted con él, pregúntele qué haría él si fuera Presidente de México. De hecho, pregúntele a cada uno de aquéllos a quienes usted tiene como posibles prospectos. Muchos le mentirán y le dirán sólo aquello que pueda complacer sus oídos, alimentar su vanidad y darle alas a su egolatría. Don Javier es de una pieza, es un hombre de verdad, uno de esos hombres de los que cualquier país se sentiría orgulloso. No le va a mentir. No le va a endulzar las orejas pero... sepa usted que pocos hombres encontrará con su reciedumbre, su lealtad, su gran capacidad para conocer a los hombres y, sobre todo, con tan gran capacidad de líder como él. El es líder hasta en su propia familia. Liderato que se ganó en duras y feroces batallas, desde haciéndole frente con todo el respeto del mundo a su padre, don Marcelino García Barragán, general de verdad, hasta domando potros cuando apenas tenía diez o doce años.

Don Javier no sería un dictador ni un tirano. Tendría la fuerza —porque tiene las agallas y la firmeza— para imponer el orden y la tranquilidad, tan necesarias para volver este país a sus cauces de progreso. Y, es más, por hombre que es, tomaría las riendas sin culparlo a usted de los pasados toros. Don Javier mirará hacia adelante y usted tendrá un amigo, un amigo que tal vez no encuentre en ninguno de los que ahora usted toma como tales.

Martes 3

Los antropólogos aseguran que no hay razas superiores. Eso tranquiliza, don Miguel, pero no completamente. La historia, desde luego, les da la razón, no sólo a ellos, sino, de alguna manera, a los que transitan con el reglamento del materialismo histórico. La prosperidad económica se produce al mismo tiempo que el auge intelectual, la salud del cuerpo, la producción artística y la belleza hasta en los modales. Antes de que los aztecas fueran los ricos, los valiosos eran los toltecas. Por eso, así como los revolucionarios se quisieron casar con las porfirianas, así, los antiguos tenochcas, para mejorar, aspiraban a casarse con las hijas de los toltecas. Chichimeca, que es lo que ellos eran, no dejaba de ser una fea palabra. Tolteca, en cambio, quería decir artista, artesano, el que está por encima de lo burdo de la tierra, al que los pies no se le tienen que rajar.

Siempre el cuento es el mismo. Todos los pueblos, al igual que los seres humanos, quieren ser mejores que los demás. Unos porque son dueños de Dios, como los judíos, nosotros porque "sólo México es la tierra de la Virgen María". De todas maneras, yo no dejo de preocuparme por "la raza cósmica" que no parece cuajar.

Uno quisiera encontrar el mal, como si fuera un tumor para extirparlo o una herida para curarla. Lo que pasa, don Miguel, es que no es fácil darle nombre porque es difícil detectarla. Percibimos y padecemos los efectos pero no acertamos a descubrir el origen. Porque nuestros males —y esto puede llevar a uno a profundas depresiones— no están restringidos al gobierno sino que son males nuestros. Nuestros males son nacionales, generales y seculares.

Lo grave es que no parece que vayamos rumbo a la salud sino, por el contrario, que nos estamos viciando, como esas gentes que viven cerca de las fábricas de papel donde el aire es irrespirable, y ellos no sólo no perciben el daño homicida que les está haciendo sino que, tal vez, lo que les parece raro es el aire puro.

Espanta que en México cualquier aberración o capricho pueda parecer natural. Si los parámetros se pierden, se desprestigian, se niegan o se corrompen, los linderos se desdibujan y se pierde desde la seguridad personal hasta la confianza en el destino. Tal vez, por eso, don Miguel, los mexicanos no vivimos en el optimismo del futuro sino en la arqueología que siempre es pasado. Un pueblo sin fronteras, sin metas, sin piso firme sucumbe a una extraña ebriedad parecida a la de la atracción por los abismos. También el caos puede ser un vicio.

Nos hemos acostumbrado a que en el gobierno las cosas se hagan mal, apresuradamente y sin responsabilidad. Partimos de que donde la improvisación es la norma, el desastre es la costumbre. Pero eso es el gobierno donde, por principio, las cosas funcionan mal. Sin embargo, cuando esto ocurre en las empresas privadas los mexicanos sentimos un gran desconsuelo. La alegre irresponsabilidad del Grupo Alfa y de tantas compañías que confundieron el trabajo productivo con la expansión de gerencias, de oficinas lujosas y de dispendios, nos entristeció a muchos. No parece que los mexicanos acabemos de entender que nuestros problemas personales son personales y que debemos luchar para no convertirlos en conflictos nacionales. Nadie debe confundir sus necesidades personales con las carencias del país. Y así como me parece absurdo que en Televisa prive el güerinchismo porque es una devaluación al mexicano o que haya tantas palabras pronunciadas en inglés, porque es una campaña antialfabetizadora, así me parece mal que el gusto personal o los disgustos personales se conviertan en deficiencias que, de una manera o de otra afectan y dañan al país...

Esto no se lo cuento, don Miguel, sólo para divertirme sino porque, con frecuencia, pienso en lo de Julio Scherer, Regino Díaz Redondo y, de alguna manera, en Manuel Becerra Acosta. En ellos, en los tres, hay una dolorosa manifestación de una de las más desgarradoras formas de nuestra inmadurez nacional.

Hay algunos, para mí pedantes, que creen que la historia de los pueblos o la de las universidades o la de las empresas, sólo debe tratarse con un rigor científico, entendido como ocuparse sólo de aquello que, a sus ojos, es trascendental o minuciosamente bibliográfico. Yo pienso, por el contrario, que las grandes decisiones de la historia dependen mucho de eso que se llama "la petite histoire".

En todos lados del mundo y en todas las épocas, ha habido pequeños aconteceres que han modificado o cambiado de rumbo la historia. Pero... aunque los motores de los cambios sean pequeñeces, mezquindades, traiciones o devaneos eróticos, las instituciones y los países funcionan con la dignidad, el respeto, la majestad, la seriedad y la propiedad que según lo que sean les corresponde.

Catalina de Médicis se casó con un príncipe cuyo padre tenía una amante que se llamaba Diana de Poitiers. Al morir Francisco I, el marido de Catalina no sólo heredó el trono sino también el adúltero lecho de su padre. Doña Diana, amén de bella y hábil, como se ve, practicaba el incesto político, sólo que en su caso era monárquico. Hay mujeres hermosas proclives a los cetros y a las coronas.

Con pericia amorosa y fascinación indudable, Diana de Poitiers actuaba en la corte como si ella fuera la reina —esto con la complicidad y el disimulo del rey—, y la infeliz Catalina quedaba relegada a ser "la pequeña florentina hija de mercaderes''. Diana se refocilaba en mortificarla, en humillarla, en injuriarla. Catalina, en silencio, sufría injurias y desdenes. Pero un día murió el rey, y Catalina fue nombrada todopoderosa reina madre regente. La duquesa de Poitiers entró en estado de pánico. Quiso ver a la reina para, de rodillas, pedirle perdón por el mal que le había hecho y para suplicarle que no la condenara a muerte.

Catalina tenía un lacerante almacén de agravios. Se negó a verla. Pero no sólo no la castigó, ni la privó de sus títulos o de sus bienes sino que ni siquiera se dedicó a molestarla. Solicitó, sí, que se fuera de la corte y nada más. Catalina de Médicis adquirió conciencia de que ser reina estaba por encima de sus rencores, de sus sentimientos, de sus padeceres. Jamás volvió a ocuparse de la señora De Poitiers. Se entregó de lleno a resolver los problemas de Francia.

Richelieu, siendo primer ministro de Luis XIII, le dio un puesto importante al hombre que había matado en un duelo a su hermano más querido. Dijo que los intereses de Francia estaban por encima de sus sentimientos, que ese hombre era el mejor para ese puesto y que a él le correspondía. . .

En México, don Miguel, ninguno de estos dos casos es concebible. No sé si la conducta de los mexicanos sea reflejo de la conducta de los gobernantes o si, unos y otros, se comportan de similar manera por algún rasgo que a todos nos es común.

Cuando se habla del poder, se suele olvidar, o no se le da la debida importancia, al reflejo del poder en los periodistas. A esto se le ha dado en llamar "el cuarto poder''. Este reflejo, al igual que el poder en los políticos, produce en los periodistas el mismo tipo de soberbias, de altanerías, de abusos y de cegueras. Y lo más grave es que, al igual que los políticos, llevan lo personal a los periódicos.

El caso de *Excélsior* es el más importante por la importancia de *Excélsior*. Julio Scherer no le ha podido perdonar a Regino Díaz Redondo que lo tumbara de la dirección y el que se instalara en ella. *Proceso,* que debería ser la mejor publicación de México, no lo es por dos razones: una, porque no es una revista sino un diario que sólo aparece un día a la semana, y, la otra, porque *Proceso* no ha logrado redimir a Julio Scherer de su caída de *Excélsior. Proceso* siempre tiene una amargura de paraíso perdido. *Proceso* no funciona en términos del público sino de la injusticia que se le cometió a Julio. Por otra parte, Regino Díaz Redondo no ha logrado librarse del fàntasma de Julio Scherer, y *Excélsior*, en cuanto a Julio se trata, deja de ser un periódico para obrar en función del rencor, del resentimiento o de como se llame la relación que Díaz Redondo tiene con Scherer.

Dos publicaciones de México —amén de *Unomásuno,* con la que no quiero meterme porque ése es otro problema, es como pleito de herederos de hijos de un padre intestado— funcionan, pues, en términos personales y no en términos nacionales. *Excélsior* no menciona el nombre de Julio Scherer, por ejemplo. ¿Por qué? Me pregunto yo: ¿quién duda de que el director es Regino Díaz Redondo? ¿Es acaso la duda del propio Regino Díaz Redondo?

Por su parte, Scherer no logra respirar con plenitud. Vive como un rey al que le han usurpado el trono. Vive con los ojos en un pasado que sólo se puede remediar de una manera, sólo de una: cuando Julio Scherer, una mañana despierte y, furioso consigo mismo, se dé cuenta de que él, por poderoso, por ciego, por soberbio, fue el principal cómplice de su caída. "A los soberbios Dios los cegará", dice por allí el Eclesiastés. Y pienso que eso, en el fondo, es lo que Julio no se puede perdonar. Y como no se lo puede perdonar él, no puede soltar la amargura que lo acicata.

Julio Scherer debería haber tenido los ojos abiertos, los oídos abiertos, las narices abiertas y todo abierto a la realidad. Julio debió haber estado enterado de lo que estaba tramándose, y debió haber encontrado los medios para impedir lo que ocurrió. Para cuando lo sufrió era demasiado tarde. El mismo, por ceguera, se prestó a que hubiera una serie de movimientos, de convencimientos y de intrigas que él, alerta, hubiese, estoy seguro, podido detener a tiempo. Y si no detener, sí manejar de otra manera.

Por eso digo que el día que Julio se asome a su espejo, y vea en él la venda de aquellos días, tal vez se perdone y, en ese momento, un resplandor de felicidad lo invadirá. Cuando eso ocurra *Excélsior* dejará de ser el imposible futuro y él, Julio Scherer, caminará con alegría y talento, al suyo, que no excluye, por su puesto, a *Excélsior*, pero logrado de otra manera.

En cuanto a Regino Díaz Redondo, tiene el malestar de haberse apoderado de la dirección a la mala. Eso le impide disfrutarla con plenitud. Siente el peso de Julio que vaga por Reforma 18, como si fuera la Llorona reclamando a sus hijos. Si Díaz Redondo hace un heroico esfuerzo y se perdona ese pasado que todavía lo agobia y lo irrita, podrá verse él mismo con más tranquilidad, y dejará de ver a Julio con esa mezcla absurda de desprecio porque lo venció y admiración por lo que es.

Es, don Miguel, problema de poder, de poder sin saber perder y poder sin saber ganar. Si esto le parece un galimatías, perdóneme. La verdad es que me gustaría que *Excélsior* fuera *Excélsior,* y no, de cuando en cuando, un refugio de rencor. Y me gustaría que *Proceso* fuera un *Proceso* no para juzgar eternamente la injusticia que se le cometió a Julio, como si todos estuvieran crucificados desde que salieron de *Excélsior*, sino un *Proceso* con viento libre y ánimo sin pesadumbres para ocuparse de tantos y tantos problemas de México, mucho mayores que lo que le pasó a Julio. Si Julio y Regino se perdonan a sí mismos, México dará un paso hacia adelante, un paso muy importante. *Excélsior* y *Proceso* serán mejores. . .

No pretenda, don Miguel, que su sucesor le deba a usted la Presidencia como una criatura la vida a su Creador. No otorgue usted la Presidencia como favor personal, sino como una obligación inmoral, anticonstitucional e indebida, como un acto de usurpación al que no sabe cómo escapar. Que el candidato sepa que tendrá que redimir su bastardo origen legitimándose ante el pueblo. Que al que usted nombre, sienta que se le escoge porque tiene los méritos de estadista, de patriota, de ejecutivo que la patria necesita. No le pida usted ni gratitud ni complicidad. En última instancia, México no es de su propiedad. . . Y . . . y . . . desde luego, si tiene usted la fuerza y la entereza y la grandeza para devolverle al pueblo el grito de Independencia, no lo imponga usted, deje al pueblo elegir.

El gobierno que usted preside es tan arcaico, tan porfiriano que pretende tratarnos exactamente igual que a las hijas casaderas de principio de siglo. El matrimonio, entonces, como el sufragio para ustedes, no era elección de los interesados sino un contrato entre los padres de los contrayentes. Un matrimonio por amor les parecía tan aberrante como a ustedes que el pueblo de Chihuahua quisiera un gobernador del PAN. Si los enamorados se escapaban y lograban unirse, los padres, igual que ustedes, declaraban ilegal el matrimonio o lo anulaban. Los padres, como ustedes, eran los poderosos.

No se les ocurría que el imponerles a dos personas la conjunción para el resto de la vida fuera un atropello. En primer lugar, porque no consideraban personas a los jóvenes —como ustedes a los mexicanos—, y, en segun-

175

do lugar, porque pensaban que el casarse por gusto era una simple travesura que por obligación, como mayores, ellos deberían reparar.

Los jóvenes, aunque algunos no lo fueran tanto, eran hijos de familia que debían obediencia, sumisión y sometimiento a sus padres. Se daba por hecho que, justamente por no estar casados, eran incapaces de razonar, de elegir, de distinguir y de obrar con formalidad y cordura. Daban por hecho que el lecho nupcial era un trance a la madurez. Ignoro qué pudiese haber en el himen que al romperse produjera el súbito advenimiento de los celebrantes a lo ecuménico de la sabiduría. Los padres consideraban a las hijas solteras tan inexpertas, tan candorosas, tan tontas y tan incapaces de distinguir un hombre de otro, que ellos y sólo ellos, eran los obligados a escogerle el marido que mejor le conviniera. Y no escogían, claro, jamás al que era mejor para la hija sino para ellos. A las muchachas les imponían primos gordos ginecomásticos, jóvenes epicenos, viejos caducos o cualquier rico infructuoso o extravagante. Con el pretexto de la felicidad de la hija, la entregaban al mejor postor. Un imbécil de familia acomodada y de apellido lustroso se convertía, a los mercantiles ojos de los dueños de la núbil, en un apolo deslumbrante.

La indefensa muchacha, como antes hubieran podido, sin su consentimiento, haberla ingresado a un convento, iba a dar a la cama y a la vida de un hombre ajeno, que a veces le repugnaba, que a veces la humillaba, que a veces no la dejaba dormir por los ronquidos, que olía a carcomido o que lloraba por su mamá. . . Sus padeceres, sus penas, sus desconsuelos, sus pesares, su agobio, su humillación, eran parte de la noble y cristiana tarea de vivir. Todo esto en silencio, porque no eran temas que se pudiesen hablar con los padres, quienes, además, presumían sin cesar del magnífico matrimonio que había hecho su hija.

Y, así, como sus corifeos nos predican que nuestros

males son bendiciones del PRI, así, los curas, al servicio de aquel sistema, que consagraban con singular pasión al sacerdocio del masoquismo disfrazado de salvación. Había que convertir el sufrimiento en venturosos bonos que a los ojos de Dios serían, a la hora de la muerte, debidamente aquilatados como pases directos a las dichas celestiales, cuyo anticipo era ya en la Tierra, el gozo de inmolarse por El. Los silicios del matrimonio debían interpretarse como delicias que Dios imponía a los que más amaba. Si alguna, en el confesionario, se atrevía a desear un poco de felicidad, se le hacía saber que ésa era tentación de Luzbel —como nos dicen a nosotros que reclamar derechos son entreguismos al imperialismo—. Es más, los curas se dedicaban a la tarea de impedir que se abandonara el terreno de las mortificaciones. Cualquier intimidad con el marido debería ser sólo y exclusivamente como obligación de esposa, como preludio para la maternidad. Olvidarse de esto y sucumbir al deleite, era igual que ponerse a las puertas mismas de los abismos infernales. . .

Todo se encaminaba para impedir que a las desdichadas se les ocurriera pensar que la vida podía ser otra cosa mejor que la que llevaban, dado que este es el valle de lágrimas y no el paraíso. Se insistía en que la bienaventuranza de Dios sólo se ganaba con resignación, fe, esperanza, caridad y algunas otras virtudes que los curas predicaban con tan sospechoso delirio, como el de los acólitos de usted cuando nos predican que cualquier acto que no sea en favor de ustedes es antimexicano, antirrevolucionario, reaccionario, retrógrado y peligroso para la soberanía de la patria.

Pero así era, excepto en los casos en los que, para desconcierto o deshonra de la familia, se descubría que una de las hijas estaba, sin marido, embarazada.

Amén de los gritos al cielo, de las imprecaciones, de las invocaciones a la sólida decencia secular de las mujeres de la familia, del olvido de las enseñanzas de las monjas que con esmero tanto les habían inculcado las bendiciones de la castidad, después de algunos gritos impropios de familias recatadas en las que brotaban palabras más fuertes que "como una mujer de la calle", de que su liviandad era tan criminal como clavarles un puñal en medio del corazón, los padres, no la interludida, decidían lo que había que hacerse.

Aun con sus devotísimos y catolicísimos principios, de ser posible sin escándalo, se recurría al aborto. Igual que el PRI con las urnas. Pero si el niño nacía vivo, sano y acrobático lo declaraban bastardo —como ustedes a los candidatos triunfantes que no son del PRI—, y a escondidas lo regalaban a una vieja criada o, con piadosísimo amor, lo hacían llegar de incógnito a una casa de cuna. Después, a la niña se le reparaba la virginidad, cosa que se ha sabido hacer desde tiempos de la Celestina, y la dejaban lista para una boda decente. También podía ocurrir que los amantísimos padres, al enterarse del embarazo, la casaran con algún primo interesado más en la dote que en los calendarios, o le buscaban algún bobo, de ésos que por asexuales, o no saben de dónde vienen los niños o por altruismo hasta agradecen no tener que hacer tantos desfiguros, impudicias o tediosas cabriolas para tener un hijo. De ésos, siempre había —y hay— a la mano.

A los hijos varones no les iba mejor. Como a menores de edad a los que se les va a escoger una camisa, los casaban con la hija del banquero, bizca, adiposa, gelatinosa y fría como langosta gratinada; con la hijita "encantadora" de los Martínez de la O, muchachita tonta, caprichosa, engreída, vanidosa y no sólo con acné sino con un mal aliento indomable. Y si el muchacho era guapo, encantador, de buena figura y distinguido, entonces ni pensarlo, se le endilgaba a doña Salteria, la viuda sin hijos, que había heredado la inmensa fortuna de su marido, don Jacinto Paredes, el accionista más importante de todas las fábricas de hilados y, además, íntimo amigo de don Porfirio. Si el muchacho era inteligente, dado a la cultura y sin la menor vocación religiosa, se le enviaba a un seminario, donde algún tío era el provincial, y se le encaminaba al obispado.

No importan más detalles. Voy a lo mismo. A decir que, después de un siglo, los mexicanos seguimos tan indefensos como los hijos de familia porfirianos, siempre tomados como menores de edad mental. Tú obedeces y te callas. Las elecciones no sólo no te corresponden, es que eres incapaz de hacerlas. No estás preparado. Y cuando estaban preparados. . . ya no podían elegir, ya tenían al viejo impotente, a la rígida y frígida, al imbécil hipocondríaco o la reumática celosa. . . Todo esto por ser menores de edad y no estar capacitados para elegir. . .

Por la manera de golpear al PAN, los mexicanos debemos entender, como corolario, que no estamos todavía preparados para escoger a nuestros gobernantes. Todos los candidatos escogidos por el PAN son unos reaccionarios feos, unos ricos indeseables, unos farsantes maximilianistas o unos charlatanes al servicio de "fuerzas oscuras" que quieren violar nuestra soberanía, apoderarse de los mexicanos y corromper nuestra inmaculada Revolución con todas las tentaciones de la sociedad de consumo. Vea usted, don Miguel, la televisión y se enterará de tan persistente mensaje.

Pero no es el único. Hay otro indirecto tema del sufragio efectivo de la propaganda gobernicular: la insistencia en que el Presidente Reagan era un mal actor, en que es muy viejo y en que está muy enfermo. La intención puede abrirse en un pequeño abanico de posibilidades. El primero puede ser, que si a la gente se la deja elegir libremente, escoge a un anciano decrépito, esclerótico, inepto y canceroso. De allí, subliminalmente debe inferirse que los pueblos, no sólo nosotros, son torpes para escoger a sus gobernantes.

Además de ese mensaje, hay muchos otros primores que el sistema quiere que asimilemos:

El ser actor —lo de malo es secundario, es el hecho mismo lo que se supone que es degradante para un jefe de Estado— debe invalidarlo como buen Presidente. Y por comparación, los mexicanos debemos exultarnos de orgullo porque, a diferencia de los pobres gringos que tienen a un histriónico vaquero en la presidencia, nosotros, gracias al PRI —a sus casi sesenta años de eslabonadas victorias— lo tenemos a usted, ajeno a toda promiscuidad cinematográfica y emanado no sólo de la Revolución sino de la secretaría de Programación y Presupuesto, desde donde, en el sexenio pasado, fue el visionario creador de los Planes Globales, tan previsores, tan estratégicos, tan políticos, tan espectaculares que, gracias a ellos, nos salvamos de grandes y abominables desgracias. Sus Planes Globales, gracias a que usted nunca fue actor, impidieron a México hundirse en una inflación peor, en una devaluación peor, en un desempleo peor. . . En fin. . . en todo lo que no se dice pero que los mexicanos, tan listos como somos, debemos percibir.

El que el Presidente Reagan haya sido actor, le quita todo mérito de simpatía y de personal encanto. No es que sea un hombre con carisma sino con ciertas facultades histriónicas que aprovecha para embaucar a su pueblo.

El que sea viejo —para un país de jóvenes como el nuestro— lo condena al asilo. En cambio usted, es joven, vigoroso, fuerte y firme.

El que esté enfermo implica que está débil y, por lo tanto, sólo merece nuestra compasión y, si acaso, juicios misericordiosos. A él no se le puede aplaudir, como a usted, por su salud física y metal. Por el vigor de usted para estar todos los días, no sólo en toda la ciudad —en varios, diversos, inútiles actos— sino en toda la República. Apenas nos dicen que está usted en la toma de posesión de la mesa directiva de la asociación de campesinos ejidatarios navieros, cuando lo vemos en Tapachula, en Pachuca, en Aguascalientes, en Tlaxcala. . . Debemos entender que juventud y ubicuidad son una y la misma cosa.

Y, además de todo esto, el ninguneo permanente a Ronald Reagan es una venganza lúbrica contra ese perverso país, donde un grupo de miserables sicalípticos, logogríficos, sifiloides y degenerados se ocupan, con impetuosa y herética osadía, de calumniarlo a usted.

Finalmente, pues, don Miguel, todo insulto a Ronald Reagan debe interpretarse como un homenaje, como un desagravio, como un panegírico para usted. Y, al mismo tiempo, para que nosotros sintamos que usted es fuerte, joven, sano, dueño de una gran agilidad mental y de una gran entereza. Eso, en el fondo, es para decirnos que usted está en perfectas condiciones para escoger a su sucesor. Los débiles, los incapaces, los menores de edad, los impreparados para elegir somos nosotros. Y no sólo nosotros, puesto que el pueblo que nos suelen poner como ejemplo, Estados Unidos, tiene, por su gusto, a ese viejito que comparado con usted es apenas una sombra, una quimera, una imagen de vaquero en la pantalla. . . No hay, pues, mejor elector que el tradicional del sistema. . .

Pero, don Miguel, me he desviado del dinero, que es de lo que me había propuesto hablar. . . La deuda externa, esa tentación en la que cayeron ustedes como, por lo visto, todos los países iberoamericanos. En el fondo, sospecho que es por la misma razón, porque todos somos pueblos hijos de España, todos nietos del Imperio Romano, todos, creyentes o no, convencidos, por la Santa Madre Iglesia Católica, Apostólica y Romana de que la Divina Providencia es una realidad. Y la Divina Providencia es una especie de tarjeta de crédito que jamás cobrará réditos ni mucho menos el capital. . .

Por eso, aunque por torcidos caminos, los países deudores nuestros, empezaron a decir que la culpa no era de los que debían sino de los que habían prestado. Un poco Adán diciéndole a Yahvé: "Yo me comí la manzana porque la mujer me la dio". . . Como si jamás

181

se hubiera enterado de la prohibición o de que habría algún castigo por permitirse semejante deleite. Y la manzana, don Miguel, no era como nuestras pícaras mentes la han transformado. A Dios, no le hubiera importado que Adán y Eva se refocilaran un rato, lo que no quería es que con la manzana se volvieran dueños del conocimiento, de la sabiduría. . . Y los echó del paraíso.

Los banqueros prestamistas nos han hecho algo parecido. Nos prestaron dinero, no para que nos hiciéramos ricos sino para manejarnos. Por ello, aprovechando la codicia y la inconciencia —no quiero usar la palabra traición— de López Portillo, nos empujaron más y más dinero para maniatarnos. Fue una manera de echarnos del paraíso.

Pero la deuda ya la tenemos. Y, estoy seguro, de que saldremos de ella. Pero sólo saldremos de ella si llega a la Presidencia un hombre más hábil que Luzbel, una especie de Fausto que sepa jugar a la vez con Dios y con el diablo. Porque, insisto, el problema de la deuda es un problema político por más económico que sea en sus manifestaciones. Es un problema que tiene que resolverse políticamente. La política, usted lo sabe, a veces es cosa de maná, a veces de prestidigitación, a veces de palabras justas en el momento justo, a veces de un portazo pero siempre de inteligencia, de habilidad. La política es un asunto donjuanesco, es un asunto de saber subir a las montañas y saber bajar a las cabañas y dondequiera triunfar. . . Pero eso sí, no se puede tratar por igual a las tigresas que a las marquesas. . .

De política, también, es otro de los gravísimos problemas de México: la explosión demográfica. La gente tiene que entender que cada niño que nace, por ahora, es un problema grave para el país. Si su santidad don Juan Pablo II, que en muchas cosas tiene mi simpatía, insiste en que sigan naciendo niños, lo único que hay que proponerle es que los recoja él y se los lleve al Vaticano. Le aseguro, don Miguel, que no aguanta la tercer remesa.

182

Después de eso, callará sus prédicas multiplicadoras y no sólo recomendará anticonceptivos, preservativos y abortos sino que él, que es un hombre santo, tal vez llegue a proponer que se busque alguna manera para que los angelitos lleguen a la gloria de Dios lo antes posible. Porque no es lo mismo proponer lo que va a ser un problema para otros que empezar a recibir un millón de niños diarios. . .

El gobierno tiene que tomar medidas severas. Si no podemos con ochenta millones de habitantes, ¿cómo vamos a alimentar a ciento cincuenta dentro de treinta años?

. . . Voy a bañarme, don Miguel, ya son las diez y he estado sentado aquí desde las seis. . . Hasta el rato.

Usted sabe cuáles son los principales problemas del país. Lo sabemos todos los mexicanos aunque no los enumeremos, los cataloguemos o los clasifiquemos.

En cualquier país del mundo los mandatarios llegan al poder por sufragio, por golpe de estado o por decisión de algún grupo. Lo más cercano al poder hereditario que aún existe en el mundo es el sistema político mexicano. Hereditario, no por muerte, sino porque el poder está restringido a un determinado periodo. Como el donador del poder cada vez se siente menos responsable ante el pueblo, cada vez se siente con más derecho a escoger a su sucesor sin más limitaciones que las que a sí mismo quiera imponerse.

El resultado ha sido que, como el pueblo desconoce a los candidatos, se hace una campaña política no para que obtengan votos, que no necesitan porque en la candidatura va la Presidencia, sino supuestamente para dos fines: para que el pueblo los conozca y para que ellos conozcan al pueblo y se enteren de sus problemas.

El pueblo no los llega a conocer nunca. Ni antes ni después. El sistema no le permite a los funcionarios públicos expresarse con libertad; los funcionarios, a su vez, no quieren ser libres para expresar ideas, sino sólo para complacer a sus jefes inmediatos y para externar, cada vez que logran la oportunidad de hablar en público, su caudal de admiración por "el señor Presidente". En tal medida el pueblo no conoce a los que gobiernan en su nombre. Por eso, aunque los candidatos suelen ser, naturalmente, del gabinete y son nombres más o menos conocidos son hombres completamente desconocidos. Los inteligentes tienen que ocultar su inteligencia y los tontos lo único que tienen que hacer es obrar con naturalidad. Y como la tontería es el menor esfuerzo, muchos inteligentes terminan actuando como si se les hubieran extinguido las neuronas. En México lo que se castiga no es la eficiencia sino la distinción.

Contrario a los demás países, donde los precandidatos hacen reuniones para darse a conocer y para exponer sus puntos de vista políticos, sus críticas y para ofrecer soluciones a los problemas graves, en México, los aspirantes se callan con pudor de doncellas victorianas. La palabra es abismo.

En la campaña, no hay posibilidad de conocer al candidato. El PRI lo ofrece como un producto comercial, y se le anuncia con la misma vertiginosa persistencia que a la coca cola. La propaganda, como la de cualquier automóvil, detergente o papel sanitario sólo menciona las cualidades y jamás las deficiencias. Eso lo hacen, en los países donde hay sufragio efectivo, todos los partidos. Nadie va a ofrecer un producto diciendo que no sirve. Pero la diferencia es que en los demás países sí hay oposición fuerte, sí hay oposición libre y sí hay oposición con la posibilidad de señalar los defectos y las carencias de los candidatos de los demás partidos. En México, pues, el candidato-presidente recorre el país con el triunfo en la mano y sin compromiso alguno con el pueblo.

La "campaña" es un picnic ritual, una de cuyas finalidades es mantener al candidato lejos de la Capital. El

Presidente, no quiere al sucesor a su lado. A veces, sienten que el candidato no sólo les roba cámara sino hasta poder. De allí las proclamaciones presidenciales: "Gobernaré hasta el último día". ¿Quién lo duda?

Por otra parte, es un juego sin engaños. El candidato sabe que no es el candidato del pueblo, y sabe que los que lo van a recibir, y los que lo van a aplaudir, son acarreados; sabe que los que van a presentarle quejas, solicitudes y carencias, todos, sin excepción, han sido seleccionados previamente, y que sus discursos no sólo no son espontáneos sino que ni siquiera suelen ser suyos. Junto con el candidato-presidente, viaja un grupo de fabricadores de discursos para que los lean obreros, campesinos y funcionarios pequeños o mayores. Es posible que hasta utilicen cada seis años los mismos discursos.

Así, pues, al final de la campaña, el candidato-presidente no oyó una sola voz libre y él, a su vez, tampoco dijo, como cualquier otro candidato del mundo, lo que piensa; en primer lugar, porque no suelen estar acostumbrados a pensar y, en segundo lugar, porque toma tiempo desprenderse de la costumbre de hablar sólo para adular al Presidente. Y hay algo que los debe mantener alertas. No pueden negar que don Gustavo Díaz Ordaz estuvo a punto de eliminar a Luis Echeverría cuando ya andaba en campaña. Fue cosa de un momento de decisión. Los candidatos saben que si se dice o se hace algo que pueda molestar al Presidente, por muy candidatos que sean, pueden quedar fulminados. La candidatura es la Presidencia, pero no sin espada de Damócles.

Todo, pues, tiene que ser con mesura. Es cierto, que a medida que la campaña avanza, los candidatos van soltando la voz, pero siempre, siempre, en tonos menores. Una actitud de independencia, la manifestación de algún desacuerdo con el Presidente, por leve que sea, puede poner en peligro la llegada al poder. Son campañas, pues, sin crítica a lo que se ha hecho y se hace en el país y sin, por otra parte, poder ni siquiera escuchar que alguien, en su presencia, las emita. El mero hecho de oírlas lo puede convertir en cómplice.

Por si todo esto fuera poco, los candidatos están maniatados por sí mismos. Aunque tuvieran toda la libertad para criticar, como siempre son del mismo grupo y del mismo equipo, no pueden ni siquiera ver la paja en el ojo ajeno, porque ellos son parte del mismo ojo. No son ni siquiera los que le detienen la pata a la vaca sino del partido que la mata.

Los fines de las campañas difícilmente se cumplen. Para que nos aprendamos los nombres de los candidatos bastaría, como hacen con cualquier producto nuevo, con anunciarlo día y noche en radio, prensa y televisión. No cundiría el nombre con la rapidez que la de un Caro Quintero, pero al cabo de una semana con una buena chiquitubum, todo México sabría nombre y apellido del sucesor del Presidente. Todo lo demás podría eliminarse. Eso, por lo pronto, sería un gran ahorro para el país.

El candidato-presidente viaja rodeado de amigos suyos que se pelean por comer a su lado y que llegan, como los cortesanos de Luis XIV, a padecer hasta úlceras si el candidato no les sonríe una mañana con tanta efusión como a otro de los acompañantes. Se sufre mucho. Son días en que no importa ni el sueño ni la fatiga, ni la comida ni mucho menos la familia. Y en eso triunfa Adler sobre Freud, el sexo queda completamente anulado en aras del poder. Todo, absolutamente todo, se supedita a lograr sobresalir a los ojos del delfín. El candidato, en cambio, sí puede soslayarse con frutitas del camino o con cusquinas que le llevan de la capital. Eso fue evidente con el entonces encantador don Pepe, quien, amén de sus colaboradores que se prestaban serviles para complacerlo, contaba con la complicidad —alcahuetería es fea palabra— del que después sería "el orgullo de mi nepotismo". Esos placeres y otros, siempre han sido privilegios de monarcas. Esto se le podía aplaudir a Enrique IV de Francia porque era un gran rey y porque no terminó su sexenio. . . Pero hablaba del candidato no de Revillac.

El candidato-presidente sabe, además, que entre esos amigos andan algunos espías; que, por ende, cuanto diga, cuanto calle, cuanto haga será debidamente depositado a los pies del emperador. ¿En quién confiar?

Todo ese tiempo que podría dedicar realmente a oír al pueblo, a conocer al pueblo, a darse a conocer al pueblo no es más que un tiempo de sigilo, de andamiaje peligroso, casi como de conspiración.

Mientras el heredero anda en campaña, el Presidente puede hacer cuanto le dé la gana, hasta declararle la guerra a Estados Unidos. El aspirante no sólo no podrá disentir sino que deberá confabular intrincados silogismos para felicitar al Presidente por su patriotismo, por su entrega, por su espléndida manera de gobernar al país. Mientras el Presidente no suelta la banda, aun arriesgando la paz y la tranquilidad del país, puede devaluar la moneda, nacionalizar la banca o hacer cualquier barbaridad sin consultar para nada a su elegido, como le pasó a usted, don Miguel. La campaña, pues, es un funambulismo. Pedirle a un candidato, en condiciones semejantes, que esté pendiente del pueblo, es pedirle a un trapecista, que mientras hace acrobacias sin red, lea la *Crítica de la razón pura* de Kant.

Para alguien que va en una carrera automovilística entre empedrados y abismos, ¿qué importancia pueden tener los problemas municipales, ejidales, paraestatales o nacionales? Algo se aprenderá, no lo dudo, pero en una campaña presidencial lo menos importante, como ya dije, son los votos, con lo cual deja de ser campaña política y se convierte en una excursión, mezcla de circo galopante y película de Hitchcock. Lo absolutamente prioritario, como se dice ahora, es mantenerse a flote. Malabarismo puro.

En las excursiones políticas de los candidatos, no faltan campesinos compungidos, jóvenes ardorosos y mu-

187

jeres exaltadas que, amén de mostrar enternecimiento por el privilegio de acercarse al presunto Dios, le entregan cartas para pedirle agua, tierra, escuelas, tractores o justicia agraria, todo en minúscula escala. No se trata nunca de proponer cambios estructurales o de modificaciones importantes o de reclamaciones, sino de solicitudes muy similares a las de los siervos al señor feudal. El partido mismo, en su afán de humanizar a sus candidatos, confundiendo la Revolución con santa Rita, rebaja la Presidencia de la República a la función de un organismo de asistencia pública o de una especie de orden de san Vicente.

En Estados Unidos ya se sabe que los políticos, para obtener votos, besuquean niños, cuentan chistes, dicen frases célebres y le sonríen a los ancianos, pero no fungen jamás como Cruz Roja Internacional en momento de catástrofe o como padrinos de bautizo.

Tuve la fortuna de estar en Francia en la temporada de las últimas elecciones. Seguí a los candidatos con alucinado fervor. Aunque el frío a veces congelaba hasta la fuente de Edmond Rostand, fui a todos los cierres de campaña. Mis conocimientos de francés están casi restringidos a la lectura, pero como el lenguaje de los políticos es un esperanto universal igual le entendía a los comunistas que a Le Penn. Uno a uno aparecieron todos en un programa semanal de televisión, donde un grupo de periodistas les hacía preguntas con entera libertad. Y todos, hasta Marchais que es muy impetuoso y arrebatado, hablaban con naturalidad, como si estuvieran dirigiéndole la palabra a unos amigos, no como Marco Antonio en los funerales de Julio César. Oí a Mitterand hablar con elegancia republicana del triunfo de sus adversarios, sin amargura, sin resentimiento perceptible, sin ironías dolosas. Habló para decir que él como representante del pueblo estaba allí para cumplir la voluntad popular. Habló como Presidente de Francia, no como representante de un partido. Usted, en cambio, con frecuencia se olvida de su altísimo puesto y suelta arengas con el dedo rígido y amenazante, como defensor de su club. Usted no tiene derecho a olvidarse de que, sea como sea, usted es el Presidente de México. Y México, don Miguel, está muy por encima del PRI. México es un gran país. . . el PRI es un partido, poderoso, poderosísimo, si quiere, pero sólo un partido, o como quieran llamarlo.

En Francia, los jefes de partido en campaña no perdían tiempo en besuqueos o en escenas cinematográficas, se entregaban a la tarea de convencer a un mayor número de ciudadanos de que su ideología política y sus ideas llevarían a Francia a mayor justicia, menor desempleo y, desde luego, mayor felicidad para todos. En los cafés, en los parques, en las casas y donde se juntaban tres o cuatro franceses, se les veía discutir con ardor sobre los problemas nacionales y sobre cuál de los candidatos, según la opinión o partido de quien hablaba, era el más capacitado o el más torpe para darles solución.

El día de las elecciones anduve en París con una amiga francesa, Odette Direz, entusiasta mexicanista, recorriendo casillas. En una, frente a la Place Saint Sulpice, encontré, para mi personal regocijo, un grupo de jóvenes mexicanos que andaban haciendo lo mismo que yo: querían, aunque fuera vicariamente, participar de la democracia.

Una chica, lindísima, por cierto, me dijo: "Queríamos ver unas elecciones limpias. ¿Cree usted que algún día tendremos algunas así en México?". Le respondí que sí. "Es algo que a ustedes les corresponde exigir. Yo a mis alumnos —le comenté— siempre les he insistido en que cumplan sus obligaciones para que puedan reclamar sus derechos. Si ustedes por privilegiados están aquí en París viendo esto, millones de braceros están viviéndolo en Estados Unidos. Y esa vivencia, tarde o temprano, se hará conciencia y la conciencia se hará exigencia. Los mexicanos —añadí—, aunque a veces no lo parezca, somos un pueblo con vocación de libertad. Y a nuestro

189

modo la tenemos. Sea como sea, no estamos oprimidos como muchos de nuestros hermanos de Hispanoamérica.''

Nos fuimos a un café desde donde podíamos ver la tarde y la maravillosa iglesia de Saint Sulpice. Allí, aprovechando los oídos jóvenes peroré:

''El PRI tiene muchas fallas pero no es un partido sanguinario. El PRI ha tenido muchas virtudes de las que se ha olvidado. Está en una siesta de boa. Una gran parte de la crisis de México proviene de la crisis del PRI. Por fortuna para México, el PRI ya tiene, aunque su ceguera no lo ve, un aliado formidable: el PAN. Lo más saludable que tiene ahora el PRI es el PAN. El PAN, palero o no, tiene muchísimos partidarios de absoluta buena fe y de innegable patriotismo, por eso va a arrancar al PRI de su letargo. Cuando el PRI lo reconozca, y lo reconocerá, habrá elecciones libres. No vamos para atrás. No nos van a hundir ni la deuda externa ni la baja en los precios de petróleo, ni la explosión demográfica, ni los malos gobernantes. Los mexicanos somos tropicales, somos como la selva, terminaremos comiéndonos a los que pretenden impedir nuestro verdor, nuestros pájaros, nuestro cielo, nuestra libertad de crecer, de florecer, de subir a los montes y bajar al mar. . .''

Eran jóvenes bien informados. Hablamos de usted, de López Portillo, de Echeverría, de la posibilidad de un México socialista, de un México en manos de un dictador, de un México desgarrado por una Revolución, de México como esperanza, como realidad, como fantasía y como ilusión.

En el momento en que Chirac tomaba posesión como primer ministro de Francia, estalló una bomba terrorista en los Campos Elíseos. Chirac, don Miguel, llegó al lugar del atentado casi al mismo tiempo que las ambulancias.

Yo no viví la campaña de José Vasconcelos, pero sí la de Almazán. Recuerdo que las plazas de Nuevo Laredo se llenaban de simpatizantes. Creo que así fue en todo el país. Recuerdo la desilusión de los votantes. Desilusión y desaliento que se ha repetido tantas veces que la última vez que hubo votación, ya no fueron ni los acarreados. De cuando en cuando, cada vez con menos espíritu, había habido brotes de entusiasmo cívico en Nuevo Laredo. Pero la prepotencia impositiva del PRI ha ido acabando con la confianza en el voto. Les han escamoteado los triunfos, pero por lo menos no los han golpeado, humillado y escarnecido como hicieron las autoridades, el año pasado, con el pueblo de Calvillo en Aguascalientes, por el delito de negarse a reconocer a uno de los tantos que en su régimen se han impuesto. Yo, por ejemplo, tuve en mis manos boletas marcadas a favor del PRI —de su amigo Jorge Treviño— sacadas de ánforas antes de que empezara la votación. . .

Si a Madero no lo hubiera matado Huerta, ¿qué habrían hecho ustedes si él hubiese seguido hablando del sufragio efectivo? La retórica revolucionaria se olvida con culpable persistencia de que el motivo inicial de la Revolución no fue, como ahora dicen, las reivindicaciones sociales sino la de que el sufragio fuera efectivo. Cosa que, imagínese usted, aunque era garantía constitucional, el pérfido de don Porfirio no acataba. . .

Pero lo efectivo del sufragio es sólo uno de los muchos problemas de México. Mañana me marcho a Acapulco. La contaminación —fecalización ambiental— me fuerza a huir de esta capital. A veces, por la mañana, me duele la garganta, tengo irritados los ojos, me molesta la nariz y siento la cabeza como si la duramadre, la piamadre y la otra señora no se pusieran de acuerdo.

Lo grave o lo maravilloso de irse de la metrópoli es que en provincia, tal vez porque todavía se puede respirar, la gente se ocupa bastante menos del gobierno que aquí. Repelan como es natural, pero no se siente la irritación tan a flor de piel. En provincia se preocupan más por su presidente municipal —que les imponen— que por los secretarios de Estado a quienes por lo general no

191

identifican. Al que conocen es a Silva Herzog, de quien acabo de enterarme de una mala noticia que espero no sea cierta. Me dicen que se va de embajador a España. Pero. . . ¿de verdad, como dice la esposa de Arnulfo R. Gómez, ya no habrá hombres en México? ¿Cómo es posible que a un hombre capaz como él lo corran, lo ninguneen, le nieguen sus méritos y luego lo conformen con una chupaleta?

¿Será tan difícil la dignidad? ¿Realmente la fecalización del ambiente habrá llegado ya a extremos tan deletéreos? Y como príncipe encantado llegará a ver al rey en una carroza dorada tirada por seis caballos blancos. Y cuando lo llamen "excelencia" y cuando le digan "señor embajador", ¿podrá, sin enrojecer, sonreír? Usted lo trata como si fuera un Octavio Rivera, el exrector de la Universidad, al que mandó a Italia en lugar de exigirle cuentas. Y no, don Miguel, no es lo mismo. . . Pero eso no debo decidirlo yo, es cosa de don Jesús Silva Herzog. Hasta Acapulco, pues. . .

Cuatro son, a mi ver, los principales cinco problemas de México: la burocracia, el dinero, los niños, Estados Unidos y la monstruosa corrupción sindical. Los cuatro pueden ser cuatro vientos de prosperidad o cinco caballos de Apocalipsis. Los cinco en uno, se llaman gobierno federal.

No sé cuál mencionar primero. Como se lo he dicho varias veces en esta larga carta de mexicano preocupado, el principal problema de México, por no decir el único, es el político. Todo lo demás se deriva de ello. Tal vez, esto sea pensamiento mágico, simplista o miope. Sin embargo, en un país donde un presidente igual puede vender la mitad del territorio como Santa Anna o hipotecarlo graciosamente como lo hizo López Portillo; en un país donde un presidente puede igual mandar matar, aunque sólo sea por el bien de la patria, o imponer cuatro presidentes y llevar a otro hasta Presidente electo como Calles; en un país donde un hombre puede hacer una Constitución a su gusto como Carranza; en un país donde un Cárdenas puede decretar la expropiación petrolera, que todos aplaudimos, o agitar al país y volverlo improductivo por tanta demagogia; en un país donde los presidentes pueden bandearnos a la derecha, a la izquierda, a la demagogia, a la prosperidad o a la inercia; en un país donde ante una catástrofe espantable como la del temblor del 19 de septiembre del 85, el Presidente puede callar durante horas y horas y su gobierno cometer toda suerte de torpezas y no pasa nada, ¿por qué el

poder ha de ser sólo para hundirnos y no para rescatar-
nos?

En un país donde igual hay Tlatelolcos que Olim-
piadas, igual 10 de junios que arcos de triunfo como los
que le hacían a Alemán; en un país donde igual se puede
acallar la información que mentirnos; en un país donde
la palabra del Presidente es la voz de Dios, ¿no podrá
esa voz levantarse para reconocer los daños que el sistema ha hecho, y no podrá esa voz dar órdenes para remediarlos?

El problema principal, don Miguel, somos nosotros,
somos los mexicanos. Eso lo sé. Pero también del gobierno ha dependido que seamos un pueblo en el cautiverio
de lo que nos han hecho creer, de cómo nos han hecho
ver las cosas, de cómo nos han enseñado. El gobierno nos
ha permitido, nos ha impulsado o nos ha fomentado el
ser lambiscones, patrioteros, conchudos, holgazanes,
puenteros, irresponsables, ineficientes y hasta cínicos.
Somos un gran pueblo con muchas virtudes naturales pero somos un pueblo envilecido en muchos aspectos,
castrado, cobarde, acomodaticio, ladino y ciego. No voy
a entrar en si la culpa es de España, de los aztecas, de los
romanos, de los griegos, de la Iglesia o de una infortuna-
da mezcla de razas. El hecho es que si los mexicanos, en
lugar de oír demagogias y tragar falacias, tuviéramos un
Presidente que nos moviera a lo mejor de nosotros mismos, si nos convenciera de la gran tarea de convertir a
México, como merece, en el mejor país del mundo, ese
hombre lo lograría. Encontraría muchos obstáculos,
muchos, porque la inercia es una fuerza pero a la larga de
cada mexicano brotaría un hombre vigoroso, fuerte,
honrado, sano, inteligente y comunitario. No habría hermandad en la borrachera sino en el trabajo, y los estudiantes no saldrían a la calle para pedir que les regalen ca-
lificaciones sino para exigir mejores maestros, más horas
de clases y una universidad tan respetable que un título de
ella fuera, como solía ser, un diploma de reconocimiento

al estudio, a la dedicación, al esfuerzo y a la realización. No habría un día del compadre decidido por Televisa, sino todos los días para hacer que el campo produzca, las fábricas funcionen a toda su capacidad y nuestros productos, por mexicanos, sean los preferidos en todo el mundo.

Lo primero que habría que hacer es llamar a México, México y no Estados Unidos Mexicanos. Desde allí empiezan nuestras incongruencias. Lo segundo que hay que hacer es que la palabra "mexicano" haga que quien lo sea, sienta, como sentían nuestros abuelos, que ser mexicano es ser lo mejor de la Tierra. Nosotros, mientras criticamos a Estados Unidos por su racismo, lo practicamos en México a todas horas y por todas partes. Es un racismo sordo pero implacable. Los españoles con su gran visión pensaron, apenas pusieron los pies en estas tierras, en convertir a Tonantzin en Virgen María, es decir, hicieron morena a la madre de Dios, nosotros lo que hemos hecho es tener "una rubia de categoría". . . He ahí la diferencia.

En todo el sur de Estados Unidos y en California hay montones de anuncios con mexicanos. En México es delito no tener la piel transparente porque no se ve la sangre azul de las venas. Tal vez, habría un momento en que tuviéramos que expulsar de la televisión a todos los güeros, por apariencia de forasteros, pero al fin volverían a la pantalla en la proporción que les corresponde de acuerdo al color nacional, al moreno magnífico, elegante, dorado de México. Ningún mexicano debería comprar un artículo anunciado por un rubio o por una güera, aunque de los gringos hayamos aprendido que "los caballeros las prefieren rubias". Y así como hay que expulsar de los periódicos todos los anuncios que ofrecen casas en dólares, así hay que expulsar los que exigen "buena presentación" que significa "blanquito, gente de razón, es decir: criollo".

Tenemos que empezar por el color de la piel, por el

195

brillante negro de los ojos, por el envidiable pelo refulgente de México, para seguir poniendo en su lugar virtud por virtud, todas las que eran de los indígenas y todas las que eran de los españoles de quienes venimos. Y
no eran pocas. Y de todos somos herederos legítimos.
Como herederos legítimos somos de las de Roma y de las
de Grecia. No somos "latinos" como nos inventaron los
gringos para despreciarnos con una palabra bonita. Somos grecorromanohispanomexicanos. Por eso hablamos
español, por eso llevamos a Platón en la sangre, por eso
comemos tortillas.

Pero los blanquitos no han querido soltar el poder
porque los blanquitos se sienten más parientes de los
anglosajones, ahora predicado por ellos mismos, como
la raza superior. Y por eso nació lo de "los primos del
norte". Jamás se refirieron a los primos negros, naturalmente.

Y así como en las escuelas deberían enseñar a los niños el orgullo de ser mexicanos, pero orgullo no verbal
sino demostrado convirtiéndoles en mejores alumnos,
en mejores atletas, en niños conscientes, así debería convencerse a los mayores de que en este momento tener
más de un hijo es criminal. Un gobierno tan poderoso
como el nuestro debe encontrar los caminos para que cada mexicano entienda que cada niño necesita escuelas,
caminos, agua, luz, gas, alimentos, hospitales, ropa y
cariño, mucho cariño. Que por lo pronto ya tenemos todos los niños que se necesitan por ahora, que los niños
no se pueden almacenar en espera de tiempos mejores,
que hay que esperar los tiempos mejores para sembrar
niños; que ahora lo que hay que producir es maíz, frijol,
sorgo, trigo, vacas, gallinas, borregos, cabritos, patos y
hasta conejos. . .

Estados Unidos es una realidad. La existencia de Estados Unidos no depende del gobierno pero sí depende
del gobierno la relación que con ese país tengamos. Soy
perfectamente consciente de lo difícil que debe ser tratar

con un país tan poderoso y tan inmediato. Es evidente que uno de los problemas más difíciles para los jefes de Estado mexicanos es el equilibrio de esa relación. Por un lado tienen el peligro de que Estados Unidos se trague a México pero por el otro, lo necesitamos. Somos ratoncitos jugando con gatos monteses. Pero los ratones no dominan a los tigres pelándoles los dientes, chillándoles en las orejas o tratando de patearles la barriga. La inteligencia del hombre, justamente la inteligencia, no se hizo para la ciencia, para el arte o para la vida del espíritu sino para sobrevivir. Lo demás llegó por añadidura. El ser humano, el hombre tuvo que desarrollar la inteligencia porque no tenía el tamaño de los elefantes, el pescuezo de las jirafas, el ojo de los linces, el olfato de las panteras, la velocidad de los venados, los colmillos de los tigres, las garras de los leones, las alas de las aves o la fuerza de los toros. El hombre tenía que cuidarse de los tiburones y de los mosquitos, de los leones y de las niguas, de las tempestades y de los pantanos, de las sequías y de las aves de rapiña. Por eso, justamente por eso, se hizo inteligente.

Por inteligentes, debemos sobrevivir y sobrevivir muy bien junto a Estados Unidos. Nuestra obligación es utilizar nuestras armas y descubrir sus debilidades. Pero una y otra vez repetimos la misma conducta, la del pataleo, la de hacerla de protectores de los desvalidos, la de jugar a los héroes internacionales. Igual a don Porfirio, a Calles, a López Portillo, que a usted, lo que se les ocurre para ser independientes es apoyar a Nicaragua, cada vez con idénticos resultados: salimos perdiendo nosotros. Y lo primero que México tiene que hacer es pensar en México, no en otros países. Usted ha apoyado a Nicaragua y el precio es, entre otros males, la ley Simpson-Rodino. Primero tenemos que ser fuertes nosotros. Para apoyar hay que estar apoyado. Para estar de pie se necesita tener el piso firme. Para prestar hay que tener dinero. Para gritar no basta tener voz. . .

No se trata, no, de que nos supeditemos a Estados Unidos sino de que le saquemos el mejor partido. México ha tenido respecto a Estados Unidos una política complaciente con la exigua izquierda mexicana que llama entreguista a todo lo que sea amistad con Estados Unidos y solidaridad a todo lo que sea amistad de México con cualquier país que simpatice con la Unión Soviética. Y no nos equivoquemos, nuestros amigos, a la hora de la hora, no van a ser los soviéticos —no porque no quieran o porque no sean mucho más parecidos a nosotros que los americanos— sino por razones políticas. Los países poderosos, como los banqueros, como los príncipes, a la hora de la hora siempre se ponen de acuerdo en relación a sus intereses nacionales, no en función a los demás. . . No nos hagamos tontos.

La Unión Soviética no es menos imperial que Estados Unidos. Lo grave del asunto, es que nuestros gritos, tal vez por la proximidad, o tal vez por repetir catecismos rupestres, son sólo contra el imperialismo americano. Por sistema, negamos el totalitario imperialismo soviético. Los soviéticos siempre se presentan en México como redentores. ¿De quién?

Estados Unidos, además es dos países. De eso también estoy enterado. Hay los Estados Unidos amigos de México, por inteligencia, por diplomacia, por conveniencia que nos quieren de aliados y, por lo tanto, que les gustaría que fuéramos un país más o menos democrático, más o menos próspero y más o menos progresista. Y hay otro Estados Unidos, nuestros enemigos, que por política también consideran que lo mejor para ellos es conservarnos en un estado pastoril, atrasados y dependientes, para que por siempre seamos sus proveedores de materia prima, de legumbres y de esclavos cuando ellos los necesiten.

Pero Estados Unidos, no lo olvidemos, es un país calvinista de corazón. Todos los países tienen que ser hipócritas pero a ellos les duele mucho la hipocresía. Por eso corrieron a Nixon, por eso le hicieron tanto escándalo a Reagan por lo de la venta de armas a Irán. Su debilidad principal consiste en que son un imperio que quiere sentirse dulce, amable, querido y, sobre todo, justo y bueno. La verdad es que el pueblo americano es un pueblo ejemplar en muchos sentidos, trabajador como pocos y generoso como nadie. ¿Por qué, pues, no utilizar nuestras argucias de católicos pecadores frente a los puritanos calvinistas? Si el rencor, la envidia y el resentimiento no nos han servido sino para amargarnos, ¿por qué no cambiar de táctica, de estrategia, de modo de actuar? Si gritan los de izquierda que griten. No debe olvidarse que ésa es su función. Si la izquierda se conforma, si toma el gobierno, se acaba, se vuelve reaccionaria. Oigamos, pues, su voz, que siempre las voces discordantes son saludables, siempre, aunque no nos guste oírlas. Las voces oponentes son las voces de nuestros síntomas, las voces de nuestras enfermedades.

Y, por el momento, aquí me detengo. No resistí continuar estas líneas antes de irme a Acapulco. Me levanté a las cuatro y ya son las seis. No hay huellas de sol todavía. Voy a prepararme para salir rumbo al Pacífico. ¿Habrá alguna vez una supercarretera a tan importante lugar? Si ya los mexicanos, aunque queramos no podemos viajar fuera del país, ¿no podríamos por lo menos tener magníficas vías de acceso a todos los lugares a donde se puede ir a descansar o a divertir? Para nosotros y para los turistas. Si nuestras carreteras fueran buenas y seguras, si en lugar de la pompa y circunstancia de una secretaría de Turismo, creada para complacer a Madame Du Barry, hubiera buenos caminos, defecatorios limpios y sonrisas para los turistas, nuestros pueblos, como los de España, estarían llenos de visitantes. . . Y no me diga que eso no es cuestión del gobierno. No digo que sea fácil, pero la tarea de gobernar no es la de andar en inauguraciones o en visitas protocolarias sino la de encontrar a costa de la vida misma de los gobernantes, si así se requiere, la felicidad de los gobernados.

Y todo eso, en México, puede hacer un buen gobernante. ¿No lo demostró, por ejemplo, don Alfonso Martínez Domínguez en Nuevo León? Y ya que hablo de él, antes de separarme de mi Tandy, me gustaría preguntarle: ¿Ha pensado usted en don Alfonso como posible Presidente? Creo que don Alfonso reúne todas las cualidades que en este momento se requieren para sacar a México de la crisis. Don Alfonso es de una inteligencia superior, de una perspicacia política inigualable. Como a casi todos los grandes políticos del mundo, le ha tocado la cumbre y el ostracismo. Sabe lo que es el poder y lo que es, por intrigas políticas, perderlo. Don Alfonso sabe dirigir, sabe obrar con habilidad y prudencia tanta que bastaría el hecho de que pudo derribar en Monterrey cuanta manzana fue necesaria para construir la Macroplaza y no tuvo una sola demanda. Es un constructor. Es un hombre imaginativo. Es un patriota. Es un hombre que conoce muy bien el país y sus problemas. Es un hombre que ha dirigido el PRI y que ha sido barrendero. Es líder por naturaleza y hombre por encima de los rencores y las envidias. Su manera de gobernar Nuevo León es la garantía de que sabe gobernar. El cariño que los de su estado le tienen y la admiración que en todo México se ganó, son el más grande aval que un hombre puede tener para llenar los requisitos para ser un magnífico Presidente. Yo creo que si usted lo ve con ojos de patriota, podrá verlo con la banda presidencial. Creo que uniría al país, que le devolvería la confianza, que le restauraría la fe, que su sentido de realidad llevaría a México a la prosperidad, a la prudencia, a la grandeza. Don Alfonso no es un aprendiz de brujo, ya es un brujo consumado. Es, pues, tal vez, el mago, el rey mago diría yo, que México necesita en este momento. . . Piénselo por favor, don Miguel, piénselo, se lo pido como mexicano. Ya lo tiene usted por allí. Hable con él. Oiga hablar a sus partidarios y a sus enemigos. Escuche la voz de los neoleoneses. Asómese a su obra. México no está ahora para principiantes, por más inteligentes o más hábiles que sean. México necesita la experiencia, la inteligencia, la sabiduría, los conocimientos y hasta las mañas de don Alfonso...

Ya son las seis y media. A lo lejos, en el filo de las luces oscilantes, empieza, como ilusión, el amanecer. Buenos días, don Miguel.

Viernes 6

Don Miguel, buenos días. Ayer el viaje fue unigénito, extravagante y extraordinario. A las ocho y dos minutos ya estaba en el periférico frente a Torres de Mixcoac, rumbo al camino de Cuernavaca. Era una mañana insólita por fría, porque el smog no era, como suele ser, una especie de gelatina grasienta, sulfurosa, amarga y espesa, sino como bruma de escenario, y porque el sol se veía en el cielo con rayos, como los que le pintan los niños, o como los que le brotaban a Yahvé en ciertos momentos de esplendor supremo.

El tráfico hacia afuera era frondoso, fluía con paciente lentitud. Abundante, protervo, torrencial era el camino al centro. Al ir retirándose el automóvil de los nudos, poco a poco se iba volviendo más fácil, como una especie de vejez inversa donde por momentos el carro se volvía más elástico, más joven, más vigoroso, más brioso.

En el radio escuché —con satisfacción por ir en automóvil— que el día anterior, en los vuelos de las compañías aéreas del Estado, había veinte retrasos, algunos de cuatro horas: quince de Aeroméxico y cinco de Mexicana. ¡Lo que debe penar el señor Sosa de la Vega! Cuando elegí Acapulco para intentar instalarme, amén de la belleza, de la altura y de que sus amorosos alegan que la atmósfera es particularmente saludable para ciertos padecimientos, caí en la trampa de pensar que era una ciudad muy bien comunicada. "Hay vuelos casi cada hora", me dijeron de buena fe, y lo creí. En efecto, Acapulco está muy bien comunicado con la metrópoli, siempre y cuando uno se decida a poner su vida, su tiempo y su humor en manos de la ineptitud burocrática. Los vuelos que se anuncian, no son realidades sino contingencias.

Y todavía hay perversos que proponen que se unan Mexicana y Aeroméxico. Doblarían los problemas, la ineficiencia y las pérdidas. El año pasado confesaron haber perdido cien mil millones de pesos. Unalas, y para el 88, las pérdidas serán de trescientos mil millones. No entiendo, como diría Proust, su "voluntaria, altanera, orgullosa perseverancia en sus errores". ¿Por qué no vende, al precio que sea, Mexicana de Aviación y se deshace de Aeroméxico?

A mí, los monopolios me parecen peligrosos. Creo en la libre competencia. Sé que la propensión moderna, siguiendo al Japón, es la de unir compañías. El ideal sería que Mexicana fuera una empresa privada y que Aeroméxico se ajustara a la realidad. Habría que disminuir costos, lo que implica reducir todo, desde personal hasta aviones. Y después, ya saneada, tal vez fuera conveniente venderla a Mexicana. Aunque, como le digo, soy muy consciente de la importancia de la competencia en las empresas, creo que dadas nuestras condiciones actuales una compañía bastaría ¡Cuidado con caer en la tentación de unirlas! Se hundirían irremediablemente las dos.

Yo creo que el gobierno mexicano es el único empeñado en sostener negocios improductivos. Mi sirvienta, doña Luisa, tenía un restaurancito en Lázaro Cárdenas. Cuando le pregunté por qué lo había cerrado, su respuesta fue muy sencilla: "Porque no ganaba dinero. Cada mes salía yo poniendo. Con la esperanza de que se compusiera, empecé a endeudarme, pero cuando vi que el negocio no funcionaba, lo vendí. Apenas me alcanzó para pagar lo que debía. No saqué ni lo que metí, pero salí de deudas y del atolladero de mortificaciones en el que vivía". Claro que el restaurancito de doña Luisa no estaba subvencionado por el pueblo, y ella tenía que pagar cada centavo que se perdía. Si las paraestatales fueran personalmente suyas —o del gabinete económico— hace mucho tiempo que no estuvieran en poder de ustedes. Gastar el dinero ajeno siempre ha sido muy fácil. Especialmente si no hay que pagarlo y si, además, se puede tirar con alegre disipación sin que, aunque debiera, la patria no lo demande nunca. . .

Me acuerdo que en su campaña tenía como lema "Yo sé cómo". Debe haber sido asunto de reserva mental. Nosotros pensábamos que el "Yo sé cómo" significaba que en sus planes y proyectos de gobierno ya tenía las claves y las soluciones para los males. Pero no, ahora sabemos que era un juego de tiempos verbales.

"Yo sé cómo" quería decir "Yo supe cómo" halagarme el camino al poder. . . Era un lema de orgullo, de triunfo, casi de cocoreo. Me recuerda el de la Basílica de Guadalupe: "No hizo tal con ninguna otra nación". *Non fecit talliter omni natione.* Fue, pues, un doble juego de anfibologías literarias. Y en ambas, don Miguel, tenía usted razón. Les ganó a todos los contrincantes y "no hizo tal —don Pepe— con ningún otro secretario". Razón no le faltaba. Los candorosos fuimos nosotros. Lo que me sigue asombrando es, ¿por qué, ya con la candidatura, como ahora con la Presidencia, sigue usted con una especie de duda interior respecto a su legitimidad en el triunfo? ¿Será, me pregunto, que usted es un converso al PRI? ¿Una especie de converso ateo? ¿Le ofreció usted algo a don Pepe que no pudo, no puede o no quiere cumplirle? ¿Aceptó usted, como Enrique VI de Inglaterra, el reino pero no el derecho de heredarlo? ¿Hizo usted, por inexperto o por bondad, alguna abdicación que luego lo ha atado y que no lo deja ser usted?

Y no me refiero, don Miguel, a que los mexicanos sintamos que a usted lo maneje alguien, sino que al parecer, desde dentro, está maniatado por compromisos que no acertamos a adivinar. Pero eso no es por malicia mía sino por decisión o por indecisión de usted. Usted no ha querido tender un puente hacia nosotros.

Cuando los ingleses iban a pelear contra la Armada Invencible, la viejuca aquella, la Isabel I de Inglaterra, se fue hasta los muelles y desde allí les gritó: "Lo que ustedes ven es una mujer débil pero tengo corazón de rey". Y los ingleses triunfaron. . . Triunfaron porque cada uno llevaba en el pecho, como prenda, aquel corazón de rey. En cambio, los españoles, en ese momento, lo que tenían era un hombre entregado a la oración, a la contemplación, al ayuno y a la abstinencia. Y todo eso puede ser maravilloso para salvar el alma pero no a los pueblos. . . Además, Felipe II, por ajeno a la realidad, había nombrado como almirante de la armada a un hombre bueno pero al que el vaivén de las olas lo mareaba al punto de hacerlo agonizar. . .

Pero hablaba de mi viaje, no de la derrota de la Invencible. A medida que abandonaba la ciudad disminuían los automóviles. Luego el milagro: había nevado. Jamás me había tocado espectáculo semejante en México. La nieve, que sólo atisbamos en las cimas de los volcanes, nos suele ser tan forastera como el sol de Acapulco para los de Amsterdam. La sensación de uniforme pureza, de inmaculada grandiosidad, de luz telúrica es muy conmovedora. Parece que el espíritu se ensancha como preludio o augurio de una posible redención. Tal vez sea que ante el inexplicable placer estético, si es que tal palabra puede usarse para ello, uno propende a derivarlo a lo ético. No lo sé. ¿Qué relación puede haber entre la nieve y las texturas morales?

Luego, la nieve desapareció entre la bruma. Era una niebla caliginosa que se escurría de las laderas, que brotaba del suelo, que subía de los barrancos. Con lentitud avanzábamos entre la sólida blancura de la nieve y el blanco fantasmagórico de la bruma. Después, un sol de bugambilias, de tabachines, de árboles azules, amarillos, rojos, nacarados; luz de tulipanes y vuelo de calandrias. Más adelante, la lluvia, primero esporádica como si la invisible mano de un sacerdote salpicara el carro para bendecirlo; kilómetros después, un chubasco. El cielo oscuro, el viento enmarañado, el agua como azote y el auto en un túnel de naufragio. . . Escampó, al fin, para mostrar el verde lujurioso del mediodía tropical: palmas, plátanos, mangos, papayas y un calor que anunciaba la llegada del mar. La carretera se llenó de cocos, como si estuvieran esperando un desfile de ávidos turistas. . . Y al fin llegué a Caracol, a la calle Caracol donde por ahora vivo en Acapulco, y desde donde, en este momento, puedo ver el tornasol del mar, el farallón y la cruz insolente de Trouyet. Y en la península se ha ido abriendo un camino, por las noches las luces descomponen la oscuridad. Se supone que es un parque nacional. Se dice que alguien construye una casa para usted. . . Pero no voy a ir a asomarme, ni voy a preguntar.

Todavía no me instalaba, apenas Marea, mi perrita, recorría con olfato de reconocimiento el lugar, cuando me enteré de lo que ocurría en la Asamblea Nacional número 13. Quedé inmerso en contradictorias furias, indignaciones y, en algo que suele serme muy ajeno, la desesperanza y el pesimismo. Al mismo tiempo que en Estados Unidos, con voz triste, compungida casi, apesadumbrada desde luego, el Presidente Reagan le pedía perdón a su pueblo por un silencio que lo había mostrado como escondido en la Casa Blanca, y cuyo costoso precio era menos confianza del pueblo en él; mientras Reagan, uno de los presidentes más queridos que ha habido en su país, reconocía sus errores y aceptaba públicamente plena responsabilidad por todo lo malo que se hizo en el caso de Irangate, porque "todo ocurrió bajo mi mandato"; mientras allá había esta confusión y ese acercamiento al pueblo, usted, Miguel de la Madrid, en la XIII Asamblea Nacional del PRI, con tono triunfalista, como si su mandato sólo fuera de victorias y nada empañara las palmas de su inexistente gloria, se lanzó a decir un discurso demagógico, indigno del gran partido que debería ser el PRI y absolutamente degradante para el pueblo del que es jefe de Estado.

¿Quién, en su sano juicio, don Miguel, va a aceptar

que "el PRI es el primer interesado en mejorar los procesos electorales, en remover imperfecciones, en acreditar limpia y transparentemente la legitimidad del gobierno de la Revolución"?

¿Quién se va a tomar por verdad: "Sabemos ganar limpiamente porque contamos con la mayoría de la nación, porque la mayoría de la nación sabe que defendemos los principios históricos de nuestra evolución política y porque sabe que lo que ofrecemos es viable y responsable y no pretendemos ganarnos la voluntad del pueblo con demagogia, engaños o ideologías"?

¿Quién le va a creer lo de "El cambio no nos asusta porque nosotros lo hemos promovido"?

Antes de su discurso, don Miguel, se habían escuchado las palabras de don Jorge de la Vega Domínguez —dedimpuesto por usted—, aplaudidas con feracidad porque él se excluyó de la ambición de ser Presidente —como si aspirar a la Presidencia fuera un delito—, porque habló con la habitual ambigüedad de la sucesión y porque dijo que no habría "ni quintacolumnistas ni caballos de Troya".

¿Quién se les ha colado al PRI, don Miguel? ¿El doctor Porfirio Muñoz Ledo? ¿Cuauhtémoc Cárdenas? ¿Quién? ¿Ifigenia Martínez? ¿Por qué De la Vega Domínguez no tuvo el valor civil, político de decir quiénes son esos que deben renunciar al partido porque "no perderemos el tiempo combatiendo a ínfimas minorías ni toleraremos que se invoque la democracia que practicamos para trastocar nuestra actividad partidista"?. . . ¿Sabrá tan poco de política el señor De la Vega como para ignorar que todas las mayorías empiezan siendo minorías? En cualquier caso, ¿por qué no dijo qué proponen esas minorías? ¿No será que mientras ustedes hablan de renovación y de que nunca han sido dogmáticos, están desconcertados porque gente inteligente y pensante del partido, aunque sea un poco tarde, pero todavía a tiempo, piensan en una verdadera reforma radical y democrática?

208

¿Se asustaron, don Miguel? ¿Por qué en lugar de los gritos de siempre, no los invitaron para que allí, en la asamblea, expusieran libremente, democráticamente sus puntos de vista? En fin. . . todo era teatro, farsa, juego floral.

Lo que en realidad fueron ustedes a exponer, es que el PRI no es un partido político, sino una maquinaria poderosa. En la jerga del PRI la palabra Revolución es equivalente a la de racismo para los nazis. De lo que se trata es de que los mexicanos quedemos convencidos de que la tarea sublime de la nación es la de preservar la Revolución. . . y la Revolución es el PRI.

La prueba de que el PRI no es un partido político fue la presencia de José López Portillo en la XIII Asamblea. Cualquier partido político del mundo lo hubiera arrojado de su seno. No se presentó humilde y modesto a reconocer sus fallas, sus errores, a pedir perdón por los daños causados al país, por el desprestigio internacional, por el perjuicio al PRI mismo. José López Portillo se presentó con la soberbia, la altanería, el despotismo y el desparpajo de un Calígula ante un Senado envilecido y degradado. A Calígula los senadores le aplaudían el que violara a sus hijas, sedujera a sus esposas, corrompiera a sus hijos, les arrebatara sus bienes y que los injuriara hasta la ignominia.

¿Por qué se puede aplaudir a José López Portillo?

"Regreso con la frente muy alta", dijo don Pepe. Sí, pero no con la frente muy alta ante el pueblo mexicano sino ante el grupo que estaba allí, el grupo que sentía cómplice suyo. No le habló a México sino a una traición que debiera aplaudirle los daños a la patria. Cada aplauso fue una injuria al pueblo de México. El habló como general victorioso que ha aplastado a sus enemigos, como si el pueblo de México fuera enemigo de todos los presentes. Habló como si estuviera ante una mafia, como un gángster que va a vanagloriarse de que su crimen ha sido perfecto, además, sin castigo. ¿Cómo pudo la XIII

Asamblea permitirle que les hablara como un matón que espera recibir condecoraciones y premios por sus delitos? ¿Cómo es posible que la Asamblea le permitiera hablar como si estuviera en una guarida de hampones?

Ahora sabemos que los democratizadores tienen razón. Además, aunque no queda muy claro en las noticias oficiales, parece que sí hubo un gran número de mexicanos patriotas que abuchearon a López Portillo, que no todos se sintieron sus cómplices, que hay priístas que sí se sienten mexicanos y no aliados de los patricidas. Y usted, debe haber oído muy bien lo que *El Norte* de Monterrey consigna: le gritaban, desde todos lados del Auditorio Nacional: lero, lero, lero a lo que le anteponían la sílaba "cu". . .

Y fue, además, don Pepe, a aprovechar la Asamblea para ir públicamente a darle un abrazo al licenciado Echeverría, que por civilizado no lo rechazó, porque agravios no le faltan. . .

Tampoco la reseña que vi le dedicó mucho espacio a las palabras del licenciado Echeverría. Oí por radio que dijo dos cosas importantes: "Nos equivocamos de rumbo" y "Yo sólo dejé diecinueve mil millones de deuda". Son dos frases aplastantes. . .

¿Por qué escogió usted, don Miguel, a Jorge de la Vega Domínguez, y no a Humberto Lugo Gil, para presidir el PRI? Estoy seguro que estaría en mucho mejores manos. Humberto Lugo Gil es inteligente y conciliador. Lo hizo muy bien como líder de la Cámara. ¿Qué está usted esperando?

Usted se ha de haber conmovido mucho y debe haberse sentido muy satisfecho de haber puesto en el PRI a De la Vega Domínguez, particularmente cuando al referirse a usted, entre otras lisonjas dijo: "ha ejercido el liderazgo nacional con apego a la ley, con respeto a la sociedad civil, con firmeza y con voluntad de renovación ejemplares".

Y qué bonito sonó la frase: "Dejaremos a un lado las

sinuosas veredas que pretenden trazarnos adversarios y minorías irrelevantes. . .''

La palabra ''irrelevante'' no existe en español, pero ni aun en inglés se podría aplicar ni a adversarios, ni a minoría alguna. . . Cosas de don Jorge.

Don Jorge tampoco sabe que uno de los requisitos de la democracia es el respeto a las minorías, y que los disidentes no tienen por qué ser adversarios. Lo que le pasa a don Jorge es que ya se siente Torquemada.

Y ya entendimos que o hay presidencialismo autoritario y hasta despótico ''que es la encarnación indudable de la legitimidad nacional'' o anarquía. . . ¿De dónde sacó a ese brillante Licurgo? ¿Es acaso para abrirle el camino a Gobernación en el próximo sexenio?

''Con oportunidad, sin adelantos ni retrasos, ni antes ni después, elegiremos bien a nuestro candidato a la Presidencia de la República. . .'' Cauteloso, don Jorge, desgranó su ambigua profecía, porque no tiene la menor idea de cuándo va a ser el destape, ni de quién pueda ser el candidato. Así de autónomo es el partido, así de independiente es el Presidente, del PRI . . .

''En la nominación de sus candidatos, el PRI no practica procedimientos ocultos o secretos, porque es un partido que lucha de cara al pueblo. . .'' ¿Y no sollozaría de emoción republicana al producir verdad tan contundente?

Desde luego, las palabras de don Jorge no significan que el PRI va a dar a conocer los nombres de varios posibles candidatos del PRI a la Presidencia. No significa que esos nombres se van a discutir públicamente, ni mucho menos que el pueblo —esa mayoría de la que tanto hacen gala— tenga opinión en la selección. Es decir, don Miguel, toda una asamblea para decir que no cambiará nada, que usted va a decidir y que el partido, como amante sumisa, como abnegada mujer mexicana, aceptará lo que usted diga, chueco o derecho. . .

Al aplaudir a De la Vega Domínguez porque dijo que

él no aspiraba a la Presidencia, ¿era acaso la argucia de César cuando Marco Antonio le ofreció la corona de emperador, o era un mero servilismo para complacer a Ricardo III? Habrá que leer a Shakespeare otra vez y, oh tristeza don Miguel, no lo tengo a la mano.

Shakespeare siempre está vivo. Ahora los personajes tienen otros nombres, y los castillos son palacios de gobierno o secretarías de Estado. Pero las intrigas, las insidias, los afanes de poder, las traiciones, las lisonjas, los rencores y las venganzas son las mismas. Cuando a un cortesano le preguntan que cómo logró convencer al rey, contesta más o menos lo siguiente: "Con pocas razones y muchas palabras de miel. . ." Y aquel que dice, creo que en *Measure For Measure:* "Es una maravilla tener la fuerza de un gigante pero es una tiranía utilizarla".

Hamlet y Julio César, y los mercaderes de Venecia —ahora tan de moda— y los Macbeth, y Ricardo II, y Ricardo III, y Enrique V, y Enrique VI, y el Rey Lear y Antonio y Cleopatra, y hasta Romeo y Julieta, sólo se cambian de nombre.

Por cierto, el otro día me dejó patidifuso don Jacobo Zabludovsky al recomendar la lectura de *El Mercader de Venecia* en relación a la moratoria. ¿Sabrá, don Jacobo, que la mayoría de los banqueros que le prestaron dinero a México son judíos? ¿Habrá leído o visto *El Mercader de Venecia?* Yo creo que Shylock es uno de los personajes más patéticos y más injustamente tratados por Shakespeare. No pienso, como muchos susceptibles, que es una obra antisemita pero sí una comedia injusta contra el prestamista.

Ayer sí me entristecí, me indigné pero el cansancio me tumbó y dormí hoy hasta las siete de la mañana. Estaba tan indignado, tan melancólico que hasta pensé en interrumpir, tal vez para siempre, esta carta. Hoy, ya con el viento del mar, con el azul onduloso, pienso que mientras hay vida hay esperanza, que mientras usted tenga el poder siempre hay la esperanza de que esta carta llegue a sus manos, aunque sea mínima, y que hay la posibilidad de que de algo sirva la justa indignación de un mexicano que ama a México.

Ya son las dos y diez. Los penachos de unas palmeras que están junto a mi ventana mecen el viento como si Agustín Lara les fuera a cantar. El mar de unísono azul ofrece prismas y en algunos puntos rayas de espuma. Un velero rojo se apresura hacia la línea del horizonte. Flotan suspendidos de esas conchas de colores transparentes, como de art nouveau, turistas interminables. A veces, los paracaídas se derrumban en las olas. Otras veces, por pequeños descuidos de los lancheros, los infelices ícaros nórdicos tropiezan con algún hotel. No sé si se mueran. Sé que suelen quedar muy raspados y muy maltrechos. Y aquí ni a quién demandar. Son —dicen los lancheros— cosas naturales. . .

Voy a descansar. Voy a comer. Intentaré dormir una siesta y luego. . . seguiré con ésta para mí entretenida tarea.

Hasta el rato. Hoy es viernes 6 de marzo.

Debo fatigarme más de lo que percibo. Mis siestas, en parte de larga herencia tribal, y en parte recomendadas por el médico, suelen ser, cuando se prolongan mucho, de quince minutos. Hoy, para mi sorpresa, dormí tres horas seguidas. Abrí los ojos, vi el mar de color gris, gris ataúd, gris acero, gris sexenal. Unas pequeñas nubes negras, residuales, rezagadas, se veían en un cielo mediocre, gabinetal. Lo primero que me vino a la cabeza fue: ¿Pero qué demonios aplaudían en la XIII Asamblea? ¿Aplaudían, justamente juntos, al triunvirato de la derrota? Los presentes en la clausura de la XIII Asamblea vitoreaban su error al haber sostenido en la Presidencia a tres inexpertos, uno escogido por ser el más trabajador, el más disciplinado, el más silencioso, el más patriota, el más mexicanista, los otros dos, usted y don Pepe, por nepotismo puro.

En cualquier otro lugar del mundo, esa asamblea hubiera sido de arrepentimiento y de propósitos de enmienda. Si los allí presentes se hubieran comportado como verdaderos descendientes de los revolucionarios, hubiera habido valerosos discursos, condenas viriles, y ante sus tres errores, si no la expulsión del partido, sí un silencio de vergüenza. Aplaudieron sin explicación posible. Aplaudieron como recién casados amorosos que ante una comida amarga, salada, quemada y de espantable aspecto, aplauden a su mujercita como a la mejor cocinera del mundo. Particularmente aplauden si en su oficina tienen un comedor con cocinero francés...

Aplaudieron su pobreza interior, su servilismo, su decadencia, su abyección. ¿Aplaudían a los causantes de la pobreza, de la miseria, de la inflación, de la devaluación, del enorme desempleo, de la carestía, de la inseguridad pública, de la improducción, de la monstruosa deuda nacional? ¿Eso aplaudían en ellos? Me recordó el cuento aquel de la hiena: fea, repugnante, roñosa, pútrida, hambrienta, herida y despreciada y la pregunta: ¿de qué demontres se ríe?

Ahora su signo es otro: Lobos con piel tricolor de bandera nacional.

Pero los mexicanos no somos caperucitas. Ya les hemos visto las orejas, los colmillos y hasta la cola entre las piernas, aunque pretendan ondearla como trofeo y blasón. La XIII Asamblea fue como el juego de las comiditas de los niños. Todos dicen que es muy rico el lodo, que el zacate es una delicia, que las yerbas son magníficas pero ni el niño más tonto se los come.

El sentir de México no son los aplausos de la mafia. Su sentir es la rechifla del estadio el día de la inauguración del Mundial de Futbol. Y si se hubieran presentado los tres, el triunvirato del fracaso, y si el estadio no hubiese estado, como estaba, lleno de guaruras, de policías y de soldados, tal vez lo que fue una sonora, estentórea, espontánea, trepidante, prolongada e internacional re-

214

chifla hubiese sido el primer linchamiento auténticamente democrático del mundo. El primero, además, no sólo en las pantallas televisivas de todo el mundo sino el primero, que como justicia divina, llegara del cielo rebotado por los satélites que son como microscópicas estrellas de Dios. . . Tres en Uno se hubiera llamado, o el Trío de Gracia.

La clausura de la Asamblea no fue sino la exhibición del Manicomio 13. La presencia aplaudida de ustedes tres, puede servir de prueba irrevocable de que no hay justicia inmanente, inclusive, puede servir en teología como prueba ontológica al revés. De haber Dios, ¿no hubiera aprovechado la oportunidad para fulminarlos con su justicia divina? ¿Por qué no habría de repetir aquello de Sodoma y Gomorra? ¿O no es peor crimen el hacer sufrir a todo un pueblo que el mero entregarse a los pequeños placeres de la carne, de los que los allí presentes tampoco se privan?

Pero no llovió fuego ni hubo diluvio. Y no debemos sorprendernos. Muchos de los que allí estaban, un día, en la Cámara de Diputados, aplaudieron con delirio al asesino Goyo Cárdenas, ¿se acuerda?

Cuando caiga el PRI, y si sigue por ese camino ciego caerá, espero que haya restituciones, sí, pero no que haya horcas ni guillotinas, ni pelotones de fusilamiento, ni sillas eléctricas ni cámaras de gas; no porque no los merezcan, que algunos merecen el fuego eterno, sino porque la violencia engendra violencia. El castigo para los culpables será un ostracismo nacional. Impedirles que salgan del país e impedir que los ciudadanos les dirijan la palabra. Y un día al año, el primer domingo de enero, podría consagrarse a la "rechifla nacional". Eso les recordaría a los nuevos gobernantes que el poder es del pueblo y no de las oligarquías, ni de las aristocracias, ni de los vivales usurpadores del poder.

Ahora que hablan tanto de soberanía, deberían pensar que los violadores de ella son ustedes, los gobernantes, puesto que el poder es del pueblo y ustedes lo detentan.

Qué distinto y qué tranquilizante y qué confiable que la XIII Asamblea se hubiese entregado, con toda humildad, a reconocer que a partir de Díaz Ordaz se les había descompuesto el timón. Qué extraordinario y maravilloso, don Miguel, si usted en lugar de ir con la retórica harapienta que nada cubre, como Gorbachov, como Nikita, como Reagan, hubiese hablado con la verdad. Si Nikita lo pudo hacer con Stalin, si Cárdenas lo pudo hacer con Calles, con el general Calles que era hombre revolucionario y patriota de verdad, ¿tan difícil y tan gigantesco le parece a usted el frívolo don Pepe?

Si con el dedo primero hacia usted, y después hacia López Portillo, hubiese puesto las cosas en su lugar, por primera vez, hubiésemos sentido que teníamos Presidente, que en la Presidencia no estaba nada más un señor que nos legó López Portillo, sino un hombre capaz de levantar la voz, de reconocer los errores, de condenarlos y de señalar los remedios. El primero, naturalmente, era aceptar que nos ha ido muy mal porque nos han administrado mal. Pero al parecer, ni usted ni el PRI son todavía capaces de un examen de conciencia. Prefieren gritar contra los que desde dentro o desde afuera los quieren salvar. Son como los alcohólicos que se enfurecen cuando alguien les menciona el hecho de que ya son esclavos del vicio. . .

Pero las matracas, los aplausos y el himno nacional no ocultan los daños. ¿Quién concibió la torpe idea de invitar a los expresidentes? Fue contra usted porque lo convirtieron en el centro de todos los errores. . .

Para descansar encendí la televisión y me encontré con la XIII Asamblea. Vi el entusiasmo, los aplausos condicionados por las pausas, la multitud de pie, conmovida, conmocionada ante su grito de Viva la Revolución. Vi que modificaba la Renovación Moral por "la Renovación Nacional". Lo oí hablar de que no les asustan los cambios. En fin, don Miguel, oí el estrépito de los aplausos y vi el gentío. ¿Cuánto le cuesta a la nación una reunión así? ¿Cuánto cuesta no sólo armarla sino el tiempo de cada uno de los presentes? Para legitimar el nombramiento de Jorge de la Vega Domínguez como líder del PRI, no necesitaba más que su palabra y para escuchar ovaciones, don Miguel, hay unos discos maravillosos de aplausos no de meros funcionarios cuyos sueldos dependen de usted, sino aplausos delirantes a Hitler, a Mussolini, a la Callas, a Frank Sinatra y hasta a Rigo Tovar. Y son aplausos de verdad. . .

Noté que en la Asamblea 13 nadie mencionó que usted es el Presidente 13 desde el charco de sangre de Huitzilac. Se habló de Calles pero no de León Toral, del general Francisco R. Serrano, del general Arnulfo R. Gómez; sobre todo, no se habló de la concepción del PRI ni del parto del PRI. Pero sencillamente fue porque se les pasó; ese público de acarreados de casimir inglés hubiera aplaudido lo de Huitzilac como si hubiera sido la Novena Sinfonía dirigida por Toscanini. . .

No, don Miguel, no digo esto para molestarlo por antipatía personal, como los políticos en México suelen pensar ante lo que no son ditirambos. Cuando las gentes como yo criticamos es asunto nacional. Yo no dudo de que usted sea un hombre bueno, inteligente y dispuesto a componer las cosas. Pero, insisto, eso no basta. Para gobernar un pueblo hay que arriesgarlo todo, don Miguel, todo, hasta la vida. A los grandes males hay que ponerles grandes remedios. El cubrir el cáncer con maquillaje de salud es un crimen. El cáncer se extirpa por más que duela, por más graves que sean los riesgos.

El que le tiene miedo a los lobos no debe meterse al monte. No puede ser cirujano aquél a quien le tiembla la mano. Si Juan XXIII que era un gordito santo y dulce pudo lanzarse a reformar la Iglesia, ¿no podrá usted que es hombre joven y fuerte reformar el PRI? Si santa Teresa de Jesús, aquella vieja de genio, pudo, látigo en mano, convertir en conventos y en monasterios lo que eran

217

prostíbulos y casas de jolgorio de obispos, usted, con el poder que el presidencialismo le da, ¿no podrá meter el orden en lo que hoy es su casa?

Estos días, don Miguel, no son para recoger aplausos, hay demasiadas carencias, demasiados duelos, demasiados daños. Usted no tiene derecho a fiesta alguna mientras el pueblo gime. Si usted es el guía, guíe, pero guíe hacia la luz, hacia la libertad, hacia el trabajo, hacia la responsabilidad; guíe como Moisés hacia la tierra prometida aunque usted, como Moisés, llegue sólo a divisarla a la distancia. Lo importante es que el pueblo llegue. La vida de usted es una sola, única, irrepetible, intercambiable, pero una. Si usted aceptó la Presidencia acepte arriesgar su vida por México. Tal vez si hubiera una guerra usted lo haría sin vacilación. Pero las grandes guerras suelen librarse en tiempos de paz, aunque no con menos riesgos para quienes las pelean. . .

México necesita un líder. Séalo de verdad, no en las palabras de sus empleados. Lo que le diga Jorge de la Vega Domínguez no tiene más validez que la de cualquier discurso pagado. Y mal haría don Jorge si dijera otra cosa. No es a él a quien le corresponde hablar de la soga en la casa del ahorcado, sino a usted. Si en México la palabra no se usa para decir sino para ocultar, es porque todavía no tenemos un Presidente que se atreva a llamar al desastre, desastre y a las torpezas, torpezas. El día en que un Presidente diga: "No me aplaudan los fracasos porque invalidan mis logros; no me mientan porque engañan mi realidad; díganme la verdad, porque lo que importa es México y no mi vanidad"; entonces, entonces empezaremos a caminar hacia la conciencia nacional.

Las digresiones, don Miguel, me harían interminable esta carta. Debo retornar al tema de los problemas de México. No he tocado, como quisiera, el candente del momento, el del dinero, el dinero en todos los sentidos. El dinero que ustedes gastan en exceso, el dinero que imprimen en exceso y el dinero que han solicitado al extranjero en exce-

218

so. Si esto fuera un capítulo se llamaría "Los excesos del dinero". . .

La historia de los gobiernos de México, desde nuestro nacimiento como país, ha sido una historia de deudas. Fue principalmente por política equivocada, ya lo dije, por lo que perdimos —o nos dejamos arrebatar— más de la mitad de nuestro territorio nacional. Sin deudas de por medio, por lo menos no hubiera habido fáciles pretextos para justificar entregas, ventas, concesiones, hipotecas y cuanto se hizo, y de alguna manera, se sigue haciendo.

El problema del dinero es un asunto difícil de tratar pero en nuestra medida y según nuestra edad todos somos testigos de la pérdida de su valor adquisitivo. Y no importara si un kilo de carne costara hace diez años veinte pesos y ahora dos mil si el precio fuera en proporción a los ingresos. Pero el asunto no es así. El hecho es que cada día los mexicanos empobrecemos más. La realidad es que cada día el valor del trabajo de un mexicano vale menos. Es decir, la devaluación de la moneda es la devaluación, en nuestro caso, de nuestra vida. Uno vende su tiempo a cambio de dinero que significa cosas. Yo, por ejemplo, no considero que las cosas sean caras o baratas en sí, sino en relación a lo que a mí me cuestan. La inflación, claro, nos ha enloquecido a todos, pero aun así, un piano o un kilo de frijol, sólo son caros en relación a las horas de trabajo de uno. Hubo un tiempo en que sólo los viejos hablaban de cuando las cosas eran baratas. Ahora eso lo puede comentar cualquier niño que compra un chicle o un refresco.

Yo no recuerdo el oro como moneda cotidiana pero sé que ésa era la moneda que se usaba cuando yo era chico. Sí recuerdo, cómo no, las monedas de 0.720 de a peso, y de cincuenta, veinte y diez centavos. Los cabritos, eso sí lo sé porque los vendía un vecino, valían cincuenta centavos. Pero un día, el gobierno decidió cambiarnos la plata por papel, igual que lo habían hecho en la Revolución y nuestra moneda se convirtió en bilimbique. La razón, creo, es la misma. Los gobiernos hacen billetes sin nada que los respalde. Eso quiere decir que son billetes falsos. Si el gobierno que los emite tiene la confianza del pueblo, no hay problema, pero si el pueblo manifiesta su desconfianza, y exige que le conviertan su papel en plata, en oro o en lo que dicen que lo respalda, la moneda se viene abajo.

Yo tal vez sea muy torpe pero creo que la única manera de desarrollar un país es produciendo bienes no haciendo billetes. Creo que una de las peores fallas fue la de hacer billetes con la intención de hacer más obras, de crear más fuentes de trabajo y la de acelerar el desarrollo del país. Y, no sé por qué razón, el aumento de billetes no produce bienes. Tal vez porque el procedimiento de hacer billetes es tan sencillo, el gobierno sucumbe a la tentación y desborda la producción. Y ésa es la principal causa de la inflación. A la larga se vuelve muy obvio el hecho de que los billetes no son comestibles.

Por un lado, nuestros gobiernos se soltaron haciendo billetes, y por el otro, se aferraron a un error de la Revolución, al reparto de tierras, al ejido. Eso que funcionaba muy bien como ideal, en la realidad resultó atroz. Tan atroz como las paraestatales. Las paraestatales asfixian al gobierno, y el ejido al país.

Calles, en su último informe, hace saber a la nación que el camino del reparto agrario no es la solución ni para el campesino ni para el país. Lázaro Cárdenas, tal vez para darle en la cabeza a don Plutarco, tal vez por demagogia, tal vez por ciego a la realidad, se entregó a la faena de repartir las tierras de México. Resultó que la gente tenía la tierra pero no tenía con qué trabajarla. Y allí empezó el verdadero desastre.

Para resolver el problema, el gobierno inventó doscientas empresas absolutamente improductivas y, naturalmente, costosísimas para el erario público. Se empezó con el Banco Ejidal Agrícola, el Banco Agrícola y Ganadero, el Banco Agropecuario, etcétera, etcétera, etcétera. Baste decir que desde que apareció Banrural, México se convirtió en el principal país importador de alimentos.

El gobierno inventó paraestatales para resolver los problemas reales con medidas burocráticas: la CONASUPO, LICONSA (para la leche), PRONASE (Productora Nacional de Semilla), COFRINSA (Complejo Agrícola e Industrial de la Cuenca del Papaloapan), la Impulsora del Cocotero, la Impulsora y Beneficiadora del Cacao, la CONAFRUT. . . El Instituto Mexicano del Café y. . . montones de empresas similares. Ninguna de estas empresas ha logrado jamás ni aumentar la producción ni mejorar la suerte de los campesinos. La verdad es que el campo quedó obstaculizado —y sigue obstaculizado— por burócratas que absorben el dinero destinado a los campesinos.

Los burócratas sólo hundieron más al campo. Ahora ni los burócratas ni los campesinos producen alimentos suficientes para el país. Los unos y los otros comen tortillas con maíz americano, que se compra con dinero que aumenta día a día la deuda externa.

El remedio es eliminar toda esa parásita burocracia. Primero hay que darle a los ejidatarios la tierra como propiedad. Después, si algo hay que repartir no es el campo sino los frutos del campo, al igual que los frutos de la industria se reparten entre los trabajadores. Eso produce bienes, le da utilidades al empresario, impuestos al fisco y salarios y prestaciones sociales a los trabajadores, como en todo el mundo.

El campo pobre expulsó a los campesinos y no enriqueció a las ciudades. Por el contrario, los campesinos en las ciudades se convirtieron en mil usos, en tragafuegos o en peones. Arreglar los cinturones de miseria cuesta mucho más que lo que hubiera costado arreglar el campo.

La única manera de reparar eso es disolviendo todas las paraestatales vinculadas al campo mexicano, suspendiendo el reparto agrario y escriturando los ejidos. Hay que darles libertad a los campesinos para que siembren lo que quieran, vendan a quien quieran, como quieran, donde quieran y cuanto quieran.

Una vez que los campesinos sean dueños de los ejidos, que ellos decidan qué es lo que van a hacer, y cómo lo van a hacer. Si para algunos de ellos funciona el ejido, magnífico, pero que no queden esclavizados a un dogma de la Revolución que, a fin de cuentas, ha mantenido a muchos burócratas y ha empobrecido a los campesinos y al país.

¿No está usted de acuerdo conmigo? Y lo mismo que digo de las paraestatales del campo, pienso de todas las demás. El que tiene tienda que la atienda o que la venda. El gobierno no sabe atender sus tiendas porque no es tendero y porque sólo al ojo del amo engorda el caballo. . .

Anoche, don Miguel, no me pude despedir de usted porque se acabó la memoria de la Tandy en la que estaba escribiendo. Podía pasarme a otra —tengo tres— pero, además, estaba cansado. Preferí dormir, aunque ya acostado no podía eludir el peso de la deuda externa. ¿Cómo ocurrió, don Miguel, que nadie del gabinete de José López Portillo renunciara al ver que endeudaba al país hasta empujarlo a la desgracia? ¿Cómo es posible que nadie protestara por el latrocinio —vergüenza internacional— perpetrado por José López Portillo al robarse los dólares que estaban depositados en los bancos mexicanos, depositados en la confianza de un pueblo y de un gobierno? ¿Cómo es posible que a un Presidente se le permita fraude semejante a propios y a extraños?

No estoy de acuerdo en lo que dijo don Jorge de la Vega Domínguez en la XIII Asamblea, tanto para adularlo a usted como para establecer un principio que en la práctica es tiranía:

"En la institución presidencial convergen las tendencias más responsables y progresistas que dan sentido a la dinámica de la nación. Quienes consideran que la democracia exige restar facultades al Ejecutivo Federal ignoran que éste es una institución producto de nuestra experiencia histórica y un instrumento poderoso de nuestra voluntad colectiva. . ."

Presidencialismo sí. Absolutismo no. Y hemos estado, y usted lo sabe muy bien, sometidos a un absolutismo del que no gozaron jamás ni los Luises de Francia ni los Enriques de Inglaterra. México no puede seguir, insisto, manejado por un solo hombre. A mí, me parece inadmisible que un solo hombre, para salir momentáneamente de un atolladero político en el que él solo se metió, estatice todos los bancos, o devalúe la moneda y que no tenga ni siquiera que consultarlo con su secretario de Hacienda. Creo que hay que ponerle fin al absolutismo. ¿Usted, como ciudadano, como mexicano, no piensa lo mismo?

Para mí, es más culpable López Portillo, que López de Santa Anna. Don Antonio López de Santa Anna estaba sometido a presiones internas muy terribles, y amenazado por las ambiciones y la terca codicia de Polk. Y López de Santa Anna no defendió el territorio que perdimos como perro sino como hombre y como patriota. Lo que pasa es que Estados Unidos ya era poderoso y que las circunstancias le fueron adversas.

Lo de José López Portillo fue una alevosía. A nuestras espaldas, sigiloso, torvo, avieso, en otro celestinaje con su hijito —y en connivencia con ciertos de sus cómplices—, hipotecó el país, lo empujó a la quiebra y empobreció a los mexicanos. ¿Cómo es posible que no previera los daños que iba a producirle a México con deuda tan enorme? El, a diferencia del general Santa Anna, no arriesgó jamás ni su comodidad.

Y lo que se debe, hay que pagarlo. Y lo que se debe, se puede pagar, pero sólo si usted escoge de sucesor a un hombre con experiencia de gobierno, pero con capacidad y habilidad de empresario. Un hombre que corte los males donde hay que cortarlos sin tentarse el corazón. Un hombre con la inteligencia clara y la firmeza indomable de un soldado que sabe o que mata o lo matan. Un hombre capaz de saber a quién domina con un premio, a quién con una estrategia, a quién con una sonrisa y a quién con un razonamiento. Un hombre que sepa hacer dinero, pero que no tenga la ambición de querer el dinero para él. Un hombre que sepa negociar, que sepa avanzar, que sepa retroceder, que sepa, sin miedo a que lo opaquen o sin temor a que lo dominen, escoger para cada puesto al mejor. Un hombre que no le tenga miedo ni a los inteligentes ni a los sabios; que no lo asusten ni el progreso ni los cambios; un hombre que esté por encima de la vanidad de las corbatas y de las frivolidades del donjuanismo.

Parece, don Miguel, que en esta apasionada entrega al sentimiento trágico de la política mexicana, en este pensar en todo lo que, según yo, está en sus manos resolver, exijo demasiado. Pareciera que en mi afán o en mi desesperación por ver a México cambiar de rumbo, renovarse y desprenderse de sus males para tomar el lugar que por su virtual grandeza le corresponde, yo perdiera los límites mismos de la realidad. Mientras, por un lado, parezco regatearle méritos, por el otro, le exijo que como mago, con meras palabras cabalísticas, le dé a México lo que de México es, y que produzca a hombres milagrosos que Diógenes no encontró. Pero no es así, don Miguel.

Yo sé que en toda decisión política entran motivos irracionales; como en la historia, como en la filosofía, el hombre imprime su huella en todo lo que hace. Si el hombre fuera perfecto, el mundo hace tiempo que se hubiera detenido. Lo que pido es la voluntad política purificada, hasta donde sea posible, de las tendencias y de las motivaciones irracionales. Digo voluntad política para eliminar, también hasta donde un hombre puede, sus debilidades personales, sus temores, sus inquietudes, sus inseguridades.

Si vivir es olvidarse de la muerte. Hacer política debe ser olvidarse de lo microscópico y actuar con magnanimidad y con magnificencia. No podemos seguir con un tenaz y deliberado apego al pasado. La tradición debe ser impulso no ancla. Pido una fórmula política que nos dé libertad —y la libertad siempre es búsqueda de justicia— y una forma de gobierno en la que las distintas instituciones se sostengan las unas a las otras, y al mismo tiempo recíprocamente se limiten los poderes. La grandeza de un hombre, de un pueblo, de una época, de una cultura se miden por la solidez de las instituciones que crean y la universalidad de los principios en los que éstas se apoyan. La virtud política es una virtud heroica.

La vida en la Presidencia, don Miguel, no se justifica por sí sola. Si desde allí no se cumple con el pueblo, se cae en la muerte del espíritu, en eso que se llama deshonor, en la desaprobación moral. El sentido del valor de un pueblo, de su honor, del peso de su palabra empeñada, de sus virtudes y excelencias, de su sangre y de su tradición, de su vitalidad y del repertorio completo de su ser, por razones jurídicas, políticas y sociales está, en este momento, representado en México por usted.

Usted, don Miguel, es la suprema autoridad. La libertad, usted lo sabe, es la posibilidad de optar entre lo diverso. La libertad puede cegar o desvanecer los errores. Pero, insisto, si se piensa en términos de la comunidad, en el beneficio de la comunidad, los ojos solos se abren y la inteligencia se vuelve más ágil y más despierta. Es el premio a la generosidad. Si usted erige la justicia en principio de la convivencia, el ciudadano se convierte en un sujeto de derecho, en un individuo con libertad de aceptar o de negar. Ya se sabe, porque nos lo dijeron Platón y Aristóteles que "el ciudadano es necesariamente distinto bajo cada forma distinta de gobierno". Nosotros, don Miguel, no tenemos justicia divina para que regule el universo y nos mueva la vida en los cauces de un destino. El destino somos nosotros. Nosotros el camino.

Le pido, pues, don Miguel, que piense en usted dando un paso o muchos pasos sobre sí mismo, con todos los riesgos y todas las venturas que con semejante aventura corre. No habrá hombres perfectos, hechos a imagen y semejanza del ideal de un gobernante, pero sí hay muchos mexicanos valiosos, patriotas que darían su vida y su ser por una patria mejor. En este momento para que uno de ellos surja se necesita su brazo, el de usted, vigoroso, fuerte, valiente y patriota. Piense usted en cuantos mexicanos pueda que estén dispuestos a esa apasionada entrega. Por lo pronto le presento a uno que usted conoce: Agustín Acosta Lagunes.

Fue extraordinario y luminoso gobernador de Veracruz. Allí está su obra. Lo acusaron de avaro, de ríspido, de intratable, de arbitrario, pero no de corrupto, de inepto, de injusto o de mal administrador. Trabajó para el estado sin tregua ni reposo. Fue avaro sí, pero con el dinero del pueblo. Lo del pueblo fue al pueblo, no cuentas bancarias personales. Es un hombre capaz de grandes perspectivas, y de avisorar desde lejos los horizontes. Sabe medir en los demás las fuerzas y las debilidades. Sabe manejar empresas. Hará producir las sanas, y las enfermas las venderá o las enterrará. Sabrá poner en las tiendas a quien las atienda. Agustín Acosta Lagunes puede ser un gran Presidente. Allí tiene usted a otro candidato posible. El sabe el valor de la tierra, del dinero, del comercio, de las relaciones internacionales y sabe comprar y vender. En Veracruz demostró, en silencio pero fulminante, que era más amigo de Veracruz que de sus amigos. Allí no se movía la hoja de la tesorería sin su voluntad expresa. Y cuando alguien, por amigo que fuera, caía en la tentación de los negocitos, con tristeza, a veces, pero siempre con decisión, lo destituía.

Si "por sus obras los conoceréis", asómese usted a las obras de Acosta Lagunes. Oigalo, véalo, pregúntele qué haría con México, y no piense en usted, don Miguel, piense en México. Piense, por favor, en lo mejor para el país. . .

Lo de la deuda externa, insisto, es un problema político y políticamente tiene que resolverse. Estudié, en civismo, que la manera que utilizaba Washington para atar a los estados —me refiero a Texas, a Rhode Island, a New York— era prestándoles dinero. Si eso hace el gobierno de Estados Unidos con sus propias entidades, ¿por qué se admiran después de que ponga condiciones a los países a los que presta dinero? Además, eso lo sabe usted muy bien, en ningún banco prestan dinero sin garantías y condiciones. Una de ellas, por supuesto, es que el dinero se tiene que pagar y que se tienen que pagar réditos por él.

Durante años, la usura estuvo prohibida por la Iglesia. Nadie podía ganar dinero por su dinero porque entonces viviría sin trabajar, lo que era un pecado. La acumulación de dinero era condenable porque implicaba avaricia, sensualidad y soberbia. En el fondo de esto es que los reyes y la Iglesia querían ser los dueños de todo. De allí la insistencia en que era más fácil que un camello pasara por el ojo de una aguja a que un rico entrara al reino de los cielos.

Siendo así las normas, si un hombre prestaba un doblón sólo podía cobrar un doblón. Si se cargaba interés por el uso del dinero se estaba vendiendo tiempo de trabajo, y el tiempo no se podía vender porque era de Dios.

Los que se atrevían a prestar dinero cobrando réditos eran los judíos porque, al fin de cuentas, ya estaban condenados de antemano. Pero como a veces también el Papa prestaba dinero, entonces sí era lícito cobrar intereses porque el dinero era de Dios, y no pagarlos implicaba horribles castigos temporales y espirituales.

A la larga, la Iglesia cedió y se permitió "la usura moderada y aceptable" pero siempre, claro, la usura ha dependido de la necesidad del que pide. ¿Qué necesidad teníamos de endeudarnos si está probado, como le mencioné, que el 58% de la deuda de don Pepe fue para derrocharse?

Aun en los sainetes baratos y en las zarzuelas, aparecen unos viejucos prestamistas que les sueltan generosos dineros a los padres de niñas hermosas para cobrarse después, claro, con la niña misma. ¿Qué niña pensaba entregar don Pepe? ¿Baja California?

Ahora ya nos conformamos con que nos presten para pagar los réditos. Todavía no pensamos seriamente en la venta de todas las paraestatales, en la reducción real de los costos del gobierno y en la austeridad, en una austeridad real no verbal y, sobre todo, en poner a trabajar al país.

¿Qué dirían en Estados Unidos, por ejemplo, ellos tan minuciosos para ciertas cosas, tan inquisitivos hasta con su Presidente, si se corriera la versión de que el siguiente préstamo que nos hagan es tal vez para imponernos a un Presidente? Es decir, que ellos, tan apegados a la democracia y al calvinismo, van a subvencionar con su dinero, con su trabajo, la elevación al trono de México de un hombre que tal vez no sea ni de nuestro gusto, ni de nuestro agrado, ni de nuestra simpatía. ¿Qué pensarían?

Porque Estados Unidos ya no es el mismo Estados Unidos de antes. Durante años y años, México era para ellos tan lejano como Afganistán. Pero las cosas han cambiado. Antes, los presidentes de México no eran noticia. A partir de Jack Anderson, de aquel terrible artículo sobre usted, las cosas se han modificado considerablemente.

A usted, en México, le podrán hacer un recibimiento digno de Julio César cuando regresó de las Galias por el mero hecho de haber ido a Japón pero. . . ¿a quién se engaña con eso? Todos sabemos que el pueblo de México sólo se reúne, por su gusto, dos veces al año: la noche del 15 de septiembre en el Zócalo y el 12 de diciembre en la Basílica. Todo lo demás es acarreo y ficción. El único hombre que ha despertado el interés nacional y que convocó espontáneamente las voluntades y las presencias fue Juan Pablo II.

Desde el tiempo de Calles, tal vez, la prensa mundial no se ocupaba de los presidentes de México. Pero desde aquel artículo de Jack Anderson, no sólo la prensa de Estados Unidos, que con ella bastara, sino la de Europa, se ha dedicado a desprestigiarlo a usted y al sistema político mexicano. Señalan al gobierno como corrupto, antidemocrático y dictatorial. La propaganda de su gobierno ha intentado hacernos creer que la campaña es contra México pero no es así: la finalidad de la campaña es contra usted. Yo no he leído un solo artículo serio en el que ataquen al pueblo mexicano.

Para mí es evidente que Estados Unidos está preparando a su pueblo, que nunca se había dado por enterado de la existencia de México más que como productor de braceros o de sarapes, para posteriormente tener su apoyo en ataques contra el sistema político mexicano o contra México. Los americanos ahora reciben noticias frecuentes de que tienen por vecino a un país no sólo amigo de los comunistas de Nicaragua, que eso bastara para horrorizar a muchos de ellos, sino que es un país donde no hay democracia y donde los gobernantes, amén de corruptos, solapan a los traficantes de drogas.

El pueblo americano pero también el de Francia, el de Inglaterra, el de Holanda, el de Austria, el de Italia y los pueblos de muchos otros países, tienen, pues, ahora conciencia de que existe México y de que México no está en buenas manos. Eso significa que Estados Unidos ya se cansó del sistema político mexicano. Y Estados Unidos, como la historia lo ha demostrado, es muy bueno para tumbar gobiernos. Tumbó a Batista, a Trujillo, a Somoza, al Sha, a Baby Doc y a Marcos. . . No quiero acordarme de Victoriano Huerta. . .

Eso debe preocuparnos a todos los mexicanos pero a usted, en particular, don Miguel. No porque lo tumben a usted sino por lo que ello implica. Además, si Estados Unidos es muy bueno para tumbar gobiernos, es muy malo para imponerlos. A menos que ésa sea su intención y tumbe a Batista para tener a Castro; tumbe a Somoza para instalar a Ortega y tumbe a Marcos para poner en su lugar a doña Corazón Aquino. . .

Con esto, don Miguel, quiero decir que Estados Unidos debe estar muy pendiente de la sucesión presidencial nuestra.

Cuando me preguntan quién creo yo que usted elegirá como sucesor, suelo contestar lo mismo:

Si Miguel de la Madrid —perdóneme pero cuando hablo de usted nunca le antepongo el don— pudiera salirse con la suya nos impondría a Ramón Aguirre. No porque Ramón Aguirre tenga méritos presidenciables sino porque es su amigo, porque lo divierte, porque lo quiere. Es decir, De la Madrid nos impondría a su bufón. Pero —añado— no creo que él mismo se permita caer en esa espantable tentación. De la Madrid sabe que no se puede cultivar la decrepitud del sistema. El sabe por qué cayó el Imperio romano y por qué sucumbió el Imperio inca. Las causas de las caídas de los imperios son múltiples, pero una de ellas es la debilidad de quienes legaron el poder a ineptos. El PRI no va a caer en un día. Lo que parece imperdonable es que ustedes lo estén suicidando. . .

Y ahora, don Miguel, voy a jugar con lo que le escribí, sobre la sucesión, a Ninfa Deandar, la directora de *El Mañana* de Nuevo Laredo:

La palabra Revolución, por elemental decoro y respeto a la verdad y a la historia, debería eliminarse del vocabulario mexicano, por lo menos, lo que resta de este siglo.

Los gobernícolas insisten en que la ''Revolución'' está viva, que es una realidad cotidiana. Eso es como tener una noble momia en casa para hablar y actuar en su nombre. La llamada ''vigencia de la Revolución'' es un mero recurso verbal para vestirse con el manto de una lucha viril y patriótica. Lo que se hizo contra una dictadura, otra dictadura lo utiliza para glorificarse, para justificarse y hasta para mofarse del pueblo.

Es apodíctico que la lucha de Madero, que tanto cacarean los gobernícolas pero que, flagrantes, han olvidado en los hechos, se hizo para que el sufragio fuera efectivo y para que no hubiera reelección. El PRI —con unas siglas o con otras— desde el tiempo de Calles se ha estado reeligiendo con un hombre o con otro. No hay, en nuestra maltrecha República, un solo senador que no sea del PRI. No hay un solo gobernador que no sea del PRI. Imposición que, de alguna irreparable manera es reelección. Reelección de partido. Reelección de los mismos.

Las elecciones se han vuelto una costosa farsa, y los supuestamente engañados, es decir, los mexicanos, somos los que pagamos el fraude. El asunto no se ha estudiado a fondo. Cuando uno va al teatro paga por la ilusión; cuando uno va al cine paga por la diversión; cuando uno ve telenovelas paga por la distracción, pero pagar porque lo hagan a uno colectivamente del PUP, es una actitud difícil de explicar.

Los mexicanos pagamos por una escenografía electoral que no es ni siquiera teatro, sino una vergonzosa y denigrante realidad. El engaño suele ser para engañar a alguien para algo. No hay tal cosa como el engaño por el engaño mismo. El engaño siempre tiene una finalidad. Hay gente que, para su comodidad, se engaña sola, pero los mexicanos no nos engañamos, ni quienes nos engañan piensan que nos engañan. Es como si todos los ciudadanos aceptáramos monedas falsas por monedas buenas, en partiendo de que salen de la Casa de Moneda, pero sin ignorar que la Casa de Moneda misma no es legítima. Y así, el plomo sigue siendo plomo para todos, mientras los falsificadores impunemente se roban el oro y los billetes de verdad.

Visto así, los partidos de oposición en México son como alguien que tercamente juega con un tahúr que tiene los dados cargados, y que saben que tiene los dados cargados, y que él sabe que saben que tiene los dados cargados. Pero juega una y otra vez, con la esperanza, con el optimismo, con la fe de que el tahúr, que no ha cambiado los dados, la siguiente vez sí les permita ganar, aunque sea un poquito. El perdedor honesto, de cuando en cuando se irrita, pero no sabe qué hacer. Si denuncia el fraude, queda en ridículo porque ya sabía de antemano que jugaba con un tramposo, y porque las autoridades, que están en connivencia con el tahúr, que a su vez es autoridad, no le hacen caso. Si el timado se atreve a protestar, se lo llevan a la cárcel por calumniador, y por alterar el orden público. Si se atreve a comentarlo en alta voz, para que lo oigan los vecinos, lo acusan de "conspirador", de "falaz", de "traidor", de "mendaz", de "enemigo de la Revolución", de "antipatriota" y de "sedicioso"... Pero el jugador persiste, con la esperanza de que el tahúr se conmueva, que por la gracia de Dios tenga una iluminación de honestidad, que simplemente para divertirse los deje ganar. Hay gente que confía en que lo ladrón y lo sinvergüenza se quitan porque la decencia y la honestidad a la larga prevalecen.

Los partidos paleros no tienen problema con el tahúr. Ellos reciben migajas de lo robado a cambio de hombradía y de sometimiento. Es más, cuando el jugador honesto levanta la voz, ellos suelen también acusarlo de "calumniador", de "reaccionario", de "agente del imperialismo"... Los partidos paleros supuestamente sirven para darle vida al espejismo electoral, a la victoriada democracia mexicana. "Sabemos ganar limpiamente", como dijo usted en la XIII Asamblea...

Si no hay engaño, puesto que todos estamos en el secreto, ¿de qué se trata? El PRI es como un prestidigitador al que se le conocen todos los trucos. Entonces, ¿para quién es la farsa? El PRI sabe que sabemos. Nosotros sabemos que el PRI sabe que sabemos. El mundo, al fin, ya también se dio cuenta de que nuestra democracia es mafiocracia. ¿A qué le tiramos, pues? ¿Para quién es la función? ¿Seremos los mexicanos como los niñitos que ya se saben el cuento de Pulgarcito, pero le piden a la abuela que se los cuente una y otra vez, en parte por el gusto de saber que lo saben, y en parte, tal vez, con la esperanza de que un día la abuela le encuentre otro final, un final sorpresa?

Lo malo es que a los ojos del mundo —y desgraciadamente también a los nuestros— el pueblo mexicano es como un hombre que paga para que lo llamen soberano, pero el precio del nombre le cuesta la soberanía, su dignidad, su libertad, su tranquilidad, su vigor y su valor. A quien le paga le pega, lo roba, lo humilla, lo endeuda, lo devalúa y, además, se ríe de él en sus narices. Más que un problema político o social pareciera asunto de psiquiatría. ¿Habrá psiquiatría política?

Es del conocimiento de propios y extraños que a los presidentes de México los amadrina el PRI, pero que los elige, de hecho, el Presidente de la República. Eso podría ser una legítima manera de elección. Los emperadores romanos tenían el derecho de nombrar a su sucesor. El pequeño problema es que los presidentes no son emperadores y que México no es Roma. Pero como los presidentes actúan como emperadores, y nosotros les permitimos que nombren a su sucesor, los mexicanos, de alguna manera, legalizamos por consentimiento lo ilegítimo. Eso da por resultado que los presidentes de México sean una paradoja política: son usurpadores de la soberanía del pueblo, pero con la complicidad de los mexicanos. Es como una mezcla de violación y de seducción, donde no queda establecido más que el hecho: la violación.

Los presidentes de México, caso insólito, gobiernan en nombre de un pueblo que no los eligió pero que tampoco los repudia. El pueblo con una tolerancia infinita, con una paciencia superior a cualquier ejemplo bíblico, admite que en su nombre se viole su nombre.

El pueblo de México vive en las tinieblas respecto a sus presidentes. Por ende, dado que ellos son los electores, el pueblo nunca sabe, ni por qué alguien se convierte en candidato, ni sabe después quién lo gobierna. Ni Dios es así de ajeno a sus criaturas. Los presidentes de México son deidades extrañas, a quienes a veces se respeta y a veces no, pero deidades al fin...

Los aficionados a la psicología dirán que los mexicanos somos un pueblo masoquista. Yo pienso que no, que lo que nos ocurre es que, en el fondo, todos estamos convencidos de que "no hay que menearle"; que "peor es el remedio que la enfermedad"; que "vale más malo por conocido que bueno por conocer". La palabra Revolución en México significa retraso, improducción, parálisis.

A México no lo agitó ni el temblor del 19 de septiembre de 1985. Allí están montones de edificios aún en escombros. Allí están montones de familias sin hogar. Allí estuvieron los diputados pasando leyes contra el pueblo, aprovechando, como carteristas, como hampones, la distracción de las fiestas decembrinas.

Cuando el primer ataque de Jack Anderson a usted, un torpe diputado mexicano, en Washington, les pidió a los representantes americanos que castigaran a Jack Anderson por su insolencia. De inmediato le hicieron saber que estaba equivocado de país, que el señor Anderson ejercía la libertad de expresión como garantía y que ellos, los diputados americanos, no intervenían en lo que se publicaba o no en la prensa americana. Le avisaron, sí, que si consideraban que lo que se decía contra usted era calumnioso, lo podían demandar pero que eso se hacía en un juzgado no en la Cámara de Representantes...

Por tonterías como esas —y porque se arguye que en ningún sexenio se habían asesinado a tantos periodistas— hay personas y grupos que insisten en culpar a su régimen de las muertes de Manuel Buendía y de Carlos Loret de Mola. Yo pienso que ambos crímenes deben atribuirse a otra causa y no el ejercicio de la libertad de expresión. Los dos, tanto el señor Buendía como el señor Loret de Mola fueron exfuncionarios públicos.

Lo de don Manuel Buendía es, sin duda, una ejecución gangsteril. En cambio lo de Loret de Mola es algo escabroso, laberíntico y sembrado de sinuosidades. No parece un crimen premeditado —como el de Huitzilac—, pero sí un asesinato de visos oficiales encubridores. No parece que intentaran privarlo de la vida para impedirle el libre ejercicio de la libertad de expresión sino una denuncia inmediata. O mataron al ciudadano Carlos Loret de Mola sin saber quién era y se asustaron al identificarlo y trataron de ocultar el crimen, o algo terrible le hicieron también sin saber quién era y, al darse cuenta, lo eliminaron para impedir que divulgara algo sórdido o execrable que había visto o había padecido... Allí se advierte una encrucijada oficial, con intentos vanos —plagados de torpezas acusadoras— para ocultar algo. Esa información está, sin duda en manos de alguien. A usted, don Miguel, le corresponde exigir que salga a la luz pública.

Mientras esos crímenes queden en la oscuridad y en la impunidad, el gobierno quedará señalado como culpable...

Yo, se lo digo con toda sinceridad, no creo que el gobierno mexicano asesine periodistas. Si López Portillo fuera un asesino, yo hubiera muerto de causas naturales. Pero no es el caso. Si el gobierno puede inventar presidentes, puede inventar muertes. La verdad es que don Pepe se había quejado de mí con frecuencia, y ya se sabe que a veces las irritaciones de un rey contra alguien, se interpretan con facilidad como órdenes de asesinato. La historia está llena de ejemplos. El que recuerdo en este momento es el asesinato de Ricardo II, perpetrado por sir Pierce de Exton. El oyó al rey exclamar: "¿Pero no tengo ningún amigo que me libre de este vivo malestar?" Cuando el rey se enteró del crimen provocado por la imprudencia de sus palabras, dijo algo así como: "la sangre me salpica y mi alma se llena de pesar..." Pero el muerto no resucitó.

Mi salida de México, después de la publicación de *Ultima llamada*, provocó una serie de conjeturas. Alguna vez, don Miguel, narraré mi pequeña hégira a Falfurrias. No fue para que el libro se vendiera, no tengo el talento de Dalí —además seis años después se sigue vendiendo—, ni por paranoia, sino porque hasta la mismísima Margarita López Portillo, con todo cariño me había advertido: "Cuídate, Mauricio. Te van a matar. Los mismos que trataron de matarme a mí, van a intentar matarte a ti. Cuídate". La historia es larga, y no es el momento de contarla.

La persecución que sufrí después, en la carretera entre Ciudad Victoria y San Luis Potosí, persecución de la que me salvaron el padre Peñaloza y los directores de *El*

Momento de San Luis y de *El Norte* de Monterrey nunca quedó explicada. La indirecta versión que recibí fue que los automóviles con judiciales federales me acosaban para cuidarme. ¿De quién?

Sin embargo, el asesinato no ha sido, en los últimos tiempos, el camino para nulificar la libertad de expresión. La prueba es lo que le hicieron con todo descaro a *Impacto*. Según se dice, nunca se había gastado más en la corrupción de la prensa que en su gobierno. No me consta. Yo, como usted bien sabe, nada tengo que ver con jefes de prensa. No soy ni he sido asesor de nadie. No tengo negocios, ni grandes ni pequeños, con el gobierno. Nada le vendo al gobierno ni nada le compro. No soy agente ni coyote, ni intermediario de funcionario alguno.

No vivo, se lo confieso, con temor alguno. La prueba es que he escrito esta carta con entera libertad. Tampoco se me ocurre que usted me vaya a mandar matar por ello.

El sistema no quiere entender que el agua estancada se pudre. Y los estancados son ustedes porque los mexicanos seguimos pensando.

En este año usted, don Miguel, deberá escoger a su sucesor. Ya el ejército pidió el setenta por ciento de aumento en su presupuesto. Eso suena a tú me das y yo te correspondo...

Veamos, don Miguel, lo que escribí en Nuevo Laredo sobre los posibles candidatos:

El primer presidenciable debería ser Manuel Bartlett, secretario de Gobernación. Pienso que, independientemente de sus méritos, de sus cualidades o de sus defectos, él no será el candidato elegido por usted. Mis razones son intuitivas. Una de ellas es que don Manuel tiene como subsecretario a Fernando Pérez Correa, y la otra, es que me parece percibir que usted no le tiene simpatía personal profunda a Bartlett. Me da la impresión de que lo necesita pero que no le tiene afecto. Tal vez de esa carencia de afecto se haya encargado el propio Pérez

Correa, hombre muy ambicioso y habilísimo para las intrigas vaticanas y las insidias políticas.

Por su función represora, Gobernación, en cierta forma, es culpable de cuanto en el exterior se escribe contra usted. Sus intentos totalitarios de asfixiar —cosa que casi ha logrado— los medios de comunicación mexicanos han llevado a la prensa internacional lo que pudo lavarse en casa... Es un desacierto que usted no ha de perdonar con facilidad.

Pérez Correa puede callar a *Excélsior* o a Televisa, pero no puede silenciar al *Washington Post*, al *Times* de Londres, a *Le Monde* o a *Le Figaro* de París, al *New York Times*, a la BBC, a la NBC, a la CBS... Gobernación no entendió a tiempo que la crítica interna disuelve la externa. Temo, pues, que Bartlett pague caro los errores o las maquinaciones de su empleado. Y es que los venenos, a veces, matan a los envenenadores.

Cuando este país funcionaba en términos políticos, así como en Estados Unidos el candidato viable a la Presidencia es el vicepresidente, aquí, por razones justas y similares, era el secretario de Gobernación.

En México, los asuntos políticos internos están, o deben estar, rigurosamente observados y, hasta donde es posible —y en México casi todo es posible—, piloteados desde Gobernación. La tarea del secretario de esa dependencia —la más importante en jerarquía y en fuerza política— es la de mantener la cohesión de la República, lo que significa el país en paz y todos sometidos a la voluntad presidencial. Y en este todo, abarco desde el difícil juego entre el PRI y Gobernación misma, hasta la expulsión de extranjeros indeseables, "perniciosos", según el artículo 33.

Gobernación es, entre otras cosas, para el sistema político mexicano, lo que la Divina Providencia en teología, es decir, la sustentadora. Gobernación decide la vida y la actividad de todos los partidos políticos del país. Gobernación vigila y censura la prensa, la radio, el cine, el teatro y la televisión. Gobernación es los ojos, los oídos, el olfato, el freno, el permiso y el látigo de la República. Gobernación, en ese campo, decide hasta lo que es pornográfico, lo que es obsceno y lo que es antipatriota. No son asuntos que dependan, como en otros países, de acuciosos jueces y de altos tribunales, sino de pequeños funcionarios, de censores, que a veces son beatas irredentas o, como algunos miembros de asociaciones defensoras de la decencia y de la moral, individuos morbosos que, con el pretexto del trabajo o de la virtud, están siempre asomados a lo sórdido y a lo siniestro.

Estados Unidos sólo puede ejercer ese tipo de censura para lo que llega del exterior. Y eso si el país de donde procede lo censurado no protesta. Hace muchos años vi en Inglaterra un programa de televisión, que no voy a contar, pero que en esencia era un sarcasmo al Presidente de Estados Unidos por su actitud en Viet Nam. Era una escena bélica de bombas, metralletas y cadáveres, pero con humor inglés. El comentarista explicó que en Estados Unidos ese programa no había podido exhibirse porque se le había considerado "material obsceno".

Pero en lo interno, al gobierno de Estados Unidos le sería imposible dar un "Impactazo". En México, desde Gobernación, igual pueden impedir que se exhiba una película como *La sombra del caudillo* que producir un motín en *Excélsior*. El secretario de Gobernación debe vigilar atento, igual los aconteceres de las universidades del país —y meter la mano cuando sea necesario—, que las elecciones de los sindicatos, y debe ser el prefecto de cada uno de los gobernadores. A Gobernación le corresponde el servicio de espionaje nacional e internacional. En sus oficinas debe estar la información completa de cualquier ciudadano que de maneras directas o indirectas pueda afectar al sistema, al Presidente, a la República. El gobierno mexicano es piramidal, como el Imperio romano y como la Iglesia Católica, y el cónsul del país es el secretario de Gobernación.

En sus manos está todo el sufragio del país, desde las elecciones municipales hasta las presidenciales. A él le corresponde recordar a los gobernadores —y a los diputados y a los senadores— que están en sus puestos por decisión presidencial y que por lo tanto son monaguillos del Presidente y no, como a veces llegan a creerlo, ascendidos al poder por la voluntad popular.

El proceso psicológico mediante el cual algunos diputados, ciertos gobernadores y montones de ilusos diputados, llegan a fabricar su personalidad ficticia, debe ser parecido al de los estafadores que, una vez convertidos en millonarios, desmemorian el origen de sus bienes; también les pasa algo similar a las lenonas que llegan a ser muy ricas. En la vejez, se vuelven dadas a la caridad, a la protección de las artes y a auspiciar asilos. Se convierten en piadosas visitantes de enfermos desahuciados y de ancianitas huérfanas. Y, un día, como si la regeneración fuera olvido o la generosidad amnesia, dan, primero, por sentirse virtuosas y, después, a base de oír palabras de agradecimiento y de bondad, llegan al convencimiento de que su vida toda ha sido modelo de virtud.

Cuando esto les ocurre a funcionarios públicos, es a Gobernación a quien le corresponde arrancarlos de la amnesia y recordarles que ellos no tienen ninguna varita mágica, que su virtud les proviene del sistema, y que son soldados del "señor Presidente" y... nada más.

Gobernación debe estar pendiente de las cárceles, del tráfico de drogas, de los movimientos del ejército, de todos los políticos importantes que están en bodega y a los que, por lo menos de cuando en cuando, para que no se vayan a descuadrar, hay que darles "servicio de mantenimiento".

Un político importante fuera del presupuesto, fuera del tren del poder, siempre puede, en principio, convertirse en un crítico acerbo, en un amargo rebelde. La labor del secretario de Gobernación es, según el tamaño del sapo —ya sea haciéndolo directamente él, mediante

240

sus colaboradores o, en casos singulares, recurriendo al mismísimo Presidente— conservar al político que se siente ninguneado, no sólo dentro de los cauces ortodoxos, sino apasionadamente dentro del sistema. Eso se regula alimentando la fe, insuflando la vanidad y convenciéndolos de que pronto, esto siempre con toda la ambigüedad que el caso exija, ocuparán un puesto digno de sus excelentísimos méritos. Una sonrisa del Presidente, a veces, basta para ese milagro de fascinación... Y así, los viejos políticos, de hecho arrumbados, al sentirse vivos en el pensamiento de los poderosos, no dejan que el rencor los invada, que la amargura les suelte la lengua o que el desaliento los desampare...

Es grave asunto de Gobernación el mantener puentes armónicamente transitables con la Iglesia. Un día, el delegado apostólico, monseñor Prigione, persona a quien yo admiro por su inteligencia de florentino renacentista y por su personal encanto, me contó que había ocurrido un hecho insólito. Era la época en que el obispo Lefebvre, ortodoxo y alebrestado, se erguía con pasión conciliar frente a Juan Pablo II. Estaba, por aquel entonces, Lefebvre, a punto de ordenar obispos. Esto era una amenaza para la Iglesia, porque lo que hasta ese momento podía explicar como un mero alegato individual, estaba a punto de convertirse en un cisma escandaloso. Ya Lefebvre había estado en México, por allá, por Oaxaca, diciendo misas en latín, según él, con devoción delirante de los fieles. No se enteró, el buen obispo, que en los pueblos a los que lo llevaron, la gente no habla español. Igual, pues, hubiera sido que su misa hubiese sido en castellano.

En fin... El antecedente inquietaba a la Iglesia, y un buen día, cuando al parecer Lefebvre —ya con indebidos impedimentos de Gobernación para entrar a México— había logrado cruzar la frontera, un pastor protestante había tenido a bien llevarlo a su casa. ¿Con qué pretexto? Ya con Lefebvre en su sala, con buenas razones y prudentes argumentos, lo convenció de que se regresara a Francia y no cometiera torpezas que más que contra su movimiento latinizante, podían interpretarse contra el cristianismo... Monseñor Prigione se mostró muy satisfecho y muy reconocido de semejante muestra de solidaridad protestante con la Iglesia.

—¡Ah, monseñor!, le dije yo, pero ese pastor era un agente de Gobernación.

—No, no, me interrumpió, era en verdad un ministro protestante. Créamelo.

—No lo dudo, monseñor; Mata Hari era bailarina. Eso, añadí, me llena de júbilo porque significa que mi gobierno está despierto. Mire, no hay manera de que Lefebvre se les haya colado a los agentes mexicanos. La razón es muy sencilla: el personal de inmigración, en la frontera con Estados Unidos, lo que está acostumbrado a tratar es a turistas gringos. Un acento francés, como el del obispo Lefebvre, los hubiera arrancado de cualquier letargo. Además, Lefebvre no tiene cara de turista sino de Papa. No es de presencia ocultable. Será cismático pero su facha es de santo.

Al parecer admirado, monseñor Prigione manifestó que entonces no entendía. ¿Por qué Gobernación no me lo avisó? ¿Por qué no me lo hace saber?

—Pero sí, monseñor, sí se lo hace saber. Si usted está enterado, es porque el gobierno así lo decidió. Eso tiene una finalidad doble, hasta donde yo lo veo, y me alegra, repito, que el gobierno de mi país esté vigilante. Por un lado, le avisan que en sus manos, en las de ellos, está el que Lefebvre entre o no a México; es decir, que del gobierno mexicano depende que ustedes tengan aquí paz o no. Por el otro, le hacen saber que son sus amigos, que le han hecho un favor, y que usted, a su debido tiempo, deberá corresponder. Mire, lo que le quieren decir es así de sencillo: "Igual que hacemos una concentración en el Zócalo para que cien mil mexicanos griten ¡Viva Juárez!, la podemos organizar, sólo que vueltos hacia la catedral, y con el grito de ¡Viva Lefebvre! (yo pienso, le dije, que gritarán: ¡Viva la fiebre!) y el de ¡Misa en latín!, ¡Misa en latín!, ¡Misa en latín!..."

El hecho es que monseñor Prigione, a la hora de la huelga de los obispos de Chihuahua, invitado por Gobernación a meterlos al orden, en nombre de su Santidad, obligó al clero de aquel estado a que suspendiera la huelga. Favor, con favor se paga...

Gobernación, pues, es la armazón del país. De allí el proceso lógico natural de que el secretario de Gobernación, por ser el mejor informado de los problemas políticos del país, fuese considerado como el más preparado para la Presidencia.

Todavía Díaz Ordaz escogió a su secretario de Gobernación, siguiendo la antigua pauta, apenas rota, creo, en los buenos tiempos, por Adolfo Ruiz Cortines.

Pero, al parecer, se ha cambiado de tradición. El puesto que antes era casi una garantía de primogénito, ahora es como el pararrayos de los males. Ese es otro impedimento, ajeno a don Manuel Bartlett, que le obstaculiza el camino al trono.

Don Manuel Bartlett, de la real familia revolucionaria, como de antiguo abolengo estudió en París y, como los ricos porfirianos, estudió en Inglaterra. Por un amigo muy cercano a él y de talentosos juicios de fiar, sé que don Manuel es muy inteligente, muy preciso en sus juicios, muy hábil para el trato con las gentes y muy capaz para dirigir el país.

Hay otra corriente de opinión que lo presenta como duro, inflexible, con tendencias absolutistas, autoritarias y tiránicas. Como síntoma grave de abuso de poder de Bartlett, está la denuncia de Julio Scherer en su libro *Los presidentes*. Un señor que es capaz, aunque sea por asunto de familia, o peor aún por serlo, de utilizar su gran autoridad para atropellar derechos ciudadanos, no produce tranquilidad. Lo que narra Scherer es terrible y contundente.

En síntesis, lo que ocurrió fue lo siguente: Dos hijos de una hermana de Bartlett, casada con un señor Carter, vivían, por decisión de ellos, pero contra la voluntad de su mamá, en Venezuela. Contra la voluntad de los muchachos, Bartlett se los trajo a México.

"El 1º de noviembre de 1983 —cito *Los presidentes* de Scherer— la dirección del Servicio de Inteligencia y Prevención, policía política venezolana, allanó el hogar, saltó los muros, penetró con violencia y sacó por la fuerza a María Teresa, de 19 años, y a Juan, de 17. Eran cinco funcionarios armados de la DISIP, acompañados por un agente especial. Fue 'un atropello cometido por las autoridades venezolanas al ejecutar órdenes provenientes del gobierno mexicano', denunciarían más tarde los hermanos.

"María Teresa y Juan —confiscados sus documentos personales— fueron deportados en un avión de Aeroméxico. Un funcionario de la embajada mexicana supervisó la deportación."

La información que da a conocer Scherer no se publicó en *Proceso*, según él mismo narra, porque "las amenazas nos pesaban". En su libro dice:

"Yo insistía en mi punto de vista —en que se publicara la denuncia de los sobrinos contra el secretario de Gobernación—: no se trataba de un asunto familiar, sino del modo como se usa el poder en este país. Si Bartlett movió recursos de dos gobiernos, las policías de dos países, una embajada y una línea aérea y los hizo actuar fuera de la ley y de la razón para resolver un asunto familiar, ¿qué no haría cuando se tratara de asuntos graves? Ese era para mí el problema."

Creo que el problema de Julio Scherer es el de todos los mexicanos. Julio tenía toda la razón. A todos nos preocupa el abuso del poder, y justamente nos angustia, que de donde debe emanar la seguridad y la justicia provenga el atropello. Eso nos deja en el abandono y en el desamparo. La ley de la selva, pero nosotros sin el deseo, la mentalidad o las armas para entrar a tan primitivo juego. Entiendo que la denuncia no se publicara en *Proceso* por lo grave de las amenazas de Gobernación, y entiendo, y muy bien, el malestar de Scherer: "Mi estado de ánimo era de frustración, de descontento, de ira. Yo no habría cedido..."

No conozco la versión de los hechos desde el punto de vista de don Manuel Bartlett, no sé si se haya publicado. Es muy importante que acusación tan grave quede aclarada. Todo puede tener una explicación aunque no una justificación. Todo puede repararse. El ejercicio del poder es un aprendizaje. Tal vez éste sea el momento en el que don Manuel explique, si cometió un error, cuáles fueron sus razones. No creo que una falta, mientras no se llegue al crimen, deba condenar a nadie por toda la eternidad. Tal vez, una confesión de culpa y un propósito de enmienda —si hay culpa y si hay propósito de enmienda— nos aliviará la inquietud.

Aunque el abuso de poder no debe ejercerse nunca, yo creo, que por justicia, hay que oír la versión de Bartlett. Yo no sé si se pueda justificar el abuso de poder para salvar a alguien a quien se considera en peligro inminente de muerte, por ejemplo. Porque no es lo mismo el abuso de poder para salvar, que para matar...

Los sobrinos de don Manuel vivían en Venezuela, en San Diego de los Altos, estado de Miranda, en un lugar llamado "Granja de los Peregrinos". La granja es una comunidad de esas que se fundan para los que quieran entregarse a una vida espiritual, desarrollar su propia conciencia, vivir de acuerdo con ella y "depender de la voluntad Divina". Todo eso suena más a fanatismo que a búsqueda mística, pero en fin.

Los padres de los jóvenes habían pasado diez meses en la granja y, una vez que regresaron a México, después de volver a Venezuela a intentar disuadirlos de que permanecieran allá, recurrieron, por lo visto, al hermano poderoso para traerlos, como fuera, a México... No quiero lanzar juicios temerarios sobre la comunidad de los Peregrinos pero, me pregunto, si yo fuera tío de dos jóvenes que se niegan a ver ciertas cosas que les son perjudiciales, y mi hermana me dice que los ve en grave peligro de perder o su salud mental o su vida, ¿no hubiera yo actuado como el señor Bartlett? En principio, digo que sí.

La razón para contestar de manera afirmativa es la siguiente: si la hermana y el cuñado ya habían estado diez meses en la granja, de seguro conocían muy bien el lugar. Entiendo que mientras estaban allá, ellos, por histeria colectiva, por estar inmersos en la comunidad, por ceguera, por lealtad, por esas extrañas alianzas que los directores de esas sectas religiosas provocan en sus súbditos, no lo hubiesen visto. Entiendo que al despertar, lo que habían vivido con lirismo pastoral, se les convirtiera en pesadilla y horripilante amenaza para sus hijos.

Si los papás de esos muchachos, de pronto, con razón o sin ella, pero con toda honestidad, vieron en la "Granja de los Peregrinos" alguna similitud, o cualquier semejanza con la comunidad suicida de Guyana, es fácil entender su terror ante tan espantable amenaza.

Claro, don Miguel, otras hubieran sido mis formas. Creo, eso sí, que a don Manuel se le pasó la mano. Creo que eso pudo arreglarse con influencias, sin recurrir a la violencia. Es más, pienso que cuando ya los muchachos se habían ido a quejar a *Proceso*, en lugar de enviar al director de la Federal de Seguridad a amenazar —a aterrorizar, diría yo— si publicaban la queja de los sobrinos, debió haber ido él, don Manuel, a hablar con Scherer, no para que no publicara los hechos sino para explicarlos. Creo que tenía la doble obligación como secretario de Gobernación y como hermano de la madre de los jóvenes. Lo que ocurrió es que se quiso tapar un error con un delito. Entiendo que es un asunto muy serio, muy severo, pero no irremediable. El querer salvar a sus sobrinos lo vuelve un hombre muy humano, el método para hacerlo, muy

tirano. Fue una intención buena con método equivocado para lograrla y, luego, lo de las amenazas, requeriría
explicación y solicitud de perdón. Nadie está, nos dicen
con frecuencia, por encima de la ley. Entonces, es un
problema doblemente legal: la forma en que se trajo a
los muchachos y la forma en la que se trató a la gente de
Proceso. La única salvación que le veo a todo esto, si es
que la hay, es que fue un atropello para salvarlos no para
matarlos. Lo de *Proceso* es simple y sencillamente una es-
tupidez. Eso no debe haber sido cosa de Bartlett sino de
algún espontáneo. No lo digo por defenderlo, sino porque un secretario de Gobernación, aunque quisiera ser así
de candoroso, no podría.

Me viene a la memoria Sócrates preguntándole al mejor juez de Atenas qué era la justicia. El juez responde:
darle a cada quien lo que le pertenece. Sócrates aplica su
técnica: Si un amigo le da a guardar un puñal, y luego en
estado de ebriedad o loco viene a pedírselo y usted sabe
que si se lo entrega, su amigo se suicidará o matará a alguien, ¿se lo daría? No, responde el juez. ¿Y eso —pregunta el filósofo— sería una injusticia? No, vuelve a decir el juez. Entonces —formula Sócrates— la justicia no
consiste sólo en darle a cada quien lo que le pertenece...

Por eso digo que yo votaría por un hombre que reconociera sus errores y me hiciera sentir que no sólo está
dispuesto a repararlos sino a no repetirlos. Pero, de
esto, en este caso, el que debe estar convencido es usted
y no yo...

Miguel González Avelar se descarta solo. Es lo sufi-
cientemente gris "mediocre y oscuro", lo llamó un periodista de Estados Unidos, como para no hacerle sombra a nadie. Sin embargo, eso que podría ser una ventaja
se disuelve en la inmensa nadeidad que lo rodea a usted.

Carlos Salinas de Gortari, junior de buena cepa
—papá dineroso y con influencias—, con el ancla de un
pasado insobornable —travesura o no—, tiene pocas
probabilidades, por ahora, de llegar al trono. Es inteli-

gente, y si no gallardo, sí joven. Algunos lo acusan de brillante. Como heráldica se habla de que es doctorado por Harvard. Tiene, cosa que llena de premoniciones, como don Pepe, debilidad por la equitación. No se comenta si utiliza sus ratos de trabajo, como López Portillo, para dibujar caballos. El que sea tan amigo suyo, como usted de don Pepe, su alumno preferido, no creo que signifiquen más que esa distinción. El que lo haya hecho presidir el IEPES y, después secretario de Programación y Presupuesto, no implica, según yo, la Presidencia.

Salinas de Gortari no ha nombrado subsecretario a ninguno de los hijos de usted; no se divisa en su ministerio a nadie que recuerde a la refulgente Rosa Luz. Además, don Pepe tenía un compromiso con usted —por no protestar por el despilfarro de treinta y tres mil millones de dólares—, que usted no tiene con Salinas de Gortari. Usted, pues, no está, en las condiciones en las que estaba su antecesor cuando lo escogió a usted. Me parece que usted no querría que lo acusaran de ser tan falto de imaginación, como para seguir paso a paso las huellas de su profesor López Portillo, y escoger, justamente como él, al secretario de Programación y Presupuesto. Por si todo esto fuera poco, Carlos Salinas de Gortari está muy gastado por lo sobregastado de su secretaría.

Si tiene —y no hay por qué dudar de ello— todas las cualidades que le atribuyen, no ha tenido, en cambio, ningún puesto de elección popular ni experiencia de gobierno. Hay que brindarle las oportunidades para que establezca contacto con el pueblo: que sea diputado, senador, gobernador, en fin, que se doctore en pueblo, grado académico insustituible para gobernar. Tal vez, pueda llegar a ser un extraordinario Presidente dentro de ocho años, o al iniciar el tercer milenio. El es joven, puede esperar. México, también...

Desde luego, lo de Ramón Aguirre como precandidato sólo puede ser macabra broma, y conste que utilizo el adjetivo sin aumentativo.

No se ha mencionado, y eso asombra, al doctor Guillermo Soberón. En la secretaría de Salud se ha esfumado como personalidad, pero allí está en él su aguda inteligencia, su habilidad política, su capacidad para elegir como colaboradores a los de mayor mérito y, desde luego, su enorme experiencia como rector de la Universidad. Fue un rector magnífico y, no debemos poner en duda, que puede ser, también, un magnífico Presidente. El que haya permanecido en la sombra no quiere decir que sea sombra. El sí sabe que la prudencia, la discreción, el tacto, la estrategia y la mesura son cualidades imprescindibles para gobernar. Se ha portado con una gran sobriedad, porque ha cumplido con su puesto: ser ministro es ser el servidor, el ayudante. Y lo ha sido de usted. El, que ha sabido mandar muy bien, también sabe obedecer muy bien. No ha intentado atraer reflectores que no le corresponden, ni ha convocado palabras que deben ser para usted.

Ya le he mencionado que no he logrado comprender por qué lo hizo usted secretario de Salud y no de Educación, pero usted debe tener razones del corazón, que, como decía Pascal, la razón no entiende...

Importante y digno de notarse también, como posible Presidente —en este juego de abalorios—, está el exgobernador del estado de México, Alfredo del Mazo, compadre de usted. Algunos dicen que es inteligente, otros dicen que es petulante, pedante y chocante. Se le acusa de tener debilidad por el boato imperial. Dicen que lo primero que hizo en su secretaría fue, de los únicos dos elevadores que hay, ordenar que uno fuera exclusivamente para su uso personal. Se habla de que como gobernador cerraba calles alrededor de los restaurantes donde comía, que se le organizaban fiestas multitudinarias con escoltas estrepitosas "aullido de sirenas y rugido de motocicletas". En fin, se le acusa de que propende a sentirse "alteza serenísima"...

Una amiga mía, de juicio confiable, Lourdes Argüelles, me asegura que cuanto se dice contra él son calumnias de oficiosos. Me cuenta que Del Mazo es la representación de la sencillez, de la afabilidad y de la capacidad para el ejercicio del poder.

Todo eso son malabarismos inútiles porque, como sabemos bien, no son las cualidades las que caracterizan a nuestros presidentes. Por lo menos, no son las cualidades como posibles gobernantes, las que los llevan a la Presidencia. Siendo así, y dado nuestro nepotismo monárquico, don Alfredo del Mazo, junior del sistema, parecería el indicado para convertirse en el candidato-presidente.

Las disquisiciones psicologizantes sobre si Del Mazo heredará el poder por lo que usted declaró —con nepotismo cacofónico—, al nombrarlo secretario de Energía, Minas e Industria Paraestatal, considerándolo ''el hermano menor que nunca tuve'', me parecen hipótesis más lisonjeras que acertadas. Si Del Mazo no fuera, además, el terso cisne de las aguas del sistema, las aceptaría.

Me parece, sin embargo, que le han echado los reflectores encima antes de tiempo. Esa luz lo coloca en una cuerda floja. Los faros pueden convertirse en rayos X que lo dañen en su concepción. La prematura iluminación puede cegarlo y hacerlo cometer torpezas que sus enemigos se encargarán de magnificar o, peor aún, el hecho de que se luzca le puede molestar a usted que no es hombre que tolere ajenos brillos.

La situación del señor Del Mazo es como la de una bailarina de ballet que debe guardar el equilibrio, mientras los músicos y los compañeros tienen un solo interés: que lo pierda. Si don Aldredo lograra el milagro de sobrevivir tan dura prueba, tal vez mereciera la candidatura. El camino que tendrá que cruzar es de lobos, de vampiros, de pantanos, de caimanes, de telarañas invisibles y de palabras engañosas. De salir victorioso, sería como héroe de novela de caballería andante.

Pero él mismo no debe saber qué hacer. El no tiene más pentagrama que su intuición. El no puede saber si los que se le acercan son amigos o enemigos. El no tiene la experiencia para deslindar mensajes, para saber qué voces son amigas y cuáles de Luzbel... Camina, pues, en un andamiaje de trampas, de envidias, de rumores confusos... Por lo pronto, ya empezó a disparatar al quejarse de ataques de sus posibles rivales. Eso es prueba de inmadurez política y de grave desconocimento de que, en esos menesteres, el silencio puede ser la Presidencia.

Si él sucumbe, los que lo harán caer no triunfarán tampoco. Pienso, le dije finalmente a Ninfita Deandar, que en ese caso, el candidato sería un hombre que está en la sombra, tranquilo, sin ambiciones visibles y sin tormentas provocadas. Ese hombre, inteligente de palabra y hábil de ser, se llama Sergio García Ramírez...

Y.

Ya es de noche. El mar se vuelve negro. Desde mi cuarto se ven las manchas de luces de ambos lados de la bocana. A mi izquierda, de día el verdor de la riqueza, de noche el parpadear opulento de Las Brisas.

Voy a tener, don Miguel, que resignarme a terminar esta carta. Soy, como dice Emmanuel Carballo, un escritor boscoso. Ni siquiera puedo corregir lo que escribo, porque una cuartilla, como si le pusiera levadura, se me hace tres. No soy un estilista, lo sé. Pero, guardando respetos y distancias siderales, tampoco lo era el Arcipreste de Hita ni lo fue Vasconcelos. A pesar de que por naturaleza soy barroco, sacrifico todo en aras de la claridad. Mi mayor satisfacción es que escribo de manera tal, que igual me leen rectores de universidades que choferes traileros. Soy recipiendario del mejor premio nacional que concebirse puede: he recibido felicitaciones igual de amas de casa que de empresarios, igual de meseros que de eminentes cirujanos, igual de maestros de escuela que de carniceros. E igual me felicitan señoras jóvenes que abuelas, igual dependientes que ingenieros, que médicos, que abogados, en donde me reconocen, me preguntan porqué no escribo en *Excélsior* o que cuándo publico otro libro. Me dicen palabras amables, palabras que yo recojo, no con vanidad sino con gozo, porque son voces de mexicanos como yo, de mexicanos que lo que quieren, como yo, es un México limpio de contaminación y limpio de corrupción. Un México que vuelva a su paso y a su peso.

Me preguntan siempre, como si yo fuera profeta —que en el sentido de éxito sí lo soy en mi pueblo—, ¿qué va a pasar con el país? ¿A quién creo que usted va a escoger? ¿Si pienso que vamos a poder pagar la deuda externa? ¿Que hasta cuánto se va a devaluar nuestra moneda? ¿Que si creo que usted es un hombre de buena fe como algunos dicen? En fin...

Esta carta la empecé el 18 de febrero y la termino hoy 7 de marzo. Perdóneme usted si hay repeticiones y reiteraciones. Eso es producto de la espontaneidad que prefiero no sacrificar. Esto es una carta, no un ensayo político.

Los presidentes, mientras están en el poder, se olvidan de que lo van a dejar. Usted, inexorablemente, dejará de ser Presidente a las doce de la noche del 30 de noviembre de 1988. Todavía en la mañana del primero de diciembre, ya como alucinación, no siéndolo ya, lo tratarán como jefe de Estado. Eso será nada más para que la ceremonia de entrega de la banda presidencial tenga majestad republicana. Todavía esa mañana lo recibirán con aplausos y después... a su casa. Y dicen, como ya escribí por allí, que los que han tenido poder y lo pierden, se quedan como si la sangre les dejara de circular, como si la voz, que era de trompetería divina, sonara, de pronto, a saxofón roto; y que los pasos, aunque se finjan o se golpeen por demencia deportiva, se vuelven como pisadas de fantasma. El poder es una capacidad de caminar sobre las aguas, que al perderse convierte lo ingrávido en anclas que arrastran al fondo del mar. Usted, don Miguel, al sonar la última campanada de las doce del día 30 de noviembre de 88, pasará de Dios a miserable mortal, de sabio a necio, de perfecto a un pobre hombre acribillado de defectos, de general omnipotente a una forma de preso político, de brillante estratega a un burócrata jubilado al que ya no se le escucha ni la opinión. Así. . ., así, son las cosas, don Miguel.

Trepados en el Paraninfo, los presidentes, no pueden concebir esto, porque no es lo mismo saber, igual que se sabe que hay un planeta que se llama Venus, que el aceite de ricino es purgante, a beberse de un solo trago tres litros del susodicho brebaje. El poder tiene el poder de hacer creer a quien lo tiene, que es parte inherente a su ser, que es congénito, que es algo que le pertenece por ontología, que le corresponde por sus hechos, por sus derechos, por su manera de ser, que no lo va a perder nunca. Por eso los poderosos se aferran al poder. No se conciben sin él, ni conciben que realmente haya otro capaz de arrebatárselos, de quitárselos. El poder es tan suyo, que consideran ladrón o usurpador a quien lo recibe después de haberlo tenido ellos. Eso lo viven como un despojo, como un asesinato ontológico. Por eso es tan difícil dejarlo.

El poder es tan extraño, se convierte en droga tan fácilmente, que una criada vieja prefiere matarse haciendo todo el trabajo de una casa, a permitir que una joven llegue a ayudarla. No ve que le aligerará el trabajo, sino la usurpación de la intrusa. E igual les pasa a los directores de escuelas, a las maestras de ciertas materias, a los que tienen puestos de periódicos, a los que recogen la basura en Santa Cruz Meyehualco. . .

Para los poderosos dejar el poder es igual a dejar sus manos, sus ojos, o su manera de dormir. . . Yo creo que nunca se convencen de que, en efecto, el poder es algo

253

que llega de afuera, que es algo prestado, que el poder es como la luz de la luna, sólo reflejo de la luz del sol. Por eso los presidentes obran como si siempre fueran a estar en el poder. Se olvidan de que sus hijos y sus nietos van a vivir en el país que dejan. Se olvidan, principalmente, del pueblo para el que deben gobernar. Y todos los gobernantes deben gobernar para la felicidad de sus pueblos.

En este momento, don Miguel, usted está en la plenitud de su poder. Usted puede enviar leyes al Congreso para limitar el poder del próximo Presidente; usted puede devolverle al pueblo el derecho de escoger a sus gobernantes. Usted sabe que en México no necesitábamos ninguna reforma política; lo que se llama tal, fue un recurso oligárquico para seguir detentando el poder, mediante el reparto de placebos a los partidos políticos que pudieran convertirse en oposición. En México no se necesitaba más reforma política que la del sufragio efectivo. Tenemos demasiados diputados inútiles.

Pero de usted, don Miguel, depende que este país no caiga totalmente en las manos de un dictador. Presidencialismo sí, insisto, tiranía no.

Creo, se lo digo con sinceridad y no sólo por mi incorregible optimismo, que aunque sea lentamente, vamos a ir recuperándonos. Creo que muchas de sus medidas, aunque algunas sólo tomadas a medias, van muy bien encaminadas. Creo que la venta de las paraestatales es impostergable. Es mejor perder al venderlas que seguir hipotecando el país para sostenerlas. La yerba mala hay que cortarla, don Miguel. Acuérdese de que una manzana podrida pudre a las demás.

No es para que cantemos aleluyas, ni para enorgullecernos, pero cuando uno se está ahogando no puede elegir yates para salvarse. Nuestra salvación, por el momento, son las maquiladoras. Vamos a cuidarlas, don Miguel. Es mucho más importante que el pueblo coma, a escuchar tonterías soberbias. Las maquiladoras, a la larga, si utilizamos talento y habilidad, pueden llegar a convertirse en empresas nacionales. Este no es el momento de hacer huelgas, ni paros, ni de ponernos moños. Es un momento de crisis grave. Lo único que nos puede salvar es el trabajo. El trabajo y una buena administración pública.

Libértese usted de los dogmas que nos han cerrado el camino a la producción, al progreso y a la prosperidad y que nos han lanzado al endeudamiento, al empobrecimiento, a la devaluación y, a muchos, al hambre.

Reduzca el número de secretarías. No creo que México necesite más de cuatro. Todo lo demás deben ser departamentos. Que no se repitan funciones. ¿Por qué ha de hacer telenovelas el Seguro Social? ¿Por qué ha de tener sinfónica el ISSSTE? Todo eso en la prosperidad sería maravilloso pero en la miseria en la que estamos es un derroche criminal. Entiendo que el CREA es una especie de SS hitleriana. ¿No hay en nuestra Constitución alguna ley que impida una organización tan peligrosa? O si hay CREA, ¿se les permitirá a los del PSUM, a los del PAN y a los demás partidos posibles, instituciones semejantes?

Y, ¿qué demontres hace el Departamento del Distrito con el Atlante? ¿Cuánto le ha costado a la nación?

Imponga usted la austeridad. La austeridad, no como ley sino como ejemplo. Con una palabra de condena suya no habría un delegado, o una delegada, que se atreviera a volver a hacer un suntuoso, costoso y lujoso informe. Y si usted condena el lujo y volvemos a la austeridad republicana, que los secretarios y los funcionarios dejen de tener cocinas y cocineros, que coman tortas y, en caso de imperiosa necesidad, que lleven excepcionales invitados de honor a buenos restaurantes. Los demás, que coman tortas también. Que los secretarios de Estado, los gobernadores y cuanto funcionario anda en aviones particulares viaje en aviones de línea. Que en el gobierno no vuelva a haber carros de lujo. Y adiós a los guaruras.

Usted puede hacer mucho. No era necesaria la creación de una secretaría de la Contraloría, pero sí la de hacer una revisión sobre los capitales mal habidos o por lo menos inexplicables. ¿Todavía es tiempo —antes de que prescriba— que se revisen los enriquecidos en los dos sexenios pasados? La riqueza, como el amor, como las guayabas, no es fácil de ocultar.

No deje lo de la renovación moral en mera frase. A los ladrones, a los que tienen dinero mal habido, hay que quitárselos, es más, hay que perseguirlos estén donde estén. Y la pena de muerte, don Miguel, no es tan terrible y sí es ejemplar.

Ya sé que decirlo es una temeridad. Sin embargo, en la clase de historia nos enseñaron que el fusilamiento de Maximiliano sirvió para impedir que otros extranjeros vinieran a querer soberanearnos. Y no pocos han dicho que lo que ha detenido a los presidentes del deseo de reelegirse no han sido los principios de la Revolución sino la muerte de Alvaro Obregón... ¿Por qué habría de ser ejemplar lo de Maximiliano que ni siquiera se robó un imperio, y no la muerte de ladrones que sí han despojado al país?

Usted puede no sólo hacer que pasen leyes para el control demográfico sino hasta convertir en ley que todo refresco, toda agua potable, toda cerveza y toda bebida alcohólica esté debidamente dosificada con anticonceptivos eficaces. Se puede por ley, por lo menos durante veinte años, impedir que nazcan niños.

Ya sabemos que los niños son el futuro de la patria, que son la riqueza nacional, que son todo lo maravilloso que se quiera pero, repito, por el momento ya tenemos las arcas llenas. Que los patriotas que quieren inundarnos de fuerza de trabajo se aguanten un poquito. No propongo la castidad, que eso no lo ha logrado ni el Espíritu Santo, propongo que México se entere de que, por algunos años, no necesitamos niños.

Con los millones de mexicanos que nos van a devolver es suficiente por el momento. Yo creo que ninguno de ustedes se ha puesto a pensar en el crimen tan espantoso que se ha provocado contra esos mexicanos que trabajaban allá y que salen de allá por torpezas de Relaciones Exteriores. Cinco millones de mexicanos que regresan, cinco millones de familias debo decir, que van a quedarse sin hogar, sin futuro, en el desempleo, en el hambre, en la desesperación.

En un país no se trata de lograr aplausos por la política externa independiente y soberana, sino por cuidar y vigilar la seguridad, la felicidad de sus ciudadanos. Primero forzamos a millones de mexicanos por el hambre y la miseria a huir del país... Cuando al fin, heroicos, honestos, trabajadores, ya se habían acomodado a Estados Unidos, los corremos de allá por nuestra torpeza, por nuestra estúpida soberbia, por pararnos el cuello como gallitos, cuando andamos cacareando como gallinas para que nos den un poco de maíz...

Yo no veo por qué el candidato tenga que ser del gabinete. Lo importante no es de dónde salga sino qué capacidades tenga. ¿Por qué no abrir una encuesta nacional, libre, y que cada pueblo, cada estado, cada municipio proponga espontáneamente el nombre de alguien que considere que pudiera ser un buen Presidente?

Si usted nada tiene que temer, nada tiene que ocultar. Por lo tanto, puede escoger como candidato realmente al mejor. Usted no necesita un cómplice para que lo cubra ni un pelele para manejar. Ya se sabe que el poder no se comparte... (¿No sé qué dirían Portes Gil, Pascual Ortiz Rubio, Abelardo Rodríguez y hasta Cárdenas por lo que le pasó al principio de su gobierno con Calles?) Yo insisto en que piense usted, sólo y exclusivamente, en términos de México.

La patria se lo agradecerá.

Le pido, don Miguel, que se asome usted a su espejo, a su espejo interior, y piense usted sobre la gravísima responsabilidad que tiene sobre sus hombros. Recorra usted a varios posibles candidatos en todo el país. Se me ocurren algunos nombres: Alfonso Martínez Domínguez, Javier García Paniagua, Agustín Acosta Lagunes, Guillermo

Soberón, Carlos Hank González, Manuel Bartlett, Carlos Jonguitud Barrios, Rafael Rodríguez Barrera, Enrique Alvarez del Castillo, Guadalupe Cervantes Corona, Manuel Espinosa Iglesias, Luis M. Farías, Enrique Olivares Santana, Porfirio Muñoz Ledo, Rodolfo González Guevara, Mario Moya Palencia, Francisco Merino Rábago, Humberto Lugo Gil, Emilio Azcárraga, Heberto Castillo, Luis H. Alvarez, José Angel Conchello, Marcelo Garza Lagüera... En fin, escribo los que la memoria me ofrece, pero indagando debe haber muchos otros hombres en México con cualidades, ya de una índole o de otra, pero que podrían, creo yo, gobernar este país, con la firmeza, la decisión, la capacidad, la inteligencia y el talento que el momento requiere.

Y claro, también podría nombrarse —aunque de manera informal— el Consejo de Mayores, un grupo que opinara, que diera sus puntos de vista a favor o en contra de los posibles candidatos. No hay que olvidar las voces de la experiencia. Allí, entre otros que se pueden añadir, vuelvo a recurrir sólo a la momentánea memoria, podrían estar Alfonso Corona del Rosal, Lauro Ortega, Salvador Zubirán, Gustavo Baz, Bernardo Aguirre, María Lavalle Urbina, Leopoldo González Sainz, Rafael Hernández Ochoa, Juan Gil Preciado, Julián Rodríguez Adame, Ernesto P. Uruchurtu, Agustín Arriaga, Valentín Campa, Euquerio Guerrero, Antonio Ortiz Mena, Benito Coquet, Román Lugo Gil, Rubén Figueroa (para mí el último general revolucionario)... Y tantos políticos con sabiduría, cuantos hay en México y cuya lista no será difícil de formar...

Gracias, muchas gracias, don Miguel, por la posible atención a esta carta. Mis saludos respetuosos a doña Paloma y a sus hijos. Tal vez, si yo no me muero pronto, algún día, cuando ya no sea usted Presidente, podamos comer juntos y comentar esta carta...

De usted, don Miguel, no he recibido ni un agravio, ni un daño, ni una tarjeta de Navidad. Nada personal me mueve a su favor o en su contra. Esta es una carta, se lo aseguro, de absoluta buena fe. Es una carta mía y sólo mía, como mía y sólo mía es *Ultima llamada*. Sólo quienes no tienen la menor idea de cómo soy pueden pensar que soy amanuense o servidor de ajenos pensamientos. Ningún amigo mío conectado con la política conoció ni una página de *Ultima llamada* antes de publicarse. Para cuando yo hice la lectura en Los Pinos y cuya copia del original estuvo en las manos de usted, ya estaba impreso. Y de esta carta apenas el editor y un par de amigos tienen idea de su existencia.

Es una carta, con la optimista esperanza de que, aunque sea por soslayados caminos, de algo sirva para que usted, al escoger al candidato, escoja no a su mejor amigo, o a su colaborador más eficaz, sino al más patriota, al más digno, al mejor mexicano para tan alto puesto, cuanto es el que va a ocupar: el de ser el Presidente de los mexicanos...

Dios dijo: "Hágase la luz". Que cuando usted abra la boca para decir el nombre del candidato, lo que brote sea la palabra del patriota, la palabra del "Presidente de los mexicanos".

Si así lo hace, cumplirá bien con la responsabilidad —aunque usurpada— más grande que un hombre puede tener en la tierra: la de nombrar al hombre en cuyas manos depositará la felicidad o la ruina, la prosperidad o el hambre, la libertad o la esclavitud de un pueblo, de un pueblo que nació para ser grande, libre, soberano y dichoso.

Que su palabra, don Miguel, sea palabra de luz.

Pero, si su palabra es para darnos la palabra, para restituirnos la soberanía, entonces, su palabra será la voz de Dios...

un abrazo

Acapulco,
marzo de 1987
c.c.p. a los mexicanos

259

Esta novena edición de *Carta a Miguel
de la Madrid* consta de 3 000 ejemplares
y se terminó de imprimir en los talleres
de Avelar Editores Impresores, S.A.,
Bismarck No. 18, Col. Moderna, Deleg.
Benito Juárez, C.P. 03510, México, D.F.,
en marzo de 1988.